编 委

郝文杰	全国民航职业教育教学指导委员会副秘书长、中国民航管理干部学院副教授
江丽容	全国民航职业教育教学指导委员会委员、国际金钥匙学院福州分院院长
林增学	桂林旅游学院旅游学院党委书记
丁永玲	武汉商学院旅游管理学院教授
刘元超	西南航空职业技术学院空保学院院长
杨文立	上海民航职业技术学院安全员培训中心主任
范月圆	江苏航空职业技术学院航空飞行学院副院长
定 琦	郑州旅游职业学院现代服务学院副院长
黄 华	浙江育英职业技术学院航空学院副院长
王姣蓉	武汉商贸职业学院现代管理技术学院院长
毛颖善	珠海城市职业技术学院旅游管理学院副院长
黄华勇	毕节职业技术学院航空学院副院长
魏 日	江苏旅游职业学院旅游学院副院长
吴 云	上海旅游高等专科学校外语学院院长
刘晏辰	三亚航空旅游职业学院民航空保系主任
史金鑫	中国民航大学乘务学院民航空保系主任
汤 黎	武汉职业技术学院旅游与航空服务学院副教授
江 群	武汉职业技术学院旅游与航空服务学院副教授
汪迎春	浙江育英职业技术学院航空学院副教授
段莎琪	张家界航空工业职业技术学院副教授
王勤勤	江苏航空职业技术学院航空飞行学院副教授
覃玲媛	广西蓝天航空职业学院航空管理系主任
付 翠	河北工业职业技术学院空乘系主任
李 岳	青岛黄海学院空乘系主任
王观军	福州职业技术学院空乘系主任
王海燕	新疆职业大学空中乘务系主任
谷建云	湖南女子学院管理学院副教授
牛晓斐	湖南女子学院管理学院讲师
胡 飞	中国民航大学乘务学院民航空保系讲师

高等职业学校"十四五"规划民航服务类系列教材

民航地勤服务

主 编 ◎ 汤 黎 江 群
副主编 ◎ 武 瑾 段莎琪

华中科技大学出版社
http://www.hustp.com
中国·武汉

内 容 提 要

本教材编写秉承理论与实践相结合的设计理念,注重与行业企业合作,围绕民航地勤服务的工作过程及学生认知规律进行系统的教材开发与设计,同时贯穿课程思政元素,有机融入职业精神和工匠精神。从民航地勤岗位安全职责、旅客服务及安全管理的角度出发,编写了八个项目。在民航地勤服务概述的基础上,对机场公共服务、订座服务、值机服务、行李运输服务、旅客运送服务、航班运行服务、机场联检服务等环节进行了阐述,内容丰富、结构合理、明晰易懂。

通过本教材的学习,学习者能深入了解民航地勤服务的专业知识、工作程序和相关标准,从而全面提升其民航地勤服务方面的职业技能。

图书在版编目(CIP)数据

民航地勤服务/汤黎,江群主编. —武汉:华中科技大学出版社,2021.11(2023.3 重印)
ISBN 978-7-5680-7275-5

Ⅰ.①民… Ⅱ.①汤… ②江… Ⅲ.①民用航空-地勤人员-商业服务-教材 Ⅳ.①F560.9

中国版本图书馆 CIP 数据核字(2021)第 213059 号

民航地勤服务
Minhang Diqin Fuwu

汤 黎 江 群 主编

策划编辑:胡弘扬 汪 杭
责任编辑:刘 烨
封面设计:廖亚萍
责任校对:王亚钦
责任监印:周治超

出版发行:华中科技大学出版社(中国·武汉) 电话:(027)81321913
　　　　　武汉市东湖新技术开发区华工科技园 邮编:430223
录　　排:华中科技大学惠友文印中心
印　　刷:武汉开心印刷有限公司
开　　本:787mm×1092mm　1/16
印　　张:15　插页:2
字　　数:357 千字
版　　次:2023 年 3 月第 1 版第 2 次印刷
定　　价:49.80 元

本书若有印装质量问题,请向出版社营销中心调换
全国免费服务热线:400-6679-118　竭诚为您服务
版权所有　侵权必究

INTRODUCTION
出版说明

民航业是推动我国经济社会发展的重要战略产业之一。"十四五"时期,我国民航业将进入发展阶段转换期、发展质量提升期、发展格局拓展期。2021年1月在京召开的全国民航工作会议指出,"十四五"期末,我国民航运输规模将再上一个新台阶,通用航空市场需求将进一步激活。这预示着我国民航业将进入更好、更快的发展通道。而我国民航业的快速发展模式,也进一步对我国民航教育和人才培养提出了更高的要求。

2021年3月,民航局印发《关于"十四五"期间深化民航改革工作的意见》,明确了科教创新体系的改革任务,要做到既面向生产一线又面向世界一流。在人才培养过程中,教材建设是重要环节。因此,出版一套把握新时代发展趋势的高水平、高质量的规划教材,是我国民航教育和民航人才建设的重要目标。

基于此,华中科技大学出版社作为教育部直属的重点大学出版社,为深入贯彻习近平总书记对职业教育工作作出的重要指示,助力民航强国战略的实施与推进,特汇聚一大批全国高水平民航院校学科带头人、一线骨干"双师型"教师以及民航领域行业专家等,合力编著高等职业学校"十四五"规划民航服务类系列教材。

本套教材以引领和服务专业发展为宗旨,系统总结民航业实践经验和教学成果,在教材内容和形式上积极创新,具有以下特点:

一、强化课程思政,坚持立德树人

本套教材引入"课程思政"元素,树立素质教育理念,践行当代民航精神,将忠诚担当的政治品格、严谨科学的专业精神等内容贯穿于整个教材,使学生在学习知识的"获得感"中,获得个人前途与国家命运紧密相连的认知,旨在培养德才兼备的民航人才。

二、校企合作编写,理论贯穿实践

本套教材由国内众多民航院校的骨干教师、资深专家学者联合多年从事乘务工作的一线专家共同编写,将最新的企业实践经验和学校教科研理念融入教材,把必要的服务理论和专业能力放在同等重要的位置,以期培养具备行业知识、职业道德、服务理论和服务思想的高层次、高质量人才。

三、内容形式多元化,配套资源立体化

本套教材在内容上强调案例导向、图表教学,将知识系统化、直观化,注重可操作性。华中科技大学出版社同时为本套教材建设了内容全面的线上教材课程资源服务平台,为师生们提供全系列教学计划方案、教学课件、习题库、案例库、教学视频音频等配套教学资源,从而打造线上线下、课内课外的新形态立体化教材。

我国民航业发展前景广阔,民航教育任重道远,为民航事业的发展培养高质量的人才是社会各界的共识与责任。本套教材汇集来自全国的骨干教师和一线专家的智慧与心血,相信其能够为我国民航人才队伍建设、民航高等教育体系优化起到一定的推动作用。

本套教材在编写过程中难免存在疏漏、不足之处,恳请各位专家、学者以及广大师生在使用过程中批评指正,以利于教材质量的进一步提高,也希望并诚挚邀请全国民航院校及行业的专家学者加入我们这套教材的编写队伍,共同推动我国民航高等教育事业不断向前发展。

华中科技大学出版社
2021 年 11 月

PREFACE
前言

随着我国民航业的快速发展,民用航空运输市场对航空服务人才的需求迅速增加,民航运输、空中乘务等航空服务类专业建设和课程改革也在不断地探索与发展。"安全第一、服务至上"是民航运输工作的重要指导思想,是其赖以生存和发展的基础。民航地勤服务作为航空运输生产组织的一个重要组成部分,为便于航空服务类专业学生更有效、更有针对性地学习旅客运输服务的相关知识,保障航空运输的安全、高效,进一步提高旅客服务及管理水平,我们编写了这本《民航地勤服务》教材。

本教材编写秉承教材开发要在一定程度上与工作过程相结合的设计理念,围绕民航地勤服务实际工作的过程及学生认知规律进行系统的教材开发与设计,注重理论与实践相结合。从民航地勤岗位安全职责、旅客服务及安全管理的角度出发,共编写了八个项目。在民航地勤服务概述的基础上,对机场公共服务、订座服务、值机服务、行李运输服务、旅客运送服务、航班运行服务、联检服务等环节进行了阐述,内容丰富、结构合理、明晰易懂,为学生了解民航地勤服务的内容并有效地向旅客提供高质量的服务奠定了基础。主要特点如下:

1. 以行业规范为标准,校企合作共同开发专业教材

本教材编写团队成员具有丰富的行业实践经历,在教材内容上引入了大量的现实案例和资料链接,将行业标准、企业要求融入教材中,设置了不同的项目实训,具有真实性和可操作性。学习者能了解民航地勤服务各岗位的基本工作内容、民航地勤服务人员需具备的行为规范,掌握民航地勤岗位必要的服务流程、服务规定和服务标准,全面提升民航地勤服务工作的

职业技能、满足岗位要求。

2. 课程思政贯穿教材始终，培养职业精神，提升职业素养

践行当代民航精神，将忠诚担当的政治品格、严谨科学的专业精神等内容贯穿于整个教材，使学生在学习知识的"获得感"中，认识到个人前途与国家命运的紧密融合，为今后更好地从事民航地勤服务工作奠定坚实的基础。

3. 以互联网＋教育教学的形式建设立体化教学资源

发挥"互联网＋"职业教育优势，以新技术为工具，提高学习的趣味性。本教材在每个任务单元用二维码链接配套的微课，学生能从多姿多彩的视频教学中生动形象地理解或复习所学的知识，让学习者在不同环境下体验实景化学习，满足其个性化需求，形成了新形态一体化教材。同时，我们建立了丰富的线上教学资源，PPT、案例视频、作业练习与模拟实训互补，提高情境化教学质量，学生学习在线课程的过程中遇到的问题能够得到及时解决，实现个性化主动教学。

本书由汤黎、江群主编，武瑾、段莎琪担任副主编。本书的编写分工是：项目一由段莎琪编写；项目二、三由武瑾编写；项目四、五、七由汤黎编写；项目六、八由江群编写。汤黎、江群负责全书的统稿工作。

本书在编写过程中得到了武汉职业技术学院、郑州旅游职业学院、张家界航空工业职业技术学院的大力支持和帮助，在此表示衷心感谢！由于教材编写时间紧，水平有限，在撰写过程中难免有疏漏之处，不足之处在所难免，恳请各位专家、教师及业内外人士不吝赐教，提出宝贵意见，在此致以诚挚的谢意！

编　者

2021 年 10 月

本书配套"航站楼旅客服务"在线课程，读者可以扫描上方二维码加入课程学习。

CONTENTS 目录

项目一 | **民航地勤服务概述** ························· 1
　　任务一　民航地勤服务的概念 ······················ 2
　　任务二　民航地勤服务企业及相互关系 ············ 8
　　任务三　民航机场服务规范 ························· 23

项目二 | **机场公共服务** ···································· 32
　　任务一　地面交通服务 ····························· 33
　　任务二　机场旅客问询服务 ························ 38
　　任务三　机场旅客广播服务 ························ 43
　　任务四　民航公共信息标志服务 ··················· 53
　　任务五　机场商业零售服务 ························ 64

项目三 | **机场订座服务** ···································· 74
　　任务一　航班信息查询 ····························· 75
　　任务二　旅客订座 ···································· 81

项目四 | **机场值机服务** ···································· 99
　　任务一　值机岗前准备 ····························· 100
　　任务二　值机操作流程 ····························· 106

项目五 | **行李运输服务** ···································· 117
　　任务一　一般行李运输 ····························· 118
　　任务二　特殊行李运输 ····························· 124
　　任务三　行李运费 ···································· 128
　　任务四　行李的安全检查 ··························· 132
　　任务五　行李运输不正常的处理 ··················· 143

项目六 | 旅客运送服务 ... 156
任务一 一般旅客运送 ... 158
任务二 特殊旅客运送 ... 164
任务三 旅客运送的特殊情况 ... 181

项目七 | 航班运行服务 ... 188
任务一 航班延误 ... 189
任务二 航班取消 ... 192
任务三 航班中断、补班和返航 ... 195

项目八 | 机场联检服务 ... 199
任务一 海关通关服务 ... 200
任务二 边防检查服务 ... 214
任务三 检验检疫服务 ... 221

参考文献 ... 231

项目一　民航地勤服务概述

项目目标

知识目标
1. 了解民航地勤服务的概念。
2. 了解民航业发展状况。
3. 了解民航地勤服务企业及相互关系。
4. 了解民航地勤服务各岗位的基本工作内容。
5. 掌握民航地勤服务人员需具备的行为规范。
6. 掌握民航地勤岗位必要的服务流程、服务规定和服务标准。

能力目标
1. 熟悉地勤服务企业的内部结构。
2. 掌握地勤服务人员的基本服务礼仪规范。

素质（思政）
1. 使学生了解自己以后所从事行业的重要性，树立社会责任感。
2. 按照航空企业的地勤服务人员仪容仪表要求，展现规范化职业形象。

知识框架

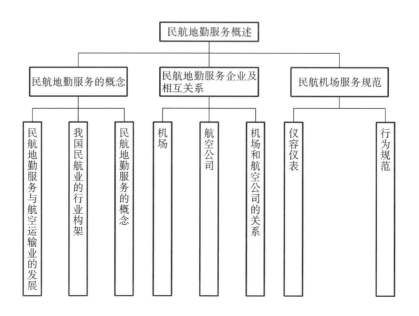

 **项目引入**

小慧的爸爸是一名机场工作人员,高考报志愿时,她也选择了一所民航院校。去年,她从学校毕业并顺利进入当地的机场工作,现如今已经是一名称职的民航服务人员了。望着那些来机场进行专业认知学习的学弟学妹们,她想起自己当年也是从认识机场地面服务开始的,并逐步掌握了民航地勤人员所需具备的理论知识。

○ 问题思考

1. 什么是地勤服务?其工作内容有哪些?
2. 民航类的服务工作与其他行业有哪些不同?
3. 如何看待这样的工作呢?

 任务一 民航地勤服务的概念

一、民航地勤服务与航空运输业的发展

(一) 我国民航运输业发展的现状

近年来,我国民航业快速、全面和高质量发展,正在由民航大国向民航强国迈进。2017年5月5日,我国自主研制的新一代喷气式大型客机C919首次试飞成功,实现了国产客机领域的突破。2019年9月28日,中国在加拿大蒙特利尔举行的国际民航组织第40届大会上,高票连任一类理事国,这是自2004年以来,中国第六次连任国际民航组织一类理事国,中国在世界航空领域扮演着重要角色,责任与日俱增。

截至2019年底,我国共有航空运输公司62家,民航全行业运输飞机期末在册架数3818架,定期航班航线5521条。我国颁证运输机场总数增加到238个。2019年全年全行业完成运输总周转量、旅客运输量和货邮运输量分别为1293.25亿吨公里、65993.42万人次、753.14万吨,分别比上年增长7.2%、7.9%和2.0%;全行业完成旅客周转量11705.30亿人公里,货邮周转量263.20亿吨公里。相关信息如图1-1、图1-2、图1-3所示。

1978年,在中国改革开放的步伐刚刚迈开之际,中国在国际民航组织的排名是第三十七位。2008年,在中国改革开放30周年之际,中国在国际民航组织中已经稳坐第二名的位置,中国成为名副其实的民航大国。机队规模的扩大和客货运输周转量的不断增加,带动了机场地面服务工作量的增加,建设一支强大的地面服务力量是民航企业乃至整个行业发展的有力保障。

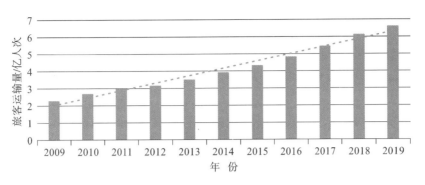

图1-1 2009—2019年我国民航旅客运输量

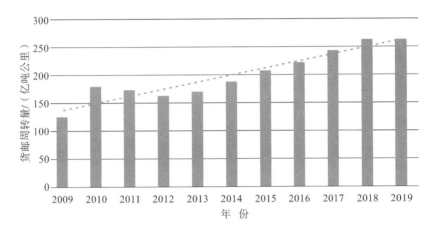

图1-2 2009—2019年我国民航货邮周转量

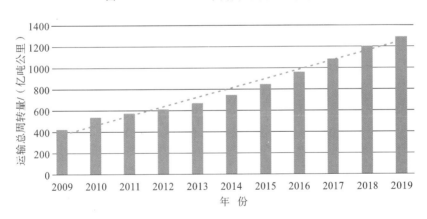

图1-3 2009—2019年我国民航运输总周转量

（二）我国民航业面临的挑战

"十三五"期间，我国民航业发展势头强劲，取得了巨大成就，但也面临着不少挑战。

从航空替代品来看，国内航空运输企业正经受着来自地面运输方式的强烈冲击。各种运输方式的发展，使旅客有了更多的选择。

近年来，我国高铁建设成效显著，其速度快、舒适度高、安全稳定等特点备受消费者青睐,高铁分流了航空公司一部分干线航班的旅客,民航业赖以立足的优势有所削弱。与此同时,高速公路网的完善和高速客车的出现,也在一定程度上分流了航空公司支线航班的旅客,甚至使其被迫退出市场。2019年,民航旅客周转量在国家综合交通运输体系中占比达33.1%,与国际航空运输市场相比,我国航空运输规模占我国交通运输市场比重仍较小。(见图1-4)

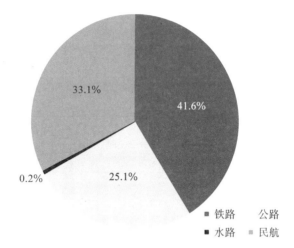

图1-4 2019年各类交通工具占我国交通运输市场比重
(数据来源:2019年国民经济和社会发展统计公报。)

另外,突如其来的新冠肺炎疫情席卷全球,给世界民航运输业带来了巨大冲击。2020年全球民航客运投入下降了43%。其中,中国民航运输企业客运投入下降了17.5%,出现了改革开放以来我国民航历史上最大降幅,其他国家和地区下滑了47.5%。2020年,全球定期货运航班增长12.4%。其中,中国民航全货机班次增长11.7%。虽然中国民航运输业受影响的程度远低于世界上其他国家和地区,中国民航客运市场表现优于世界其他地区,但在这样一场影响范围广、持续时间长的国际公共卫生突发事件的影响下,从我们个体到国家、地区,甚至整个世界都不可避免地需要做出积极应对,重新考虑未来的增长问题。中国民航业该选择怎样的发展路径,无疑是我们今天面临的巨大难题,也是布局未来的重要课题。

综上所述,我国民航运输业的未来发展必然要求民航企业提高服务能力,同时其他运输方式和新冠肺炎疫情的冲击又必然要求国内民航企业不断提高服务质量。

■ 知识关联

中国民航发展史,你知道吗?

■ 行动指南

民航旅客运输现状及发展分析

实施步骤：
1. 学生在课后分组收集有关民航发展的资料。
2. 学生汇总所收集的资料，选择自己比较感兴趣的内容撰写分析报告。

■ 知识链接

民航组织介绍

一、国际民航组织

国际民航组织(International Civil Aviation Organization，ICAO)是协调各国有关民航经济和法律义务，并制定各种民航技术标准和航行规则的国际组织。1947年4月4日《国际民用航空公约》正式生效，国际民航组织也因此正式成立，总部设在加拿大魁北克市的蒙特利尔。

二、国际航空运输协会

国际航空运输协会简称国际航协(International Aviation Transport Association，IATA)是一个由世界各国航空公司所组成的大型国际组织，是国际航空公司的行业协会，是全世界最有影响力的航空运输组织。

国际民航组织标志

国际航空运输协会标志

三、国际机场理事会

国际机场理事会，原名为国际机场联合协会(Airports Association Council International，AACI)，于1991年1月成立，1993年1月1日改称国际机场理事会。国际机场理事会是全世界所有机场的行业协会，是一个非营利性组织，其宗旨是加强各成员与全世界民航业各个组织和机构的合作，包括政府部门、航空公司和飞机制造商等，并通过这种合作，促进建立一个安全、有效、环境和谐的航空运输体系。

二、我国民航业的行业构架

2002年,国务院批准《民航体制改革方案》,决定从我国民航业的实际出发,按照市场取向,实现政企分开。我国民航业行业架构如图1-5所示。

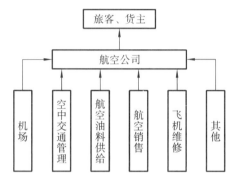

图1-5 我国民航业行业架构

(一) 航空公司

作为直接为旅客、货主提供航空运输服务的企业,航空公司是中国民航的龙头。航空公司向旅客、货主提供旅客、货物和邮件运输服务,同时按照国家有关规定收取费用。

2002年,航空公司进行体制改革,我国民航业形成了以国航、东航、南航、海航四大集团为主体的格局。

1978年以来,民航的技术装备得到了较大的改善。特别是航空公司加快飞机更新换代的步伐,大量添置新型飞机,使机队规模不断扩大,运输能力大为提高。目前,我国民航的主力飞机均为世界上先进的机型,主要机型的利用率已接近或达到世界先进水平。

(二) 机场

机场为航空公司和旅客提供起降场地、航站楼等,同时按照国家统一标准向航空公司和旅客收取有关费用。1978年以来,机场建设取得了重要进展,新建、扩建了一大批机场。如在南京、深圳、武汉、福州、郑州、贵州、银川、珠海、济南、石家庄、三亚、丽江等地新建了20多个机场,在昆明、拉萨、哈尔滨、太原、烟台、连云港、大连、延吉、乌鲁木齐、兰州、喀什等地改扩建了40多个机场。1978年,我国只有78个民航机场,经过40多年的发展,已经达到233个。

(三) 空中交通管理

空中交通管理是民航的重要组成部分,它的任务是有效维护和促进空中交通安全,维护空中交通秩序,保障空中交通畅通,然后按照国家统一的标准向航空公司收取费用。1978年以来,空管基础设施建设进一步加强,"八五"期间开始的航路改造一期工程已经完成。在7000米高空以上实现二次雷达覆盖的航线有北京—广州、北京—上海、上海—广州等,部分终端区已实行雷达控制;更新了一大批通信、导航、气象设施设备,提高了空中交通管理的保障能力。鉴于空中交通管理体系对我国航线结构调整和横向体系扩大的制约及其公共产品的特征,今后空军会将空中航线管理权移交给民用航空,空中交通管理将成为国家投资民航的主要领域。

(四)航空油料供给

航空油料目前主要由中国航空油料集团有限公司经营,另有少数合资企业参与经营。中国航空油料集团有限公司在各地的分支机构为航空公司提供加油服务,同时按照标准收取费用。

(五)航空销售

航空销售服务部门是与旅客、货主等消费者直接接触的窗口单位,是民航产业的重要组成部分,可分为航空公司直销和代理销售两个部分,但都需要信息服务系统的支持。

1981年以前,我国民航产业主要采取手工订座的售票方式进行销售;1984年,我国民航建立了电子计算机订座系统,在39个国内城市和32个国外城市实现了联网,并逐渐向全球分销系统(GDS)过渡;2002年,GDS工程完成主体验收。

民航销售代理人通过为航空公司销售机票、货物运输服务获得自己的利益。中国民航销售代理业出现在20世纪80年代中期,以中国民航总局(现中国民用航空局)制定的两个指导性文件的出台为标志。1988年4月,中国第一家航空运输代销企业在北京成立。1992年12月,中国民航协会航空运输客货销售代理委员会成立,这标志着中国航空运输销售代理业已逐步形成规模。1993年,国务院正式颁布《民用航空运输销售代理业管理规定》(现已废止),使销售代理业走上了规范化的道路。

随着电子客票相关技术的成熟和全面使用,除了传统销售代理企业,以在线旅行社(Online Travel Agent,OTA)为代表的网上销售渠道发展也十分迅速。但是航空公司需要向销售代理支付一定百分比的机票代理销售费,在目前民航运输量不断攀升的情况下,这笔不菲的开销也越来越成为航空公司的财务负担,影响到航空公司的盈利能力。因此,从2015年开始,部分航空公司开始推行"降代提直",并持续深入,机票代理商从前赖以生存的佣金不断下降甚至下降为零,只能根据业绩获得相应的奖励,机票代理行业可能面临重新洗牌。

(六)飞机维修服务

飞机维修服务由专业的飞机维修公司有偿提供。波音公司在北京首都国际机场建立了有30000多个备件的供应中心;空中客车也已建成中外合作的支援中心。根据具体项目性质的不同,飞机维修服务收费分别采取了市场调节价、政府指导价和政府定价三种形式。

（七）其他

除前面介绍的有关服务项目外，为航空公司或旅客、货主提供服务的企业或机构还涉及航空材料、航空食品、教育培训和各个专业设备制造等领域。

三、民航地勤服务的概念

"地勤"一词原本是民航系统内一个比较广泛的概念，它是相对于"空勤"而言的所有地面服务工作的总称。广义地说，地勤服务应该包括机场、航空公司及其代理企业为旅客、货主提供的各种服务，以及空中交通管理、航油公司、飞机维修企业等向航空公司提供的服务。从航空旅客运输的狭义角度来说，地勤服务主要是指航空公司、机场等为旅客提供的各种服务，如航站楼问询、电话问询、广播航班信息发布、接听旅客投诉电话、值机服务、安检服务、联检服务、引导服务、行李服务、航站楼商业服务等。因为地勤服务涉及如此多的环节，所以协调组织并有效地向旅客提供高质量的服务对相关民航企业来说并非易事。

任务二　民航地勤服务企业及相互关系

从旅客运输的角度，地勤服务企业主要有机场、航空公司及地勤服务代理企业，目前由专业化的地勤服务企业提供的地勤服务比重较小。

一、机场

（一）机场的分类

1　按机场用途划分

按用途划分，机场可分为军用机场和民用机场两大类。

军用机场主要是用于军事目的的机场，有时也部分用于民用航空或军民合用。但从长远来看，军用机场将会和民用机场完全分离。

民用机场，按其功能又可分为民用运输机场和通用航空机场。民用运输机场是指可以用于运输旅客或者货物的民用航空器起飞、降落、滑行、停放，以及进行其他相关活动的机场。本教材中所讲述的机场是指民用运输机场。在中国通常把大型的民用运输机场称为空港，小型的民用运输机场称为航站。为了统一称呼，按国际惯例把商业性航空机场统称为机场。

通用航空机场是专门为使用民用航空器从事公共航空运输以外的民用航空飞行任务（如救援、勘探、播种、医疗、人工降雨、运动训练）提供起降场所的机场。

2 按航线性质划分

按航线性质划分,机场可分为国际航线机场和国内航线机场。

3 按服务航线和规模划分

按服务航线和规模划分,机场可分为枢纽机场、干线机场、支线机场。

枢纽机场是连接国际和国内航线的大型机场,如北京首都国际机场、上海浦东国际机场、上海虹桥国际机场、广州白云国际机场等。

干线机场是以国内航线为主的、空运量较为集中的大中型机场。干线机场主要包括各省省会或自治区首府、重要工业及旅游开发城市的机场。

支线机场一般是规模较小的地方机场,以地方航线或短途支线为主,如比较偏远地区的城市机场。

4 按旅客乘机目的地划分

按旅客乘机目的地划分,机场可分为始发/终点机场、经停机场、中转机场。

始发/终点机场是指运行航线的始发机场和目的地机场,如北京—哈尔滨航线上的北京首都机场(始发机场)和哈尔滨太平国际机场(终点机场)。

经停机场是指某航线航班中间经停的机场,如北京—广州的航线,停武汉,武汉天河国际机场为经停机场,在这里航班降落,供在武汉的旅客登机前往广州。

中转机场是指旅客为乘坐飞机抵达目的地,需要中途下机换乘另外的航班前往目的地的机场,如从南京乘机飞往拉萨,在成都双流国际机场中转,换乘国航西南分公司的成都—拉萨航班。此时,成都双流国际机场为中转机场。

5 备降机场

备降机场是指为保证飞行安全、在飞行计划中事先规定的降落机场。当预定着陆机场由于某种原因而无法着陆时,将前往着陆的机场称为备降机场。起飞机场也可作为备降机场。在我国,备降机场是由中国民用航空局确定的。

(二)民用机场的类别

为了合理配置机场的工作人员和相应的设施设备,以确保飞机安全、有序、正点起降,必须对机场进行相应的分类。

■ 知识关联

北京大兴国际机场的关键词

（三）机场的功能区域

机场作为商业运输的基地可以划分为飞行区、航站楼和地面运输区三大部分。

1. 飞行区的构成与功能

机场飞行区是飞机运行的区域，主要用于飞机的起飞、着陆和滑行，它分为空中部分和地面部分。空中部分指机场空域，包括飞机进场和离场的航路。地面部分包括跑道、滑行道、停机坪、机场导航设施、地面灯光系统、机场的进近区或净空（飞行）区等。

1）跑道

跑道是机场的主体工程，是指机场内供飞机着陆和起飞的一块划定的长方形区域。跑道的数目取决于机场航空运输量的大小；跑道的方位方向主要与当地的风向有关；跑道必须具有足够的长度、宽度、强度、粗糙度、平整度及规定的坡度。跑道的性能及相应的设施决定了可以使用这个机场的飞机等级（见图1-6）。

图1-6　机场跑道

机场的飞行区等级由两个部分的编码组成。对于跑道来说，飞行区等级的数字表示所需要的飞行场地长度，第二位的字母表示相应飞机的最大翼展和最大轮距宽度。

2）滑行道

滑行道的作用是连接飞行区各个部分的飞机运行通路，它从停机坪开始连接跑道两端。在交通繁忙的跑道中段设有一个或几个跑道出口与滑行道相连，以便降落的飞机迅速离开跑道。

滑行道的宽度由使用机场的最大的飞机的轮距宽度决定，要保证飞机在滑行道中心线上滑行时，它的主起落轮的外侧距滑行道边线1.5—4.5米。在滑行道转弯处，它的宽度要根据飞机的性能适当加宽。

滑行道的强度要和配套使用的跑道强度相等或更高，因为在滑行道上飞机运行密度通常要高于跑道。

滑行道和跑道端的接口附近有等待区,地面上有标志线标出,这个区域用于飞机在进入跑道前等待许可指令时停靠。等待区要与跑道端线保持一定的距离,以防止等待飞机的任何部分进入跑道而成为起飞飞机运行的障碍物或产生无线电干扰(见图1-7)。

图 1-7　机场滑行道

3)停机坪

停机坪是指在机场中划定的一块供飞机上下旅客、装卸货物、邮件,以及加油、维修时停放用的场地。停机坪可分为客机坪、货机坪、等待坪和掉头坪等。

客机坪是供飞机机动和停放的区域,通常其紧邻旅客进出的航站楼。客机坪还用于飞机加油和维护,以及装卸货物、邮件和行李时停用。

货机坪只用于飞机装卸货物和邮件时停用。

等待坪供飞机在等待起飞或因让路而临时停用时使用,通常设在跑道端点附近的平行滑行道旁边。

掉头坪供飞机掉头时使用,当飞行区不设平行滑行道时,应在跑道端点处设掉头坪。

停机坪上设有供飞机停放而划定的位置,简称机位。停机坪的面积要足够大,以保证进行上述活动的车辆和人员的行动不受干扰。按照规定,停机坪上用油漆标出运行线,使飞机按照标出的线路进出滑行道,保证不影响机场交通。(见图1-8)

图 1-8　停机坪

4）机场导航设施

机场导航设施也称为终端导航设施,其作用是引导到达机场附近的每架飞机安全、准确地进近和着陆。实践证明,进近和着陆阶段是飞行最容易发生事故的阶段,机场导航设施、机场地面灯光系统、机场跑道标志等组成一个完整的系统,保证飞机的安全着陆。

机场导航设备分为非精密进近设备和精密进近设备。

非精密进近设备通常是指装置在机场的 VOR-DME 台、NDB 台及机场监视雷达,作为导航系统的一部分,它们把飞机引导至跑道。

精密进近设备则能给出准确的水平列导和垂直引导,使飞机穿过云层,在较低的能见度和云底高下,准确地降落在跑道上。目前,使用较广泛的精密进近系统是仪表着陆系统,还有部分使用的是精密进近雷达系统,以及正在发展并将最终取代仪表着陆系统的卫星导航着陆系统。

5）地面灯光系统

地面灯光系统主要用于飞机在夜间飞行时的助航。(见图1-9、图1-10)

图 1-9　机场地面灯光系统

图 1-10　跑道灯光系统

6）机场的进近区(净空区)

机长为保证飞机在起飞和降落的低高度飞行时没有地面障碍物妨碍导航和飞行,要划定一个区域,这个区域的地面和空域要按照一定标准来控制,并把有关的地形情况标注在航图上,这个区域称为进近区或净空区。

空中区域是在跑道周围60米的地面上空由障碍物限制面构成,障碍物限制面包括:水平面,是在机场标高45米以上的一个平面空域;进近面,由跑道端基本面沿跑道延长线向外向上延长的平面;锥形面,在水平面边缘按1∶20斜度向上延伸的平面;过渡面,在基本面和进近面外侧以1∶7的斜度向上向外延伸的平面。

由这些平面构成的空间,是飞机起降时使用的空间,由机场负责控制管理,保证地面的建筑(楼房、天线等)不能伸入这个区域。另外,空中的其他飞行物(飞鸟、风筝等)也不能妨碍飞机的正常运行。

2 航站楼的构成及功能

航站楼是旅客在乘飞机出发前和抵达后办理各种手续和做短暂休息、等候的场所,是机场的主要建筑物。航站楼内设有候机厅、办理旅客进出及行李托运手续的设施、旅客生活服务设施及公共服务设施等。

1) 登机机坪

登机机坪是指旅客从航站楼上机时飞机停留的机坪,这个机坪要求能使旅客尽量减少步行上机的距离。按照旅客流量,登机机坪的布局可以有以下多种形式。

(1) 单线式。

这种形式最简单,即飞机停靠在航站楼墙外,沿航站楼一线排开,旅客出了登机门直接上机。它的好处是简单、方便,但只能容纳少量飞机,一旦交通流量很大,有些飞机就无法停靠到位,从而造成时间上的延误,如图 1-11 所示。

图 1-11 单线式登机机坪

(2) 指廊式。

指廊式由航站楼伸出走廊,飞机停靠在走廊两旁,这样可停放多架飞机。指廊式登机机坪是目前空港中使用比较多的一种方式。走廊上通常铺设活动人行道,以减少旅客的步行距离,如图 1-12 所示。

图 1-12 指廊式登机机坪

(3) 卫星厅式。

在航站楼外一定距离设立一个或几个卫星厅,飞机沿卫星厅停入,卫星厅和航站楼之间有活动人行通道或定期来往车辆沟通。卫星厅式登机机坪比指廊式登机机坪优越的地方是卫星厅内可以有很多航班,各航班旅客登机时的路程和用去的时间大体一致,而且旅客在卫星厅内可以得到较多的航班信息。指廊式的登机机坪,旅客到最末端的登机门用的时间比在起始端的要长。卫星厅式的缺点是建成后不易进一步扩展,如图1-13所示。

图1-13 卫星厅式登机机坪

(4) 车辆运送式。

车辆运送式登机机坪也叫远距离登机机坪。飞机停在离航站楼较远的地方,登机旅客由特制的摆渡车送到飞机旁。这种方式的好处是大大减少了建筑费用,并有着不受限制的扩展余地。但它也存在一些问题,如机坪上的运行车辆和机场服务工作人员人数会增加,旅客登机时间也会增加,尤其遇到下雨、刮风等不良天气时,还会给旅客造成诸多不便。

各种登机形式并不是单一固定的,可以采用各种混合形式,例如,北京首都国际机场是卫星厅式的登机机坪,但当客流量增大时,超过的部分就采用远距离登机机坪来解决。

以上各种形式的登机机坪,除远距离登机机坪外,在登机的停机位置都需要一定的设施帮助驾驶员把飞机停放在准确的位置,让登机桥能和机门连接。登机桥是一个活动的走廊,它可以伸缩,并且有液压机构调整高度,以适应不同的机型,当飞机停稳后,登机桥和机门相连,旅客可以通过登机桥直接由航站楼进出飞机。

2) 航站楼

航站楼的建筑在考虑功能和实用性之外,还要美观,展现出现代化,体现出地方文化特色和区域特征,同时还要考虑便利、安全等。

航站楼的组成并不复杂,一般情况下,航站楼可以分为两大功能区。

(1) 旅客服务区域。

旅客服务区域包括:办理机票行李手续的柜台,安检、海关、检疫的通道和入口,登机前的候机厅,行李提取处,迎送旅客活动大厅,旅客信息服务设施(包括问询处、显示牌、广播通知系统、电视系统等),旅客饮食区域(包括供水处、餐馆、厨房等),公共服务区(如邮电局、行李寄存处、失物招领处、卫生间、医疗设施),商业服务区(如各种商店、银行、免税店、旅游服务处、租车柜台)等。

(2)管理服务区域。

管理服务区域的构成有:空港管理区(包括空港行政办公室、后勤部门的办公场所,消防、紧急救援部门的工作场所及设备场地),航空公司运营区(如运营办公室、签派室和贵宾接待室等),政府机构办公区(如民航主管当局、卫生、海关、环保、边防检查等部门的办公区域)。

■ 知识链接

兼顾建筑艺术和功能结构的航站楼

1. 深圳宝安国际机场航站楼

深圳宝安国际机场航站楼

2. 马德里-巴拉哈斯机场航站楼

马德里-巴拉哈斯机场航站楼

3. 新西兰惠灵顿国际机场航站楼

新西兰惠灵顿国际机场航站楼

③ 地面运输区的构成及功能

机场地面运输区包括两个部分：第一部分是机场进入通道，第二部分是机场停车场和内部道路。

1）机场进入通道

机场是城市的交通中心之一，而且有严格的时间要求，因而从城市进出机场的通道是城市规划的一个重要部分，大型城市为了保证机场交通的通畅都修建了市区到机场的专用公路、高速公路或城市铁路。为了解决旅客来往于机场和市区的问题，机场要建立足够的公共交通系统，有的机场开通了到市区的地铁或高架铁路，大部分机场都有足够的公共汽车线路方便旅客出行。在考虑航空货运时，也要把机场到火车站和港口的路线考虑在内。机场进入通道如图1-14所示。

图1-14　机场进入通道

2）机场停车场和内部道路

机场停车场除考虑乘机的旅客外,还要考虑接送旅客者的车辆、机场工作人员的车辆及观光者的车辆和出租车的需求,因此,机场的停车场必须有足够大的面积。当然,停车场面积太大也会带来不便,一般情况按车辆使用的急需程度把停车场分为不同的区域,离航站楼最近的是出租车辆和接送旅客车辆的停车区,以减少旅客步行的距离。机场职工或航空公司使用的车辆则安排到较远位置或专用停车场。

要很好地安排和管理航站楼外的道路区,这里各种车辆和行人混行,而且要装卸行李,特别是在高峰时期,容易出现混乱,引发事故。机场内部道路的主要作用是安排货运的通路,使货物能通畅地进出货运中心。机场内部道路如图 1-15 所示。

图 1-15 机场内部道路

二、航空公司

从组织结构的角度,航空公司的架构可以分成三个层面,即决策层、执行层和职能层。

（一）决策层

1 董事长办公室

董事长办公室是董事长的办事机构,负责董事会和董事长的日常事务;股东局负责处理股东咨询、查询事务,负责接待股东来访;关系室负责处理对外关系、对外联系和与政府联络;研究室负责经营战略、经营决策的研究管理,并负责政策咨询与经济、金融、科技、航空、企管、商务、航务、机务等方面的课题研究与管理。

2 咨询委员会

咨询委员会是总裁的智囊团,由政府代表、经济金融界权威人士、教授学者、企管专家、中国民航局代表、航空界权威人士、在国内外有影响的航空公司董事长组成。其中,外部委员应占三分之二以上,因为外部委员大都知识渊博、见多识广、消息灵通,具有很高的政策理念水平、专业水平和发现问题的敏锐洞察力,加之又不在企业内任职,观察、解决问题的立场更为公正、客观,在进行经营决策时可以站得更高、看得更远,有助于提高决策的科学性、准确性和稳定性。

(二)执行层

执行层一般由四大系统(运营系统、维修系统、市场系统、供应系统)和两大中心(基地管理中心、地区销售中心)组成,具体负责日常航班生产的指挥活动。

1 运营系统

运营系统将日常航班生产经营体系中几乎所有涉及航班生产的各个部门全部纳入,以便切实提高运营的效率和效果。运营系统下设以下中心。

1)飞行控制中心

这是飞行操作系统。负责执行国际航班、国内航班和专机、包机的机组任务;负责机组人员的组织、调配;负责飞行人员的安全、技术管理与改装训练管理。

2)乘务服务中心

这是空中服务系统。负责执行国际航班、国内航班和专机、包机的乘务组任务;负责乘务人员的组织、调配;负责乘务人员的服务质量、客舱应急设备与业务管理。

3)运行控制中心

这是签派指挥系统。负责进出港航班飞机的调度签派管理;负责进出港飞机的机坪地面指挥与航班正常率管理;负责进出港航班飞机的综合服务质量监督管理;负责事故调查与旅客投诉的处理;负责国内外航空公司航务代理管理;负责航班信息、通信业务、航行情报、飞机性能、导航数据库的管理;负责外国政府、航空公司和企业商务飞行的航务代理;负责国际国内航班航线的申请与航班时刻协调管理;负责驻场单位的协调管理。

4)地面保障中心

这是地面服务系统。负责国际国内旅客运输、货邮运输、机票销售管理;负责地面服务、货物装卸的管理;负责运输载重平衡、货物运价的管理;负责航班信息的收集、整理、分析和发布;负责行李查询、服务咨询的管理;负责VIP客户及航班非正常服务管理;负责国际国内航班机上清洁管理;负责与航班有关的延伸服务的管理;负责外国航空公司地面代理管理;负责外国航空公司民航雇员的管理;负责外国政府和企业商务飞行的地面代理。

5)信息控制中心

这是计算机系统。负责整个航空公司系统的信息管理、处理和服务;负责软件开发、应用、维护升级和运行保障。

2 维修系统

维修系统是飞机维护系统。负责本公司各种机型飞机的维护维修、定检和大修,并承担其他航空公司委托代理的各种飞机的维修。维修系统下设以下中心。

1）航线维护中心

航线维护中心主要负责国际、国内航班飞机的航前、航后日常维护管理；负责外站机务维修管理。

2）部件大修中心

部件大修中心主要负责飞机部件、发动机的定检、换发和大修管理。

3）航材供应中心

航材供应中心主要负责飞机航空器材的订购、供应和仓储管理。

4）设施设备中心

设施设备中心主要负责各种维修、维护设备设施的制造、改装和修理。

5）计量质量中心

计量质量中心主要负责设备、器材的计量检测和管理，维护质量的控制管理。

3 市场系统

市场系统是航班销售与服务系统，负责航空运输市场的营销管理、广告管理及货运管理。市场系统下设以下中心。

1）航班计划中心

航班计划中心主要负责国际、国内航空运输市场的开发和拓展；负责销售网络的规划、实施和航班计划管理。

2）销售控制中心

销售控制中心主要负责国际、国内航班机票销售控制管理；负责国内外地区销售管理。

3）客运业务中心

客运业务中心主要负责国际、国内客货运输业务、机票运价管理；负责客、货运代理人的管理。

4）货运业务中心

货运业务中心主要负责国际、国内货物运输和邮件运输管理业务、货邮运价管理。

5）广告策划中心

广告策划中心主要负责对外媒体的广告策划、投放和监制；负责对外形象的广告宣传；负责国内外各类展览会、博览会的策划、实施，以及公共关系活动如新闻发布会、记者招待会和公益活动。

4 供应系统

供应系统是采购与配置系统，它将除航材以外的采购、供应、配置活动集中统一管理。供应系统下设以下中心。

1）机供品中心

机供品中心主要负责机上供应品（包括餐具、杯子、毛巾、装饰等）、礼品、免税品的采购、供应与配发管理等。

2）餐饮品中心

餐饮品中心主要负责机上餐食、饮料、酒类、小吃等的采购、供应配发管理。

3）综合品中心

综合品中心主要负责服装、航空油料、设施设备、生产资料等物资的采购、供应与配发管理。

4）机上娱乐中心

机上娱乐中心主要负责机上娱乐系统（音乐、影视、报刊）的管理，按照国际航空娱乐协会和国家音像管理部门的规定和要求，负责音像节目的采购、制作拷贝、配置及设备维护。

5）物流控制中心

物流控制中心主要负责机供品、餐饮品、综合品和机上娱乐系统所有物品的保管、运输、收发和仓储等物流控制管理。

5 基地管理中心

基地管理中心是遍及全国各地的分、子公司管理系统。它把过去原有的分、子公司和国内营业部进行重新编排，按照重点地区进行划分管理。国内营业部不再单独作业，全部并入基地管理系统。基地管理中心统一负责本地区内航空运输业务的管理；负责空勤机组、乘务组的管理；负责客运、货运、服务、机票销售管理；负责飞机维护、定检管理；负责航班签派、航线申请管理。基地管理中心一般可按区域设置，如华东、华北、中南、西南、西北、东北基地管理中心，以及北京、上海、广州基地管理中心。

6 地区销售中心

地区销售中心是国际及中国香港、澳门、台湾地区办事处系统。它把原有的各国家、地区办事处按照地理位置和客货运输量进行整合，统一负责所辖地区的客货运输业务。大型航空公司的地区销售中心一般可设日本、韩国、东南亚、中东销售中心及大洋洲、北美洲、欧洲、非洲、南美洲销售中心，以及中国香港、澳门、台湾地区销售中心。

（三）职能层

职能层由四大总部组成，设置十分简捷，是总部的职能管理部门，协助总裁进行公司的经营管理。

1 行政总部

行政总部下设董事长办公室和综合管理部。

董事长办公室主要负责日常事务、文秘、档案管理；专机、包机任务管理；护照与签证管理；协调与政府、企业以及驻场海关、边防、空管、航油、安检等有关单位的关系。

综合管理部负责行政、基本建设、车辆设备、总务和房屋、物业方面的管理。

2 管理总部

管理总部下设企管研发部和财务结算部。

企管研发部负责经营战略、经营决策研究管理；负责中长期规划、计划管理，机队规划与引进管理,经济活动分析与计划统计管理;负责运输服务质量管理;负责企业形象与标志的设计、策划、监制、督导;负责经济指标专核管理;负责整个系统的信息反馈、监督控制管理;负责业务流程规章管理与标准化、规范化、程序化管理。

财务结算部负责国际、国内票务收入与结算管理;负责财务政策、法规管理与投资管理;负责财务计划、预决算、经济活动分析管理;负责融资租赁与外汇管理。

3 技术总部

技术总部下设飞行安全部和机务工程部。

飞行安全部负责飞行专业管理与安全监察管理;负责飞行技术与天气标准放飞管理;负责航务与技术引进管理;负责空防安全管理。

机务工程部负责机务专业管理与安全管理;负责机务专业技术与放行标准管理;负责机务与飞机设备设施引进与技术改造管理。

4 人事总部

人事总部下设人力资源部和教育培训部。

人力资源部主要负责劳动工资、劳动保险的管理;负责定员定编、技术职称的管理;负责组织人事、组织机构的管理;负责人才资源、人才开发管理;负责工资总额、奖励基金、福利基金的管理。

教育培训部主要负责飞行、乘务、机务、商务专业培训管理;负责干部职工培训及经理进修培训管理;负责飞行员、乘务员模拟舱培训管理。

三、机场和航空公司的关系

(一) 航空公司与机场的供需关系

航空公司与机场间具有紧密的协作关系。一方面,机场需要航空公司的飞临,旅客吞吐量是机场一切收入的根本。另一方面,只有设施完备的机场才能使航空公司最终实现产品的完整生产。

同时,航空公司与机场两者间又可理解为供需双方。机场的产品就是为航空公司提供的服务,航空公司则是这种产品的需求方。当机场的客货吞吐量、保障飞机起降架次等低于其设计能力时,也即机场产品的供给大于需求时,作为需求方的航空公司就拥有议价的优势;相反,当机场产品的供给小于需求时,机场则处于有利地位。在实际运输生产中,新通航或航班量很少的小型机场往往有求于航空公司,会向航空公司提供一些优惠条件,如签订包销协议等;而对于那些业务繁忙,特别是高峰期保障能力近于饱和的机场,情况则相反,由于这样的机场往往位于空运需求旺盛的地区或重要的枢纽点,航空公司会不惜代价开辟通达的航线,这类大中型机场在与航空公司的关系中往往处于优势地位。

（二）机场运营收入模式对双方关系的影响

机场的收入模式主要有两种。

一种是传统运营收入模式，即机场的主要任务是满足航空公司、旅客、货主的需求，机场的收入主要依靠飞机起降费、旅客服务费等航空收入。在这种模式指导下，机场在规划建设时主要考虑的是为旅客和货主提供便利，而分配给其他商业活动的场地则很少。

另一种是现代运营收入模式，即机场不仅为航空公司、旅客、货主等传统客户服务，而且还为航空公司雇员、当地居民、接机者、观光游客等一切潜在顾客及当地工商企业提供服务。在这种模式下，机场的设计要满足旅客、货主的要求，还要尽可能多地创造获得商业收入的机会，如修建娱乐和休闲设施。在现代运营收入模式下，机场收入的取得主要是租金收入与特许经营收入。在多数情况下，机场是以管理者的身份出现的，一般不直接经营地面服务，而是将场地、设施出租给机场直接用户，如航空公司、地面代理公司等，同时向餐饮、商贸、银行等各种专业服务商收取在机场经营的特许费用，并对它们进行管理。

采取现代运营收入模式的机场较之采用传统运营收入模式的机场，机场与航空公司双方的业务划分更加明确。机场定位为管理者，主要负责管理与资本运营，而航班维护、客货地面流转等由更为专业的航空公司或专业地面代理服务公司负责。当然，有条件采用现代运营收入模式的机场一般是那些枢纽类或客流量较大的大中型机场。而对于旅客吞吐量有限、不能取得良好的非航空业务收入的机场，航空业务收入依然是维持机场运转的重要支柱。

（三）机场与航空公司的竞争

机场与航空公司的竞争主要出现在航空公司基地机场的航班地面服务中。航班地面服务按提供服务的主体不同可分为四种情况。

第一种情况是完全由机场提供地面服务并收取相关费用。

第二种情况是机场只充当"地主"角色，将航站楼、廊桥等设施出租给航空公司，完全由航空公司提供地面服务。

第三种情况是以上两种情况的混合：一方面，机场成立自己的地面服务部门，为飞临的航空公司提供地面服务；另一方面，基地航空公司在为自己的航班提供地面服务的同时，也代理其他航空公司的地面服务。

第四种情况是地面服务由专业的地面服务代理公司承担。在欧洲，约有一半的大型机场不参与地面服务，地面服务由航空公司或专业的地面代理公司提供。在我国，一般机场和基地航空公司都分别提供地面服务。

当航空公司与机场同时提供航班地面服务时，往往形成双方在这一领域的竞争，特别是在传统运营收入模式下，由于航空业务收入是机场收入的主要来源，机场往往会利用其有利地位取得竞争优势。在这一领域，机场与航空公司双方业务的重叠是双方矛盾的焦点。我国大中型机场在现有运营模式下,除不开展飞行业务外,在客货代理、配餐、机务等方面均参与经营,由于机场的垄断性,易对基地航空公司造成不公平竞争的情况。因此,鼓励大中型机场走管理型的道路是解决这一问题的关键,机场立足于资本运作与管理将更有利于保持机场的中立性,同时应该鼓励建立专业化的地面服务代理公司为所有航空公司提供中立、公平的服务。

■ **行动指南**

熟悉机场环境

1. 教师播放机场或航空公司相关的视频,或带领学生前往所在城市的机场进行参观。
2. 参观完毕后,学生对当天活动内容进行总结,分组讨论并写出实践报告。
3. 各小组派代表发言,谈谈对机场和各航空公司的见解。

任务三　民航机场服务规范

一、仪容仪表

(一) 仪容规范

航空企业对地勤服务人员仪容仪表的基本要求是庄重、亲切、健康、自然。

1 发型

女员工发型要整洁、大方,不得遮掩面部,不得染发。短发发型不得奇特,长度不得短于两寸,以前不遮眉及面部,后不过衬衣领底线为宜。长发束起盘于脑后,保持两鬓光洁,用头花将发髻包住,一般不留刘海。头花只限公司配发的式样,不准戴其他花色,可使用无饰物的黑色发卡固定头发,但不得使用发箍及彩色发卡,禁止使用假发套。

男员工的发型要轮廓分明,头发干净、利落并修剪得体,使用发胶定型。两侧鬓角不得长于耳垂底部,后面不长于衬衣领底线,前面不遮盖眼部,不得剃光头,不得染发。

2 着装

上岗工作时间内,必须穿着规定制服,服装穿着要得体规范,并保持完好整洁。制服、衬衫穿着前必须洗净并熨烫平整,保持整洁(如无油渍、无斑点)。穿着制服时,必须系好纽扣、衣带;使用公司统一配发的证件挂带,将控制区通行证挂在胸前。

应穿着配发的黑色或不带任何饰物的深色皮鞋。女员工着裙装时必须穿长筒肉色或淡灰色丝袜,丝袜无勾丝破洞,不得穿着其他有花纹网眼等的长筒袜。男员工袜子选用黑色、深蓝色或深灰色系列。每日上岗前,应将皮鞋擦净、擦亮。

女员工着装要求如图 1-16 所示。

图 1-16　女员工地勤着装要求

3 通信设备

值班人员上班期间应保持手机畅通。对讲机可采用手持方式使用,夏季可挂在腰间,不得将对讲机放在衣袋中或夹在腋下。

■ 知识关联

民航服务人员职业仪态与礼仪规范

(二)仪态规范

1 站姿

1) 站姿的基本要求

头部微微抬起,面部朝向正前方,下颌微微内收;颈部挺直,双肩平正,微微放松;呼吸自然;腰部直立,上体自然挺拔;身体的重心要平均落在双腿上;双眼平视前方,面带微笑。

2)站姿的基本形式

(1)前腹式(适合女士)。

双脚呈 V 字形,膝和脚跟靠紧,两脚尖张开的距离约为一拳;腰部挺直,小腹略收;双手搭握(五指并拢,右手搭左手)放于小腹部位。

(2)"丁"字式(适合穿裙装女士)。

一脚在前将脚尖向外略展,右脚后撤半步呈"丁"字步,双手搭握形成腹前相交;身体重心在两腿上。(见图 1-17)

图 1-17 "丁"字式站姿

(3)侧立式(适合男士)。

双脚距离与肩同宽,双臂自然下垂放于身体两侧或双手搭握(五指并拢,左手搭右手)放于身前。

(4)后背式(适合男士)。

两腿稍分开,两腿平行,两脚距离与肩同宽;两手在背后轻握放在后腰处。(见图 1-18)

为缓解疲劳,在工作中可采用相应的站立姿势交换使用。但在服务时禁止有过多的小动作,如抓耳挠腮、梳理头发或手里摆弄打火机、烟盒等。在工作场所范围内,工作人员不得将手插于衣袋或裤袋内,不得双手叉腰或双手交叉抱于胸前。

站姿禁忌:身体歪斜、弯腰驼背、趴伏倚靠、双腿叉开;手位不当、脚位不当、浑身乱动、半坐半立。

2 坐姿

落座后坐满椅子的 1/2 或 2/3 处。背部不要靠在椅背上,如座椅有扶手,不得搭扶手。端坐时上半身挺直、头正肩平、下颌微收、挺胸收腹。面部表情自然,目光平视前方。女士的双膝、双脚并拢,双腿微向内收(或略偏左、偏右),双手搭握,掌心向下,手自然放于腿上。男士应双膝分开与肩同宽,双手半握拳放于腿上。(见图 1-19)

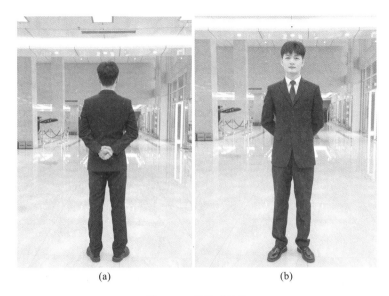

(a)   (b)

图 1-18　后背式站姿

图 1-19　坐姿

3　走姿

体态优美、重心放稳、身体协调、摆动适当(以肩为支点摆动角度为 30°至 35°)。头部摆正,目光平视,下颌微收,挺胸收腹,立腰,双肩平稳。行走时,重心稍前倾,全脚掌着地,膝和脚腕要有弹性,忌拖着鞋子走路。走路注意步幅,一般前脚跟与后脚脚尖之间的距离为一脚的长度,男士的步幅可稍大。行走时走道路的右侧,避免走中间。遇有急事可以快步行走,但不要在工作区内奔跑。多名工作人员同方向行走时,并排者最多为 2 人,可前后分成几排。禁止勾肩搭背、嬉笑打闹、大声喧哗。上下楼梯或在狭窄通道时,应主动侧身让旅客先过或慢步随后,如有紧急事需超越旅客时,应使用"对不起""请让一让""谢谢"等文明语言向旅客致歉后,方可超越。途中如遇到旅客提问,应主动停下来点头微笑或使用"您好"等礼貌用语打招呼,回答完毕后再继续行走。在穿越贵宾休息室通道,遇到贵宾出入时,要主动避让,待贵宾走过后方可通行。(见图 1-20)

图 1-20　走姿

4　蹲姿

蹲下时右脚先退后半步,上身稍向前倾,臀部向下,上身保持垂直,神情自然。双膝一高一低(捡左面物体时左膝低右膝高,捡右面物体时右膝低左膝高),女士双腿并拢。轻蹲轻起,直蹲直起,切忌突然下蹲,离人过近,方位失当,正对或背对旅客。(见图 1-21)

5　手势

手势的基本要求是稳妥、自然、到位。

1) 指引旅客

指引旅客时,应五指并拢,掌心朝上,手掌微向内倾并与地面呈 45°斜角,目光与所指方向一致。手臂自然前伸,胳膊的屈伸度代表指示的远近。左手方向用左手指示,右手方向用右手指示,身后方向要转身指示。指示人物时应五指并拢,掌心向上,并使手掌处于较低的水平位置。任何情况下,不得用手指、笔或其他物品直指旅客,避免通过用手接触旅客身体(如戳、拍等)来引起旅客注意。(见图 1-22)

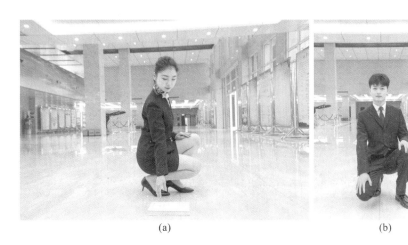

图 1-21 蹲姿

图 1-22 指引手势

2) 递送票证、单据

递送票证、单据时,应将票证、单据正面朝上双手递送到旅客手中,指间并拢,掌心向上,逐一交代;或者将票证、单据正面朝上放置在柜台桌面上,然后双手推送至旅客面前,并逐一交代清楚。在必须要求旅客签字时,态度应诚恳、耐心,不能诱导或催促。在任何情况下,不得以扔掷动作送还旅客的旅行票证或其他物品。(见图 1-23)

6 表情

在提供服务时,目光要和善、真诚、自然、主动迎送。3 米之内应用目光、微笑等友善的表情与旅客打招呼。与旅客交谈(特别是回答旅客问题)、递接旅客物品时,要与旅客有自然的目光接触。对旅客传达的信息要适时做出反应,不得面无表情、视而不见、听而不闻。

要亲切自然,打开笑肌,笑容尺度以露出八颗牙齿为宜。眼睛要有笑意,并持续一段时间,从距旅客 3 米远开始微笑并保持 10 秒。

图1-23 递送票证、单据

7 语言

1）聆听

服务人员要积极主动地聆听，对旅客的感受和意见要表示出极大的兴趣，以示关注和接收到信息，不可东张西望或兼做其他事情，应绝对避免诸如抠指甲、搔头皮等失礼的小动作。未听明白而需提问时，应先用"对不起，请允许我打断一下。""请让我弄明白这个问题好吗？"等文明用语征得旅客同意，不要随意打断旅客问话或表述，以免旅客产生误解。注意信息反馈。聆听中可辅以轻微点头或"哦""是"等简单词汇，对旅客的语言表述做出反应，以示对旅客的尊重；也可用简单复述的方式表示正专注于旅客说话的内容。

避免下列不受欢迎的倾听方式：抱着胳膊、心不在焉、眼睛不看说话者等；轻易打断对方的话语转换话题；没有控制自己的情绪，对旅客的语言反应敏感；只顾低头记笔记不看对方。

2）交谈

交谈要诚恳、大方、谦逊。语调温和可亲，语速快慢适当，表达得体，精力集中，姿势端正。音量大小依谈话人数的多少和环境嘈杂与否而定，一般以使每一位旅客听清为宜，在旅客较多的情况下，使前一至二排旅客听清即可。

目光应平视或低于旅客的眼睛，双方应保持适当的距离。手势幅度不可过大，不可用手指点旅客，或用不友好、不耐烦的目光注视旅客，使旅客产生距离感。

工作场所必须使用普通话和相应外语。交谈用语要谦逊文雅，要多用"请""您""您好""谢谢""不客气""对不起""再见"等文明用语。忌用过多专业术语或服务禁语。与旅客交谈，切忌边走边讲，谈话时不宜看手表、手插口袋或双臂抱胸，交谈不要涉及个人隐私。

严格执行首问责任制。对于旅客的提问，回答应迅速、准确、耐心、有问必答。严禁使用"不知道""不清楚""没办法""无可奉告""这不是我的职责""你去问别人吧！""你没看见我很忙吗？"等语言。有时候当你不得不说"不"时，要用婉转的语言来回答，如"对不起，我不太清楚，但我可以帮您问一下。"等。在任何情况下，不得直接或间接地对旅客使用攻击性或侮辱性语言；不得对旅客无意造成的差错公开进行批评或指责。

3）接打办公电话

接打办公电话的总体要求包括用语礼貌、语调温和、语言清晰、语音适中、信息准确、服务高效。有固定人员值守的岗位，接听电话铃响不得超过三下。接打电话必须使用普通话，切忌在工作场合发生电话争执。通话时切忌同身边其他人谈笑，室内其他人员应保持安静，通话中要适时应和。通话中如突遇急事处理要让对方等待时，应及时向对方表示歉意，并告之原因及需等待时间，以便让对方选择保持通话或事后联系。如果电话需要传呼他人，应当事先问清打电话人是谁，然后用手捂住话筒或按下保密键再传呼接话人，如接话人不在，可代为询问，并记下对方的姓名、单位、电话号码等信息。通话结束时应使用"再见""谢谢"等话语，并确认对方已先挂机后再放下话筒。

二、行为规范

严格遵守各项规章制度，不迟到，不早退。要注意洞察他人需求，理解旅客心理，学会控制不良情绪。工作间隙不得擅离岗位，不得对过往旅客指指点点、评头论足。爱护旅客行李，严禁重拿重放、私拿私分旅客行李。

上岗前不得食用大蒜、大葱、韭菜等具有强烈刺激性气味的食物。在工作场所不得吸烟、嚼食口香糖及其他食品。在工作岗位范围内不得剔牙、挖耳、抠鼻等。不得在工作场合看报纸杂志，严禁将废弃物品丢弃在飞行器附近区域。

按通行证指定区域进入生产岗位，严禁擅自进入与所持通行证不符的区域。无操作任务不得擅自进入客舱，严禁私拿私分机上的供应品和报纸杂志。严守空防规定，严禁擅自加装物品或在飞机下提取行李物品。对现场出现的不明人员或物品应保持警惕，注意动向并加以询问，必要时及时报告上级领导或安保部门。在前后工序衔接过程中若出现矛盾，要避免冲突，礼让为先，若涉及影响航班正常运行的事宜，则须报部门领导予以处理。

■ 知识链接

地勤服务岗位六大分类

1. 售票类

售票是旅客运输的"第一战线"，是航空公司的"收银台"。所以售票系统每年必须更新，与时俱进。随着科技的发展，多数人购票是采用网上购票的方式，取票步骤也可以省略，之所以能这么方便购票，主要还是因为有技术人员的支持。

基本职责：熟练掌握售票的程序，了解出票时限、航班的衔接、座位再证实、候补购票等环节的规定。

2. 通用类

地勤的通用类包含地面交通、问询、候机楼广播、公共信息标志以及候机楼商业等方面的服务。

基本职责：熟悉机场地面交通状况；能按时询问岗位职责；熟练掌握标准候机楼广播用语；熟悉民航公共信息图形标志。

3. 值机类

从航空公司的角度，值机服务即航空公司的旅客运输服务部门为旅客办理乘机手续的整个服务过程,其主要内容包括办理乘机手续前的准备工作、查验客票、安排座位、收运行李及旅客运输服务和旅客运输不正常情况的处理。

基本职责:熟悉值机服务的程序;能为旅客办理乘机手续。

4. 行李类

行李运输的知识、旅客和承运人的权利及其义务,这些是从事航空服务工作的专业人员必须掌握的。行李服务是判断旅客运输的行李是否符合相关的运输规定,并应用相关规定解决行李运输过程中出现的问题的服务。

基本职责:判断旅客运输的行李是否符合相关的运输规定;初步应用相关规定解决行李运输过程中出现的问题;培养学生的理解、分析和处理问题的能力,以及认真、仔细的工作态度。

5. 安检类

民航运输企业向旅客提供的服务首先应该是安全的,安检是确保这种服务安全最重要的基础。安检服务包括证件检查、人身检查、物品检查,以及飞机与隔离区监护。其根本目的是防止机场和飞机遭到袭击,防止运输危险品引起的事故,确保乘客的人身和财产安全。

基本职责:掌握检查证件的程序与方法;掌握人身检查的要领和程序的方法。

6. 引导类

对于所有的公共旅客运输企业来说,引导服务即通过有效的服务来维持良好的现场秩序,疏导大量聚集的旅客,它始终是服务工作十分重要的一环。民航运输企业相对于其他运输企业在旅客心目中一向具有高质、高量、高价的形象,理应提供优质的引导。

基本职责:掌握飞机靠近廊桥和停机坪时的进出港引导服务流程和方法;能处理特殊旅客的引导工作。

项目训练

1. 教师邀请机场的地勤工作人员为学生讲解机场地面服务工作的心得体会。
2. 学生依据讲解内容,结合所学知识,向机场地勤人员提出自己的疑问,并发表自己的见解。

项目二　　机场公共服务

项目目标

知识目标

1. 了解机场的客流特征和往返机场的主要交通方式的利弊,掌握机场地面交通服务应达到的质量标准。
2. 掌握候机楼问询服务的种类,掌握问询服务的质量标准。
3. 掌握候机楼广播服务及质量标准。
4. 理解公共信息图形标志的设置原则与要求。
5. 了解候机楼零售业的发展状况。

能力目标

通过对机场公共服务知识的学习,熟悉机场地面交通整体状况,能够按照问询服务的岗位职责和要求提供问询服务,熟练掌握标准候机楼广播用语,熟悉常见的民航公共信息图形标志。

素质(思政)

1. 掌握机场公共服务的各项规定及要求,提高服务技能和职业素养。
2. 遵循首问责任制,细心、耐心地回答旅客问询。
3. 以规范的中英文服务用语准确、清晰、匀速、自然流畅地进行机场广播服务,针对少数民族地区增加民族语言广播。

知识框架

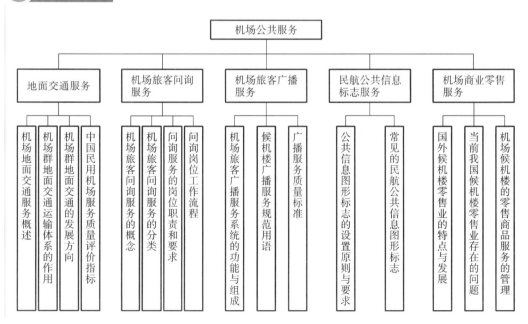

 **项目引入**

11月16日下午,在广州白云国际机场,一名带孩子的旅客拟乘坐南航航班从广州飞往昆明,因到登机口时间较晚,该航班已经起飞,这名旅客一时情绪失控,将 B01 登机口广播话机砸坏。该旅客被机场民警带回派出所调查,经过相关设备设施管理部门确认,被旅客砸坏的广播话机系进口设备,价值人民币 10000 多元,维修费用近 5000 元。现场民警表示,如果超过 5000 元,该旅客可能面临 7 天的行政拘留。经过教育,该旅客表达了悔意,并交纳了维修费用,才得以离开,但也因此错过了改签最近一个航班的时间。

○ **问题思考**

1. 你认为机场是否需要承担旅客误机的责任?
2. 你认为从机场公共服务的角度,此事给我们带来哪些思考?

 任务一　地面交通服务

一、机场地面交通服务概述

(一) 机场地面交通服务的意义

机场群地面交通运输体系是以更好地支撑机场群及其核心机场的战略功能定位为导向,以提升机场群快速增长的业务规模、优化调整业务结构和提高地面交通运输服务能力为主线,围绕机场群构建功能完善、布局合理、运行高效的地面综合交通基础设施网络及综合交通枢纽系统和支撑空地联运发展的地面综合交通服务网络。

(二) 机场客流特征的变化

旅客客运量迅猛增长,航空出行已经成为人们日常出行的重要交通方式。航空运输的快速发展需求,不仅对空中交通管理提出了更高的要求,同时也给机场陆侧交通系统带来了极大的压力。特别是伴随着大型机场的建设,机场周围的道路交通系统的容量日趋饱和,对机场的陆侧交通系统提出了新的要求。

机场客流特征的变化主要体现为客流集聚性强和持续时间长的特点。机场旅客客流的集聚性主要表现在客流时间和空间的分布上。机场旅客的目的是乘坐航空飞机飞行,其客流活动性主要是和航空飞行相关。在时间上,客流的聚集性主要表现为在某一时段内,大量的客流出现在机场区域内,使机场区域较为拥挤。客流的聚集时间与航班的时刻表有着很强的相关性。

（三）往返机场旅客的分类

按照机场客流的出行目的，机场陆侧客流可分为三大类。

1. 航空旅客

航空旅客主要指机场的出发和到达旅客，以及一部分需要在同一个城市中跨机场进行中转的旅客，不包括在同一个机场内进行中转的旅客。因为在同一个机场进行中转的旅客，行动区域只在航站楼内，并不涉及城市交通范畴。

2. 机场通勤人员

机场通勤人员主要是指在机场区域附近工作的人员，包括机场工作人员、基地设在机场的航空公司工作人员，以及在机场附近从事配套服务工作的人员等。

3. 其他人员

其他人员主要是指机场的迎送人员，以及到机场参观、购物的旅客。

（四）往返机场的主要交通方式

机场和市中心的交通联系作为航空旅行的延伸，是十分重要的。世界范围内机场和城市之间的联系方式主要有以下几种。

1. 轨道交通

轨道交通绝大多数在沿线设有站点，又可以分为高速铁路和普通铁路。

2. 直达巴士

直达巴士通常在市区内会设若干个站点。

3. 常规公共交通

常规公共交通会沿途停靠。

4. 私家汽车及出租汽车

（五）机场轨道交通系统

近些年来，随着全国轨道交通事业的发展，城市内部和城市之间的轨道交通的连通性和便捷程度逐渐加强。其中城市市区和机场之间的轨道交通的建设显得尤为重要。

全国已经有诸多城市的机场接入了轨道交通的配套建设，无论是地铁普线、地铁快线还是城际铁路，甚至是高速铁路，不同城市的机场配套轨道交通都各具特色，也为来往于城

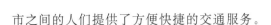

市之间的人们提供了方便快捷的交通服务。

1 地铁普线接入机场

地铁普线如果按照全线统一间隔来进行运营，势必会造成运力调配不平衡，断面客流分布不均，出现规模不经济的问题。所以在接入机场的地铁普线里，在一些车站配备折返线和驻车线，这可以按照客流分配运力，在提升运输效率的同时也节省了成本。

2 接入机场的地铁专线/快线

以北京机场线为例，北京地铁机场线是一条典型的机场快线，是一条联络北京市区和机场的专用线。从机场线的横排座位布局和配备行李架这两点来看，这是一条相比于运输更加注重服务的线路。这种线路停靠的车站少，相比其他线路的盈利机会成本就大，同时这一类的线路往往较市区的地铁普线车站之间间隔大一些，且断面客流容易受到机场进出港航班影响而反复波动，最大客流断面往往会出现在机场到市区内的第一个换乘站，客流量往往不如市区的地铁普线，所以需要用更高的票价去维持利润。

3 国铁城际铁路

以郑机城际铁路为例，从郑机城际铁路的机场站台到达新郑国际机场出发层值机柜台仅需5分钟，这对于空铁联运的旅客们来说是很便捷的。而且相比郑州地铁城郊线的停站多、座位密度大而言是具有相当优势的。郑机城际铁路的另一个优势就是引入了郑开、郑焦城际的跨车线，这使得新郑国际机场的客流腹地进一步得到拓展。从长远看，郑机城际有延伸建设至许昌的计划，并接入中原城际轨道交通网，这对于完善沿线地区基础设施，巩固新郑国际机场航空枢纽地位也有着重大意义。

4 国铁干线接入机场（及周边）

国铁干线接入机场（及周边）是一把双刃剑，在提升了通达性的同时，也面临着客流随高铁线路流失至周边城市群的机场的威胁。

5 综合客运交通枢纽站

综合客运交通枢纽站的特点明显：拥有多层次、多标尺的轨道交通配套，几近于全天候的接驳能力，"一市两场"的便捷通勤。

随着社会经济的高速发展，交通工具的高速化、大型化和换乘方式的集约化、专业化越发明显，未来的交通建设必定是城市群中枢纽之间的竞争，而城市轨道交通和机场的配套在其中显得尤为重要。

（六）主要交通方式存在的弊端

1 机场巴士

机场巴士与出租车相比，优势明显，主要体现在其低廉的价格，但是其缺点也不容忽视。一是，机场巴士的行进路线大部分需要穿越城市中心，运行受中心城区的交通状况影响。二是,机场巴士行驶速度较低,在一定程度上影响旅客到达机场的速度。三是,机场巴士在城市内所设的站点分布存在不合理,给携带大量行李的航空旅客增添诸多不便。

2 机场出租汽车

机场出租汽车目前是机场地面交通运行的主力,私家汽车也日益成为机场交通的重要力量。随着国内出租车和私家汽车数量的增多,早期交通规划中没有充分考虑到私家汽车的车流量的后果开始显露。许多机场出现路段拥挤,航站楼、候机大厅前的道路人车混行,安全隐患严重,这将会影响机场的长远发展。

3 轨道交通

轨道交通具有清洁、环保、高效等特点,可以说是机场地面交通的一种较好选择。但目前轨道交通还不是主要交通方式,这种交通方式作用的发挥很大程度上取决于它与其他交通方式能否良好衔接。

■ 知识关联

怎么去北京大兴国际机场?四种交通方式全揭秘

二、机场群地面交通运输体系的作用

(一) 推进综合交通融合发展

综合交通融合发展已经成为我国交通行业未来主要的发展趋势之一,机场群地面交通运输体系是地区综合交通运输体系的重要组成部分,加快推进其地面交通运输体系发展是落实综合交通融合发展理念的必然选择。

(二) 显著提升旅客出行体验

加快完善机场群地面交通一体化服务网络,打造以机场为中心的机场群综合交通枢纽体系,是满足快速增长的机场群客货集散需求的必由之路,也是提升机场群地面交通运输服务供给能力及其结构优化调整的重要内容。民航运输需求日趋大众化、多元化、个性化,航空旅客对机场群地面交通运输体系的安全、快速、便捷、舒适等服务品质提出了更高要求,探索机场群各种地面交通方式的协同运行机制、推进空地联运向"门到门"高质量服务转型升级进入新阶段。

（三）加快建设标杆型机场群

机场群地面交通运输体系作为机场群服务体系中不可或缺的重要组成部分，承担着为机场群拓展市场腹地、快速集散客货的运输任务，有利于推动机场群地面交通运输体系发展建设，是完善标杆型机场群及其运输服务的必然使命。

（四）更好地服务城市群建设

机场群地面交通运输体系是城市群综合交通运输体系的重要组成部分，更是推动和支撑城市群建设的动力源及产业转型升级的重要平台，加快推进机场群地面交通运输体系发展建设是实现城市群发展壮大的重大举措。

三、机场群地面交通的发展方向

国外相对成熟的世界级机场群地面交通运输体系一体化发展成效显著，为其形成强大的核心竞争力提供了有力支撑，相对成熟的世界级机场群已经形成与辐射全球的航线网络相互支撑、相互促进的地面一体化交通运输体系。

随着机场群地面交通运输体系的逐步完善，交通方式呈现出多样化的特点，为了满足不同层次旅客的需求，要确立发展综合交通体系的思想，在机场范围内做好交通组织和停车场规划，进行车站、航站楼等基础设施内细节的设计，建设旅客信息系统，并规划机场专线，为航空旅客提供便利，提高公共交通的吸引力。

■ 知识链接

国家发改委关于促进枢纽机场联通轨道交通的意见（节选）

（一）加强空铁信息联通

建立健全空铁联程联运管理体制机制，切实打破行业分割，打通运营规则，完善协作机制，破解联程联运管理中的难题。积极推动整合信息平台，加强数据、时刻、规则等衔接，提高信息化、智能化、智慧化水平，便于轨道交通根据航班情况合理调度车辆和旅客安排出行。

（二）积极开展联合运营

机场轨道交通运营单位与机场及基地航空公司之间应加强战略合作，共同打造优质的空铁联程联运服务。根据航空客流变化情况，轨道交通运营单位合理安排运力，科学编排车次，适时开行快、慢车，满足不同旅客出行需要。

（三）提高出行便捷程度

简化换乘环节，优化轨道交通车站城市航站楼的值机、行李托运等服务，推进轨道交通与机场安检互认，提供便捷的换乘服务。创新服务，开发空铁联程联运产品，研究推出一票到底、多种票价机制等灵活措施，方便旅客出行选择。

任务二 机场旅客问询服务

一、机场旅客问询服务的概念

机场旅客问询服务是指向旅客提供诸如航班信息、机场交通、候机楼设施使用、遗失物品认领等服务,直接解决旅客在旅行过程中遇到的问题,或为旅客解决问题指明方向的一类服务。机场中设立的专门提供问询的柜台,已经成为航空运输企业为旅客服务的不可或缺的窗口,深受旅客欢迎。

二、机场旅客问询服务的分类

问询服务根据服务提供方的不同可以分为航空公司问询、机场问询和联合问询。其中,联合问询是航空公司与机场共同派出问询服务人员组成联合问询柜台,向旅客提供全面的问询服务。

问询服务根据服务提供方式的不同,可以分为现场问询和电话问询。现场问询是指在问询柜台当面向旅客提供问询服务。电话问询是通过电话的方式向打来电话的旅客提供各类问询服务。通常电话问询还可以分为人工电话问询和自动语音应答问询。人工电话问询主要用来解决旅客提出的一些比较复杂或非常见的问题;自动语音应答则由旅客根据自动语音提示进行操作,通常能较好地解决旅客所关心的常见问题,它能大大地节省人力,提高服务效率。

根据服务柜台的设置位置不同,还可以将问询服务分为隔离区外的问询服务和隔离区内的问询服务。

三、问询服务的岗位职责和要求

(一)岗位职责

(1)掌握航班动态,细心、耐心、细致地回答现场旅客的问询。
(2)负责特殊旅客的服务工作。
(3)负责航班不正常旅客的解释服务工作,协助做好航班延误服务、补班服务的相关工作,做好非正常航班的电话跟踪服务,负责在交通频道发布信息等服务工作。
(4)负责旅客失物招领服务。
(5)其他服务工作,包括为旅客提供便民服务、广播查找服务,收集旅客提出的意见和要求并及时反馈。
(6)负责岗位物资和设备管理。

(7) 按要求填写岗位各项台账记录工作。

(8) 维持服务台秩序,发现特殊情况及时通知监控室和机场公安局。

(二) 问询服务岗位要求

1 一般要求

(1) 精通民航专业知识。

(2) 掌握国际航空运输概论和旅客行李运输、客票等相关业务知识。

(3) 初步了解旅游地理常识。

(4) 熟悉民航旅客心理学基础知识。

(5) 熟悉本部门各岗位工作程序,并且了解相关部门及联检单位的业务知识。

(6) 熟悉《中国民用航空旅客、行李国内运输规则》和《中华人民共和国民用航空法》的相关内容。

2 业务要求

"首问责任制"服务,即旅客求助的第一位工作人员有责任在第一时间确保准确答复或有效解决问题的前提下提供优质服务,否则必须将用户指引到能提供有效服务的部门或岗位。

当旅客提出问询服务要求时,由第一位接到信息的工作人员负责接待,对询问事项进行办理或协助办理、跟踪反馈,该服务或后续服务的人员或部门为第二责任人,相对于第一环节是后续服务的"首问责任人"。

(1) 一般要求每日柜台开启前到岗;检查电脑、电话等设施设备是否处于正常状态,如有故障要及时报修或调用备用设备,确保问询工作顺利进行。

(2) 确保问询柜台始终有工作人员在岗,若有特殊情况需要离开,必须在柜台上放置"请稍等"指示牌。

(3) 根据旅客提出的要求及时给予帮助,遇到无法解决的特殊问题,应及时向上级汇报。

(4) 必须在国内或国际最后一个出发航班登机结束后,才可关闭柜台。

(5) 旅客在现场提出投诉时,应耐心解释并记录相关情况,及时向上级反映;如有必要可向旅客提供企业投诉电话。

■ 知识关联

问询服务场景演示

■ **知识链接**

北京首都国际机场股份有限公司航站楼问询服务管理标准

目的:为提升问询服务水平,规范问询管理,特制定本标准。

范围:本标准适用于航站楼问询服务相关单位。

定义:问询服务提供单位特指站楼内以问询柜台、问询电话为旅客提供问询服务的各航空公司、地面代理,以及其他执行问询职责的所有驻场单位。

正文:

1 职责

1.1 航站楼管理部门

1.1.1 负责航站楼内问询柜台、电话等设备设施的整体规划、制作安装、持续改进、定期检查。

1.1.2 负责对航站楼内问询服务人员提供的服务进行跟踪监督。

1.1.3 负责对航站楼问询服务管理标准修改、补充。

1.2 问询服务提供单位

1.2.1 航站楼内固定问询点的服务以航班时刻为准。

1.2.2 1号、2号航站楼内为旅客提供一线问询电话服务单位必须对外公布问询服务电话并派专人接听,服务时间以航班的开放、关闭时间为准。

2 服务标准

2.1 问询服务设施设备配置标准

2.1.1 问询柜台配置标准

2.1.1.1 问询柜台需配有航班显示信息系统、内通电话,视情况提供一键通电话。

2.1.2 问询电话配置标准

2.1.2.1 问询电话需符合无障碍要求,设在高位、低位两个话机,话机键盘设有标准盲文。

2.2 问询服务岗位标准

2.2.1 问询柜台需保证1—2人接待处理旅客问询需求。

2.2.2 问询电话需有专人负责接听。

2.2.3 航班延误时,问询柜台内需有专人职守。

2.2.4 问询柜台、问询电话服务不得从事其他与问询工作无关的经营活动,如酒店介绍、出租车辆等。

2.3 问询服务人员标准

2.3.1 问询服务人员须通过航站楼从业人员资格准入培训。

2.3.2 问询服务人员须遵守《航站楼服务员工行为规范》。

2.3.3 问询服务人员需熟练掌握业务知识,回答问题准确无误。

2.3.4 问询服务人员需在问询电话响铃三声内接听电话。

2.3.5 问询柜台服务人员须站立回答旅客问询。

2.3.6 问询柜台在多人问询时,应微笑并以目光向旅客示意等候。

2.3.7 问询柜台、问询电话服务人员对于复杂问询或需要特殊帮助的旅客应联系流动问询提供引领服务。

四、问询岗位工作流程

1 现场问询工作流程

机场问询服务人员上台前首先应查看航班信息查询系统,了解当天航班情况并测试、检查岗位设备设施及电脑中工作软件是否可正常使用。其次应查看当日交班事宜,及时处理遗留问题。最后应准备各项工作用品,并做好柜台的整理和清洁工作。

(1) 接受现场旅客的问询。

(2) 针对现场旅客提出的问题,问询服务人员应通过航班信息查询系统,了解不正常航班的信息,及时向现场指挥室、商务调度室和候机室跟踪航班的具体动态,给予旅客正确答复。

(3) 针对旅客的问询,可以立即予以答复的,应在第一时间内告知旅客。

(4) 做好航班为非正常时的旅客电话跟踪服务。

(5) 接受 UM、轮椅、病残旅客等特殊旅客的服务要求并提供相应服务,及时通知相关部门予以接洽。

2 电话问询工作流程

(1) 测试、检查电话等通信设备是否完好。

(2) 查看航班信息查询系统,了解当天航班情况并测试、检查岗位设施及电脑工作软件是否完好。

(3) 查看当日交班事宜,及时处理遗留问题。

(4) 准备各项工作用品,做好柜台的整理和清洁工作。

(5) 电话接受旅客的问询。针对旅客提出的各项问题,问询服务人员通过航班信息查询系统掌握非正常航班的信息,及时向现场指挥室、商务调度室和候机室跟踪航班的具体动态,并给予旅客正确答复。

(6) 对于旅客问询可以立即给予答复的,应在第一时间告知旅客,在不能正确回答旅客或者没有把握回答问题的情况下,可先记录好旅客的联系方式,向相关部门获取最准确答案后联系旅客予以答复。

(7) 做好电话跟踪服务记录。

图 2-1 为上海浦东国际机场问询处。

图 2-1　上海浦东国际机场问询处

■ 行动指南

> 问询员受理接收失物及失主本人认领遗失物品流程

　　(1) 问询员接收失物时,应先确认该物品是否已过安全检查,经安全检查确认无疑后方可接收。

　　(2) 接收失物后,应第一时间通知广播寻找失主。

　　(3) 与拾物人仔细检查遗失物品,并做好相应的台账记录(如拾物时间、地点、物品特征、颜色、内容等),如有无贵重物品,应当面点清并做好登记。

　　(4) 填写遗失物品交接清单,并由拾物人与收物人双方签字,将交接清单红联贴在物品上,另将蓝联交给拾物人备存。

　　(5) 在失物内仔细找寻名片或电话簿等以获取失主本人的信息,尽可能联系到失主前来认领。

　　(6) 失主前来认领时,问询员应仔细询问旅客该物品丢失的时间、地点、物品特征、颜色、内容,并与交接清单所登记的内容仔细核对。

　　(7) 经确认与旅客所述物品的特征、内容信息一致,才能办理失物认领手续。

　　(8) 要求失主出示身份证件、登机牌,并留下复印件,将该物品交给旅客,并让其现场打开查验内物是否完整。

　　(9) 经失主核实物品完整后,让失主在"招领记录"栏写下"物品齐全,准确无误,已认领"字样,填写日期、联系电话并签名,然后将旅客证件复印件附在登记本上。

　　(10) 将失物归还给失主,结束现场失物认领工作。

任务三　机场旅客广播服务

机场旅客广播服务系统是提高旅客服务质量的重要环节。机场旅客广播是机场管理部门播放航空公司航班信息、特别公告、紧急通知等语言信息的重要手段，是旅客获取信息的主要途径之一，是机场航站楼必备的重要公共宣传媒介。

一、机场旅客广播服务系统的功能与组成

机场旅客广播服务系统由基本广播、自动广播、消防广播三部分组成。广播分区应按照建筑物的自然隔断形成的不同功能区域来划分。

其一，机场广播系统采用当今先进的计算机矩阵切换器，可对各种音源进行管理和分配，并限定它们的广播范围和广播权限，使所有的广播呼叫站都在设定的范围内工作，避免越权广播。

其二，机场广播系统有自动语言合成功能，可把数字信号转换成语言信号播出，合成后的语音应标准、自然、流畅（一般为中文普通话和英语）。系统设有噪声控制处理器，可以通过获取现场噪声信号自动调节音量和提高声调，增加语言的清晰度。噪声控制处理器的设置地点应包括国际、国内售票大厅，迎客大厅，国际、国内候机厅。

其三，系统有自动广播功能，在航班信息或航班动态信息的控制下，按时间顺序和不同的广播分区进行广播，无需操作人员的干预可自动进行。为了提高机场广播系统的可靠性，使广播不中断，候机楼广播系统的播放设备有自检、备份功能，系统能自动检测功放故障，自动将故障功放单元的负载切换至备用功放上，并出现警示。

二、候机楼广播服务规范用语

我国于1995年发布和实施了《民航机场候机楼广播用语规范》（MH/T 1001—1995），用于提高机场候机楼广播的服务质量。该规范在推出后迅速适应了广播自动化发展的趋势，对全国范围内的民航机场候机楼广播服务用语进行了统一，提升了民航机场候机楼广播用语的标准性与服务质量。

（一）广播用语主题内容与适用范围

《民航机场候机楼广播用语规范》对民航机场候机楼广播用语（广播用语）的一般规定、类型划分和主要广播用语的格式进行了规范，适用于民航机场候机楼广播室对旅客的广播服务。

（二）广播用语的一般规定

（1）广播用语必须准确、规范，采用统一的专业术语，语句通顺易懂，避免发生混淆。

(2)广播用语的类型应根据机场有关业务要求来划分,以播音的目的和性质来区分。
(3)各类广播用语应准确表达主题,规范使用格式。
(4)广播用语应以汉语和英语为主,同一内容应使用汉语普通话和英语对应播音。

(三)广播用语的分类

民航机场候机楼广播用语的分类具体参见表2-1。

表2-1 民航机场候机楼广播用语的分类

广播用语分类			
航班信息类	出港类	办理乘机手续类	①开始办理乘机手续通知; ②推迟办理乘机手续通知; ③催促办理乘机手续通知; ④过站旅客办理乘机手续通知; ⑤候补旅客办理乘机手续通知
		登机类	①正常登机通知; ②催促登机通知; ③过站旅客登机通知
		航班延误取消类	①航班延误通知; ②所有始发航班延误通知; ③航班取消通知; ④不正常航班服务通知
	进港类		①正常航班预告; ②延误航班预告; ③航班取消通知; ④航班到达通知; ⑤备降航班到达通知
例行类			①须知; ②通告等
临时类			①一般事件通知; ②紧急事件通知

(资料来源:根据《民航机场候机楼广播用语规范》MH/T 1001—1995 整理。)

(四)航班信息类广播用语的格式规范

航班信息类广播是候机楼广播中最重要的部分,要求表达准确、逻辑严密、主题清晰,一般应按以下要求执行。

1 规范的格式形式

每种格式由不变要素和可变要素构成。其中,不变要素指格式中固定用法及其相互搭配的部分,它在每种格式中由固定文字组成。可变要素指格式中由动态情况确定的部分,它在每种格式中由不同符号和符号内的文字组成。

1) 格式中符号的注释

①表示在此处填入航站名称。

②表示在此处填入航班号。

③表示在此处填入办理乘机手续柜台号、服务台号或问询台号。

④表示在此处填入登机口号。

⑤表示在此处填入24小时制小时。

⑥表示在此处填入分钟。

⑦表示在此处填入播音次数。

⑧表示在此处填入飞机机号。

⑨表示在此处填入电话号码。

⑩表示[　　]中的内容可以选用,或跳过不用。

⑪表示需从〈　　〉中的多个要素里选择一个,不同的要素用序号间隔。

2) 每种具体的广播用语的形成方法

根据对应格式,选择或确定其可变要素(如航班号、登机口号、飞机机号、电话号码、时间、延误原因、航班性质等)与不变要素共同组成具体的广播内容。

2 规范的格式内容

1) 出港类广播用语分类

出港类广播用语包括三类:办理乘机手续类、登机类和航班延误取消类。

(1) 办理乘机手续类。

a. 开始办理乘机手续通知。

前往①的旅客请注意：

您乘坐的[补班]⑩②次航班现在开始办理乘机手续,请您到③号柜台办理。

谢谢!

Ladies and Gentlemen,May I have your attention please：
We are now ready for check-in for[supplementary]⑩flight②at counter No.③.
Thank you.

b. 推迟办理乘机手续通知。

乘坐[补班]⑩②次航班前往①的旅客请注意：

由于〈1.本站天气不够飞行标准;2.航路天气不够飞行标准;3.①天气不够飞行标准;4.飞机调配原因;5.飞机机械原因;6.飞机在本站出现机械故障;7.飞机在①机场出现机械故障;8.航行管制原因;9.①机场关闭;10.通信原因〉⑪,本次航班不能按时办理乘机手续。[预计推迟到⑤点⑥分办理。]⑩请您在出发厅休息,等候通知。

谢谢!

Ladies and gentlemen, may I have your attention please:

Due to〈1. the poor weather condition at our airport; 2. the poor weather condition over the air route; 3. the poor weather condition at the①airport; 4. aircraft reallocation; 5. the maintenance of the aircraft; 6. the aircraft maintenance at our airport; 7. the aircraft maintenance at the①airport; 8. air traffic congestion; 9. the close-down of①airport; 10. communication trouble〉⑪the[supplementary]⑩ flight② to①has been delayed. The check-in for this flight will be postponed[to⑤:⑥]⑩. Please wait in the departure hall for further information.

Thank you.

c. 催促办理乘机手续通知。

前往①的旅客请注意：

您乘坐的[补班]⑩②次航班将在⑤点⑥分截止办理乘机手续。乘坐本次航班没有办理手续的旅客，请马上到③号柜台办理。

谢谢！

Ladies and Gentlemen, may I have your attention please:

Check-in for[supplementary]⑩ flight② to①will be closed at⑤:⑥. Passengers who have not been checked in for this flight, please go to counter No.③ immediately.

Thank you.

d. 过站旅客办理乘机手续通知。

乘坐[补班]⑩②次航班由①经本站前往①的旅客请注意：请您持原登机牌到[③号]⑩〈1. 柜台, 2. 服务台, 3. 问询台〉⑪换取过站登机牌。

谢谢！

Passengers taking[supplementary]⑩ fight② from①to①, attention please:

Please go to the〈1. counter; 2. service counter; 3. information desk〉⑪[No.③]⑩ to exchange your boarding passes for transit passes.

Thank you.

e. 候补旅客办理乘机手续通知。

持[补班]⑩②次航班候补票前往_____①的旅客请注意：

请马上到③号柜台办理乘机手续。

谢谢！

Ladies and gentlemen, may I have your attention please:

Stand-by passengers for[supplementary]⑩ flight② to①, please go to counter No. _____③ for check-in.

Thank you.

（2）登机类。

a. 正常登机通知。

[由①备降本站]⑩前往①的旅客请注意：

您乘坐的[补班]⑩②次航班现在开始登机。请带好您的随身物品，出示登机牌，由④号登机口上[⑧号]⑩飞机。[祝您旅途愉快。]⑩

谢谢！

Ladies and Gentlemen, may I have your attention please：

[supplementary]⑩ flight②[alternated from① to①] is now boarding. Would you please have your belongings and boarding passes ready and board the aircraft[No.⑧]⑩ through gate No.④.[We wish you a pleasant journey.]⑩

Thank you.

b. 催促登机通知。

[由①备降本站]⑩前往①的旅客请注意：

您乘坐的[补班]⑩②次航班很快就要起飞了，还没有登机的旅客请马上由④号登机口上[⑧号]⑩飞机。[这是[补班]⑩②次航班〈1.第⑦次，2.最后一次〉⑪登机广播。]⑩

谢谢！

Ladies and gentlemen, may I have you attention please：

[Supplementary]⑩ flight② to①[alternated from①]⑩will take off soon. Please be quick to board the aircraft[No.⑧]⑩ through gate No.④.[This is the〈1.⑦，2.final〉⑪ call for boarding on[Supplementary]⑩flight②.]⑩

Thank you.

c. 过站旅客登机通知。

前往①的旅客请注意：您乘坐的[补班]⑩②次航班现在开始登机，请过站旅客出示过站登机牌，由④号登机口先上[⑧号]⑩飞机。

谢谢！

Ladies and gentlemen, may I have your attention please：

[Supplementary]⑩flight② to①is now ready for boarding. Transit passengers please show your passes and board[aircraft No.⑧]⑩ first through No.④.

Thank you.

（3）航班延误取消类。

a. 航班延误通知。

[由①备降本站]⑩前往①的旅客请注意：

我们抱歉地通知，您乘坐的[补班]⑩②次航班由于〈1.本站天气不够飞行标准；2.航路天气不够飞行标准;3.①天气不够飞行标准;4.飞机调配原因;5.飞机机械原因;6.飞机在本站出现机械故障;7.飞机在①机场出现机械故障;8.航行管制原因;9①机场关闭;10.通信原因〉⑪〈1.不能按时起飞;2.将继续延误;3.现在不能从本站起飞〉⑪,起飞时间〈1.待定,2.推迟到⑤点⑥分〉⑪。在此我们深表歉意,请您在候机厅休息,等候通知。[如果您有什么要求,请与[③号]⑩〈1.不正常航班服务台,2.服务台,3.问询台〉⑪工作人员联系。]⑩

谢谢!

Ladies and gentlemen, may I have your attention please：

We regret to announce that [supplementary]⑩ flight ② [alternated from①] to ① 〈1. can not leave on schedule;2. will be delayed to⑤:⑥;3. will be further delayed [to⑤:⑥]⑩〉⑪due to〈1. the poor weather condition at our airport;2. the poor weather condition over the air route;3. The poor weather condition at the①airport;4. aircraft reallocation;5. the maintenance of the aircraft;6 the aircraft maintenance at our airport;7. the aircraft maintenance at the① airport;8. air traffic congestion;9. the close-down of ① airport;10. communication trouble〉⑪. Would you please remain in the waiting hall and wait for further information. [If you have any problems or questions, please contact with the 〈1. Irregular flight service counter;2. service counter;3. information desk〉⑪ [No. ③]⑩].⑩

Thank you.

b. 所有始发航班延误通知。

各位旅客请注意：

我们抱歉地通知,由于〈1.本站天气原因;2.本站暂时关闭;3.通信原因〉⑪,由本站始发的所有航班都〈1.不能按时;2.将延误到⑤点⑥分以后〉⑪起飞,在此我们深表歉意,请您在候机厅内休息,等候通知。

谢谢!

Ladies and gentlemen, may I have your attention please：

We regret to announce that all outbound flights 〈1. can not leave on schedule;2. Will be delayed to ⑤:⑥〉⑪ due to 〈1. the poor weather condition at our airport;2. the temporary close-down of our airport;3. communication trouble〉⑪. Would you please remain in the waiting hall and wait for further information.

Thank you.

c. 航班取消通知(出港类)。

[由①备降本站]⑩前往①的旅客请注意：

我们抱歉地通知,您乘坐的[补班]⑩②次航班由于〈1.本站天气不够飞行标准;2.航路天气不够飞行标准;3.①天气不够飞行标准;4.飞机调配原因;5.飞机机械原因;6.飞机在本站出现机械故障;7.飞机在①机场出现机械故障;8.航行管制原因;9.①机场关闭;10.通信原因〉⑪决定取消今日飞行,〈1.明日补班时间;2.请您改乘〈1.今日,2.明日〉⑪[补班]⑩②次航班,起飞时间〉⑪〈1.待定;2.为⑤点⑥分〉⑪。在此我们深表歉意。[请您与[③号]⑩〈1.不正常航班服务台;2.服务台;3.问询台〉⑪工作人员联系,[或拨打联系电话⑨]⑩我们将为您妥善安排。]⑩

谢谢!

Ladies and gentlemen, may I have your attention please：
We regret to announce that [supplementary] ⑩ flight ② [alternated from ①] ⑩ to ① has been cancelled due to 〈1. the poor weather condition at our airport; 2. the poor weather condition over the air route; 3. the poor weather condition at the ① airport; 4. aircraft reallocation; 5. the maintenance of the aircraft; 6. the aircraft maintenance at our airport; 7. the aircraft maintenance at the ① airport; 8. air traffic congestion; 9. the close-down of airport; 10. communication trouble〉⑪. 〈1. This flight has been rescheduled; 2. you will take 〈1. today's; 2. tomorrow's〉⑪ [supplementary] ⑩ flight ②〉⑪ [to tomorrow] ⑩ [at ⑤：⑥] ⑩. [Would you please contact with 〈1. regular flight service counter; 2. service counter; 3. information desk〉⑪. [No. ③] ⑩. [or call ⑨] ⑩. We will make all necessary arrangements.] ⑩

Thank you.

d. 不正常航班服务通知。
[由①备降本站]⑩乘坐[补班]⑩②次航班前往①的旅客请注意：
请您到〈1.服务台;2.餐厅〉⑪凭〈1.登机牌;2.飞机票〉⑪领取〈1.餐券;2.餐盒;3.饮料、点心〉⑪。

谢谢!

Passengers for [supplementary] ⑩ flight ② [alternated from ①] ⑩ to ①, attention please：
Please go to 〈1. service counter; 2. restaurant〉⑪ to get 〈1. a meal coupon; 2. a meal box; 3. the refreshments〉⑪ and show your 〈1. boarding passes; 2. air-tickets〉⑪ for identification.

Thank you.

2)进港类广播用语
进港类广播用语包括以下五种。
(1)正常航班预告。
迎接旅客的各位请注意：
由①、①⑩飞来本站的[补班]⑩②次航班将于⑤点⑥分到达。

谢谢!

Ladies and Gentlemen, may I have your attention please:

［Supplementary］⑩ flight② from①［、①］⑩ will arrive here at⑤:⑥.

Thank you.

(2) 延误航班预告。

迎接旅客的各位请注意：

我们抱歉地通知，由①［、①］⑩飞来本站的［补班］⑩②次航班由于〈1.本站天气不够飞行标准；2.航路天气不够飞行标准；3.①天气不够飞行标准；4.飞机调配原因；5.飞机机械原因；6.飞机①机场出现机械故障；7.航行管制原因；8.①机场关闭；9.通信原因〉⑪〈1.不能按时到达；2.将延误到⑤点⑥分以后；3.将继续延误〉⑪〈1.预计到达本站的时间为⑤点⑥分；2.到达本站的时间待定。〉⑪

谢谢！

Ladies and gentlemen, may I have your attention please:

We regret to announce that［supplementary］⑩ flight② from①［、①］⑩〈1. can not arrive on schedule, 2. will be delayed to⑤:⑥, 3. will be further delayed［to⑤:⑥］⑩〉⑪due to〈1. the poor weather condition at our airport; 2. the poor weather condition over the air route; 3. the poor weather condition at①airport; 4. aircraft reallocation; 5. the maintenance of the aircraft; 6. the aircraft maintenance at the①airport; 7. air traffic congestion; 8. the close-down of① airport; 9. communication trouble〉⑪.

Thank you.

(3) 航班取消通知(进港类)。

迎接旅客的各位请注意：

我们抱歉地通知，由①［、①］⑩飞来本站的［补班］⑩②次航班由于〈1.本场天气不够飞行标准；2.航路天气不够飞行标准；3.①天气不够飞行标准；4.飞机调配原因；5.飞机机械原因；6.飞机在①机场出现机械故障；7.航行管制原因；8.①机场关闭；9.通信原因〉⑪已经取消。［〈1.明天预计到达本站的时间为⑤点⑥分；2.明天到达本站的时间待定〉⑪。］⑩

谢谢！

Ladies and gentlemen, may I have your attention please:

We regret to announce that［supplementary］⑩ flight② from①［、①］⑩ has been cancelled due to〈1. the poor weather condition at our airport; 2. the poor weather condition over the air route; 3. the poor weather condition at① airport; 4. aircraft reallocation; 5. the maintenance of the aircraft; 6. the aircraft maintenance at the① aircraft; 7. air traffic congestion; 8. the close-down of① airport; 9. communication trouble〉⑪.［This flight has been rescheduled to〈1. tomorrow at⑤:⑥, 2. arrive〉⑪.］⑩

Thank you.

(4) 航班到达通知。

迎接旅客的各位请注意：

由①[、①]⑩飞来本站的[补班]⑩②次航班已经到达。

谢谢！

Ladies and gentlemen, may I have your attention please:

[Supplementary]⑩ flight② from①[、①]⑩ is now landing.

Thank you.

(5) 备降航班到达通知。

由①备降本站前往①的旅客请注意：

欢迎您来到①机场。您乘坐的[补班]⑩②次航班由于〈1.①天气不够飞行标准；2.航路天气不够飞行标准；3.飞机机械原因；4.航行管制原因；5.①机场关闭〉⑪不能按时飞往①机场，为了您的安全，飞机备降本站。[请您在候机厅内休息，等候通知。如果您有什么要求，请与[③号]⑩〈1.不正常航班服务台；2.服务台；3.问询台〉⑪工作人员联系。]⑩

谢谢！

Passengers taking [supplementary]⑩ flight⑧ from① to①, attention please:

Welcome to① airport. Due to〈1. the poor weather condition at① airport；2. the poor weather condition over the air route；3. the maintenance of the aircraft；4. air traffic congestion；5. the close-down of① airport〉⑪, your flight has been diverted in our airport for your security.〉Please in the waiting hall and wait for further information. [If you have any problems or questions, please contact with the〈1. irregular flight service counter；2. service counter；3. information desk〉⑪ [No. ③]⑩⑩.

Thank you.

■ 知识关联

机场服务广播演示

（五）例行类、临时类广播用语的说明

(1) 各机场根据具体情况组织例行类广播，并保持与中国民航局等有关部门的规定一致。

(2) 各机场根据实际情况来安排临时类广播。当通过临时广播来完成航班信息类播音中未能包含的特殊航班信息通知时，其用语应与相近内容的格式一致。

■ 知识链接

"黑广播"干扰机场通信　违法者终获有期徒刑

2018年6月,吉林省榆树市人民法院对一起"黑广播"案件进行了判决。经审理,法院认定被告人于××涉及使用"黑广播",其行为已构成扰乱无线电通讯管理秩序罪;依据《中华人民共和国刑法》规定,判处被告人于××有期徒刑一年六个月,并处罚金人民币一万八千元。被告人于××在上诉期内未提出上诉。该案也成为吉林省首例因架设"黑广播"而获刑的案件。

2018年1月29日,黑龙江省无线电管理机构向吉林省无线电管理机构发来干扰协调函,称哈尔滨市区可收听到一个频率为FM 96.6MHz的"黑广播",该"黑广播"播放的是药品广告,对哈尔滨太平国际机场地空通信系统造成了干扰,直接影响了航班的正常起降。

收到协调函后,吉林省工信厅无线电管理局立即安排长春市无线电管理机构赴两省边界区域进行干扰查处。长春市无线电管理机构分别与长春市公安局刑警支队反电信诈骗中心和榆树市工信局进行了对接,联系榆树市公安局刑警队介入案件调查。2018年1月30日上午11时许,由长春市无线电管理处处长宋绍忠及两名技术人员组成的干扰排查小组,在两省界河拉林河南岸的榆树市育民乡莲山村四组的一处民居内查获一套"黑广播"设备(包括发射器一个、U盘一个、电缆线一根、无线电发射器天线两套);在进行现场取证后,将该案件移交榆树市公安局刑警队立案侦查。在全面进行调查取证的基础上,2月8日,长春市公安部门将设置"黑广播"的嫌疑人于××予以刑事拘留;2月14日,于××被执行逮捕。3月6日,吉林省榆树市人民检察院指控被告人于××犯扰乱无线电通讯管理秩序罪,向吉林省榆树市人民法院提起公诉。

(a)　　　　　　　　　(b)　　　　　　　　　(c)

查获的"黑广播"天线及发射设备等

三、广播服务质量标准

根据《民用机场服务质量标准》的规定,广播服务应达到如下质量标准(见表2-2)。

表 2-2　广播服务质量标准

二级指标	三级指标	四级指标	五级指标	标　　准	标准依据	备注
二级指标	系统设置			提供航班动态信息服务,信息特别通告和紧急信息等广播	GB MH C	
				Ⅱ类(含)以上机场使用分区广播,且区域间不应相互干扰;Ⅱ类以下机场宜分区		
				公共区域相应广播覆盖率100%		
				可人工播音也可数字语音合成播音		
				在航班保障时间内完好率≥98%		
				符合 MH/T 5020 的规定		
	广播使用			航班正常的情况下,宜控制广播的使用	GB C	
				登机口变更旅客延误或取消等特殊信息及时广播,次数符合要求		
				有手提式广播喇叭的使用和管理规定		
	广播质量	规范性		广播准确、清晰、匀速、自然流畅、音量适中,专业术语统一,语句通顺易懂,广播内容更新及时	GB MH	
				符合 MH/T 1001 的规定		
		语种		使用普通话、外语两种以上语音广播		
				少数民族地区增加民族语言广播		
	系统应急			有备份方案、应急预案和演练计划	I MH C	

注:GB 为国家标准;MH 为民航行业标志;C 为企业标准;I 为国际标准。
(资料来源:《民用机场服务质量标准》。)

任务四　民航公共信息标志服务

为方便旅客出行,应该在民航机场候机楼、候机楼外广场、民航售票处、货运场所,以及上述场所与其他交通设施之间的转换区域设置公共信息标志。

一、公共信息图形标志的设置原则与要求

(一)设置原则

设置图形标志时,应遵循《图形标志 使用原则与要求》(GB/T 15566—1995)的有关规

定。与消防有关的标志的设置应遵循《消防安全标志设置要求》(GB 15630)的有关规定。

在设计机场设施的功能和布局时就应考虑创建一个图形标志系统。在图形标志系统中应明确人们需要了解的起点和终点,以及通向特定目标的最短或最方便的路线(如对于残疾人);在该系统中还应明确所有关键性的点(如连接、交叉等),在这些点上需要设置进一步的导向信息。当距离很长或布局复杂时,即使没有关键的点,导向信息也应以适当的间隔被重复。应注意在两个或更多场所之间的转换区域设置标志,以保证从一个场所到另一个场所的顺利转换。

设置图形标志时,应对视觉效果、人的高度及其所处的位置、安装标志的可行性等进行综合分析,并现场验证分析结果,如果有需要,还应对图形标志进行调整使其适合实际情况。应特别重视导向标志的设置,设置导向标志往往比设置位置标志更重要。

在保证提供良好的导向信息的前提下,应使设置的标志数量保持在最低限度。应尽可能消除来自周围环境的消极干扰。

(二) 导向系统的要素

1 标志说明图

标志说明图即列出某场所使用的全部图形标志,并在其旁边给出中英文含义的综合标志图。

2 平面布置图

平面布置图是指提供某区域中的服务或服务设施所处地点的鸟瞰图。

3 导流图

导流图即指导人们顺利乘机的流程图。

4 导向标志

导向标志即由一个或多个图形符号与一个箭头结合所构成的标志,用以引导人们选择方向。

5 综合导向标志

综合导向标志即引导人们选择不同方向的服务,并设置服务设施的导向标志,由多个符号与多个箭头组成。

6 位置标志

位置标志设置在特定目标处,用以标明服务或服务设施的标志。该标志不带箭头。

7 指示标志

指示标志即指示某种行为的标志。民航标志中指示标志有旅客止步、禁止吸烟、禁止携带托运武器及仿真武器、禁止携带托运易燃及易爆物品、禁止携带托运剧毒物品及有害液体、禁止携带托运放射性及磁性物品等。

8 流程标志

流程标志表示乘机过程中需要经过的服务或服务设施的标志。民航标志中流程标志有出发、到达、售票、安全检查、行李提取、行李查询、边防检查、卫生检疫、动植物检疫、海关、红色通道、绿色通道、候机厅（头等舱候机室、贵宾候机室）、中转联程、登机口等。

9 非流程标志

非流程标志表示乘机时不一定经过的服务或服务设施的标志。民航标志中非流程标志有男性洗手间、女性洗手间、育婴室、商店、结账处、停车场、直升机场、飞机场、宾馆服务、租车服务、地铁、急救、安全保卫、饮用水、邮政、货币兑换、失物招领、行李寄存、西餐、中餐、快餐、酒吧、咖啡、入口、出口、楼梯、自动扶梯、水平步道、电梯等。

（三）标志颜色

标志颜色的使用应符合国家标准的规定。候机楼内可用不同的颜色区分出"流程标志"与"非流程标志"。应首选黑白色标志，流程标志可使用"白衬底、黑图形"。非流程标志可使用"黑衬底、白图形"。如使用彩色标志，流程标志可使用"绿衬底、白图形"，非流程标志可使用"蓝衬底、白图形"。亦可黑白色标志与彩色标志混合使用。对于禁止类标志，颜色只能为"白衬底、黑图形、红色斜杠或边框"。

（四）文字的使用

应尽可能只使用图形符号而不附加任何文字。如必须使用文字，则应使用标准的简化字。文字应简短明了（例如，在箭头加文字的导向标志中使用文字"登机口1"而不使用"至1号登机口"），在一个候机楼内，应尽可能使用统一的文字表达方式。当没有合适的符号表达所要传递的概念时，可使用不带符号的文字作为位置标志或与箭头结合作为导向标志。这种情况下，应加入与文字相对应的英文，但英文字号应小于中文字号。需要给出补充信息（比如区分"国际到达"与"国内到达"时应使用补充文字），并可加入对应的英文。

二、常见的民航公共信息图形标志

常见的民航公共信息图形标志如表2-3所示。

表2-3 常见的民航公共信息图形标志

序号	图形符号	名称	说明
1		飞机场 Aircraft	表示民用飞机场或提供民航服务。用于公共场所、建筑物、服务设施、方向指示牌、平面布置图、信息板、时刻表、出版物等

续表

序号	图形符号	名称	说明
2		直升机场 Helicopter	表示直升机运输设施
3		方向 Direction	表示方向。用于公共场所、建筑物、服务设施、方向指示牌、出版物等符号方向视具体情况设置
4		入口 Entry	表示入口位置或指明进去的通道。用于公共场所、建筑物、服务设施、方向指示牌、平面布置图、运输工具、出版物等。设置时可根据具体情况改变符号的方向
5		出口 Exit	表示出口位置或指明出口的通道。用于公共场所、建筑物、服务设施、方向指示牌、平面布置图、运输工具、出版物等。设置时可根据具体情况改变符号的方向
6		楼梯 Stairs	表示上下共用的楼梯,不表示自动扶梯。用于公共场所、建筑物、服务设施、方向指示牌、平面布置图、出版物等。设置时可根据具体情况将符号改为镜像
7		上楼楼梯 Stairs Up	表示仅允许上楼的楼梯,不表示自动扶梯。用于公共场所、建筑物、服务设施、方向指示牌、平面布置图、出版物等。设置时可根据具体情况将符号改为镜像
8		下楼楼梯 Stairs Down	表示仅允许下楼的楼梯,不表示自动扶梯。用于公共场所、建筑物、服务设施、方向指示牌、平面布置图、出版物等。设置时可根据具体情况将符号改为镜像

续表

序号	图形符号	名　称	说　明
9		向上自动扶梯 Escalators Up	表示供人们使用的上行自动扶梯。设置时可根据具体情况将符号改为镜像
10		向下自动扶梯 Escalators Down	表示供人们使用的下行自动扶梯。设置时可根据具体情况将符号改为镜像
11		水平步道 Moving Walkway	表示供人们使用的水平运行的自动扶梯
12		电梯 Elevator/Lift	表示公用的垂直升降电梯。用于公共场所、建筑物、服务设施、方向指示牌、平面布置图、出版物等
13		残疾人电梯 Elevator for Handicapped Persons	表示供残疾人使用的电梯
14		残疾人专用 Access for Handicapped Persons	表示残疾人专用设施
15		洗手间 Toilets	表示有供男女使用的漱洗设施。根据具体情况,男女图形位置可以互换

机场公共服务

续表

序号	图形符号	名　　称	说　　明
16		男性 Male	表示专供男性使用的设施，如男厕所、男浴室等。用于公共场所、建筑物、服务设施、方向指示牌、平面布置图、运输工具、出版物等
17		女性 Female	表示专供女性使用的设施，如女厕所、女浴室等。用于公共场所、建筑物、服务设施、方向指示牌、平面布置图、运输工具、出版物等
18		问询 Information	表示提供问询服务的场所。用于公共场所、建筑物、服务设施、方向指示牌、平面布置图、运输工具、出版物等
19		售票 Ticketing	表示出售飞机票、候补机票、汽车票的场所
20		办理乘机手续 Check-in	表示旅客办理登机牌和托运行李等乘机手续的场所
21		出发 Departures	表示旅客离港及送客的地点。设置时可根据具体情况将符号改为镜像
22		到达 Arrivals	表示旅客到达及接客的地点。设置时可根据具体情况将符号改为镜像

续表

序号	图形符号	名称	说明
23		中转联程 Connecting Flights	表示持联程客票的旅客办理中转手续、候机场所
24		托运行李检查 Baggage Check	表示对登机旅客交运的行李进行检查的场所
25		安全检查 Security Check	表示对乘机旅客进行安全检查的通道
26		行李提取处 Baggage Claim Area	表示到达旅客提取托运行李的场所
27		行李查询 Baggage Inquiries	表示机场、宾馆帮助旅客查找行李的场所（不代表失物招领）
28		卫生检疫 Quarantine	表示由口岸卫生检疫机关对出入境人员、交通工具、货物、行李、邮包和食品实施检疫查验、传染病监测、卫生监督、卫生检验的场所
29		边防检查 Immigration	表示对涉外旅客进行边防护照检查的场所

续表

序号	图形符号	名　　称	说　　明
30		动植物检疫 Animal and Plant Quarantine	表示由口岸动植物检疫机关对输入、输出和过境动植物及其产品和其他检疫物实施检疫的场所
31		海关 Customs	表示进行海关检查的场所
32		红色通道 Red Channel	表示对通过海关的旅客所携带的全部行李进行检查的通道
33		候机厅 Waiting Hall	表示供人们休息、等候的场所、如车站的候车室、机场的候机厅、医院的候诊室等。用于公共场所、建筑物、服务设施、方向指示牌、平面布置图、出版物等
34		头等舱候机室 First Class Lounge	表示持头等舱客票的旅客候机的场所
35		贵宾候机室 VIP Lounge	表示贵宾或重要旅客候机的场所
36		登机口 Gate	表示登机的通道口。根据具体需要变换数字

序号	图形符号	名称	说明
37		行李手推车 Baggage Cart	表示供旅客使用的行车手推车的存放地点。用于公共场所、建筑物、服务设施、方向指示牌、平面布置图、信息板、出版物等
38		育婴室 Nursery	表示带婴儿旅客等候的专用场所
39		商店 Shopping Area	表示出售各种商品的商店或小卖部
40		电报 Telegraph	表示有电信业务的场所
41		结账 Settle Accounts	表示用现金或支票进行结算的场所。如售票付款处、超重行李付款处、宾馆及饭店的前台结账处、商场等场所的付款处等。用于公共场所、建筑物、服务设施
42		宾馆服务 Hotel Service	表示查询、预订旅社和饭店的场所
43		租车服务 Car Hire	表示提供旅客租车服务的场所

续表

序号	图形符号	名称	说明
44		地铁 Subway Station	表示地铁车站及设施
45		停车场 Parking Lot	表示停放机动车辆的场所
46		航空货运 Air Freight	表示办理航空货运的场所
47		货物检查 Freight Check	表示机场货运处对托运货物进行安全检查的场所
48		货物交运 Freight Check-in	表示交运货物的场所。设置时可根据具体情况改为镜像
49		货物提取 Freight Claim	表示领取托运货物的场所。设置时可根据具体情况改为镜像
50		货物查询 Freight Inquiries	表示机场帮助货主查找货物的场所

续表

序号	图形符号	名称	说明
51		旅客止步 Passenger No Entry	表示非工作人员在此止步
52		禁止吸烟 No Smoking	表示该场所不允许吸烟
53		禁止携带托运武器及仿真武器 Carrying Weapons and Emulating Weapons Prohibited	表示禁止携带和托运武器、凶器及仿真武器。本符号不能单独使用
54		禁止携带托运易燃及易爆物品 Carrying Flammable, Explosive Materials Prohibited	表示禁止携带和托运易燃、易爆及其他危险品。本符号不能单独使用
55		禁止携带托运剧毒物品及有害液体 Carrying Poison Materials, Harmful Liquid Prohibited	表示禁止携带和托运剧毒物品、有害液体物品。本符号不能单独使用
56		绿色通道 Green Channel	表示对通过海关的旅客所携带的部分行李进行检查的通道

续表

序号	图形符号	名　称	说　明
57		禁止携带托运放射性及磁性物品 Carrying Radioactive, Magnetic Materials Prohibited	表示禁止携带和托运放射性物质和超过规定的磁性物质。本符号不能单独使用

■ 知识关联

哪些标志符号是我们乘机时经常遇到的呢？

任务五　机场商业零售服务

随着社会经济的飞速发展,人民生活水平的日益提高,机场零售业已成为目前机场非航空业务的主要收入来源。在机场候机楼中进行零售,并非我国首创,其最初出现在英国机场集团(BAA)的机场候机楼中,最近的几十年,英国机场集团对其进行了完善与发展,并取得了巨大的进步,这种模式也渐渐地拓展到了世界各地的机场当中,一部分机场直接将候机楼改造成具有非常全面且丰富的服务项目的综合性娱乐场所或者是购物中心。候机楼零售业在整个非航空主营业务中占据重要位置,它是机场非航空主营业务收入的主要来源。

一、国外候机楼零售业的特点与发展

(一) 国外候机楼零售业的特点

国外机场收入来源主要有两大部分,即航空性收入和非航空性收入。航空性收入包括起降服务费、安检费、机场建设费等。非航空性收入则是指那些与航空器操作没有直接联系的活动收入,特别是候机楼内的商业与服务活动的收入。美国和欧洲的主要国际枢纽机场的非航空收入(主要为机场零售收入)一般占其总收入的50%—60%。

(1) 伴随机场零售业消费群体增长、机场零售规模迅速扩大,许多大型机场已成为城市的购物中心。

明尼阿波利斯-圣保罗国际机场是美国明尼苏达州乃至整个美国中西部最大、最繁忙的机场,机场附近的"美国超级购物中心"为北美最大的零售中心,该购物中心占地约 23 万平方米,里面有 520 家商店、86 个餐厅,租户包括梅西、布明代尔、宜家家居、西尔斯等著名百货公司。新加坡樟宜机场有 350 家零售和服务店铺,出售从生活必需品到世界顶级名牌的多种商品;120 家餐饮店,提供新加坡当地或者亚洲,甚至世界各国的菜肴。香港国际机场购物廊(Sky Mart),云集了 160 家零售商店及 40 间餐饮,从顶级时尚品牌名店、免税店、国际及本地品牌到各式精品,再加上多家环球风味食府,应有尽有。①

(2) 航空客运的普及化,机场零售消费群体类别的扩展,驱使机场零售业吸引越来越多中端品牌进驻机场。

机场一直以来都是奢侈品牌的聚集地,但是目前一些中端品牌也开始进驻机场。虽然机场店铺的租金比较高,但是相对于其广告费用来说成本较低,又能面向更优质的消费者。在服饰品牌方面,国外机场引入了不少中等价位的品牌,如 Levis、Zara 等。

(3) 体验式服务大受旅客青睐,成为机场零售优势打造重点。

随着人们的经济实力和消费水平的提高,消费者在满足了基本物质生活需要的基础上,还要追求身心愉悦的感受。在旅客办理完安检和海关手续后直到登机前,旅客们往往会有大量的时间需要打发。并且该段时间旅客通常会有情绪上的释放,进入所谓的 Happy Hour。

从欧洲机场的现实情况来看,绝大多数机场在航空性收入方面保持着盈亏平衡,有些机场甚至是亏损的。在这种环境下机场要想获得生存发展,就必须想方设法增加非航空性收入。欧洲各大机场商业零售收入占整个机场收入基本上都在 50% 以上。

欧洲机场商业零售项目主要包括购物、餐饮、休闲服务等,如品牌商店、免税店、餐馆、酒吧、广告及邮电银行电信、药店、旅行社等。在这方面,购物是欧洲机场商业零售的大头。各类品牌店和免税店在欧洲机场内随处可见,占整个机场商业零售面积比例最大。比如法兰克福机场内各类品牌店就有 100 多家,免税店有几十家。从商业零售销售收入结构上看,从多到少的基本排序是购物、服务、广告、餐饮等。

商业资源开发效果最好的当属欧洲机场,特别是由英国机场集团经营的机场;亚洲机场的商业资源开发的平均水平也较高;北美的各家机场商业设施成熟度参差不齐,但北美各家机场普遍意识到这一问题的重要性,已纷纷自行投资或引入开发商。

(二)国外候机楼零售业的发展特点

国外候机楼零售业的发展普遍具有以下特点。

1 机场零售将成为顾客未来购物方式之一

机场商品可以免税,一些机场零售商进行了很多关于顾客体验的调查,以更好地理解游客的消费习惯。消费者经过机场时,时间是最重要的因素,情绪也占了很大一部分。给游客带来好的体验要将客户体验数据同运营数据联系在一起。在国际上,机场零售业务的开展为组建竞争中转和吸引过境旅客起到一定的作用。例如,在阿姆斯特丹史基浦机场人

---

① https://m.maigoo.com/citiao/142226.html.

们可以完成各种社会活动包括消费沟通交流、休闲娱乐、会议等，机场坚定不移地执行机场城市的战略方向，致力于不断发展机场城市，机场购物已经成为旅客航空旅行的一个重要组成部分。

❷ 机场零售向全渠道的持续过渡

旅客是机场生态环境中的重要组成部分，旅客的消费变化势必要引起机场生态环境的变化，这一变化表现在两个方面：一方面，旅客的消费习惯发生变化。在"互联网＋"条件下，手机已经演变为人们的"第六器官"，人们离不开手机、离不开互联网，互联网成为人们赖以生存的必要条件，它改变了人们消费的手段与习惯。网上消费等成为旅客消费的主要手段。机场零售可以提供各种商品信息供旅客选择。另一方面，由于生活水平的提高，旅客开始追求生活质量，消费出现多样性，休闲成为生活的一种重要方式，等等。我们同样可以充分利用智能化节省下来的场地与碎片时间给旅客不同的产品与服务，以增加非航空性收入。

❸ 开拓多种经营模式是增加非航空收入的重要途径

随着互联网的出现，航空市场格局的变化，有些非航空收入项目在逐步萎缩。比如，客货代理费的消退；随着城际轨道交通的开通，机场大巴业务将会萎缩，面对这些困境，我们需要运用互联网思维来开拓多种经营，以增加非航空收入。

在非航空收入里面，机场在对商场场地的经营这方面一直是弱项。目前，大多数机场对商场仅出租场地而已，而商家各自为政，这使整个机场商场运行缺乏统一性，更形成不了机场自身的品质与未来发展的战略优势。为此，机场应该充分利用互联网等改变机场场地的经营模式，应该站在临港经济或航空城的高度，把机场真正打造成集旅客休闲、购物、娱乐等于一身的公共场所，使机场得以长久的发展。

❹ 运用互联网与智能化思维采取多种营销方式增加非航空收入

以前机场零售业只能采取面对面单一的销售方式，现在则完全可以利用互联网线上线下销售模式来拓展机场非航空收入的路径，形成独特的商场销售模式。

首先，做好机场特色商品体验店，让旅客可以线上购物线下送货。比如高档红酒，等等。

其次，可利用互联网开设跨境电商，经营具有特色的商品。比如品牌香水、时装、化妆品等高档消费品，以前这些商品通常在城市商业区的购物中心或免税店出现，但现在旅客在候机的碎片时间就可以进行线上购物，线下提货，甚至送货上门。

最后，充分利用机场的公众号为旅客提供各种服务信息，供旅客自由选择。例如，美国明尼阿波利斯-圣保罗国际机场拥有百货公司、水族馆、恐龙博物馆等一系列游乐设施；又如，阿姆斯特丹机场不时会推出打折商品，不仅吸引了乘机旅客，一些居民也会驱车前来购买自己需要的用品，因为这里可以节省他们15％以上的费用。如果周末没有时间，他们也可以选择网上支付购物。

❺ 运用"6P＋2C"的营销组合加强日常候机楼零售业的经营管理

1) Product Range

Product Range（产品品种），要保证商品品种的多样性和综合性，保证商品的高品质。

从旅客角度来看,优点是可选择性大,可以很大幅度地满足旅客的消费欲望,使旅客购物更加自由方便,获得大量的商品信息,可以买到当地可能没有的商品;增加了旅客对航空公司的主观信誉,致使大部分旅客对在机场商店购物的需求非常强烈。缺点是种类多,这就意味着旅客的欲望大,购物时间长,可能会忘记时间而造成误机,从而影响行程。

从服务人员角度来看,优点是客流量大,意味着服务人员的盈利多。缺点是如果有旅客误机就要广播找人,从而增加工作量。

2) Price Guarantees

Price Guarantees(价格保证)会让顾客觉得商场不会在价格和计价单位及外汇换算上存在任何花样。

从旅客角度来看,优点是价格稳定且合理,能让旅客放心地进行购物,因为价格不会因为机场成本而升高,不用担心价格过高的情况发生。大量旅客都很乐意、很放心地进行购物。缺点是旅客购物时间过长,容易忘记乘机时间而出现误机的情况,耽误了旅客自身的行程安排。

从服务人员角度来看,优点是大量旅客进行消费,消费额度大,销售业绩高,能提高服务人员的薪资,从而促使服务人员更有工作积极性。缺点是人流量大的时候,旅客消费时间过长就会导致人群滞留,会造成误机的情况和一定的拥堵,甚至可能因人群拥堵而引发一系列的安全隐患。

3) Place

Place(购物场地),从旅客角度来看,优点是地理位置好,交通更便利,购物更方便。在同一个地点可以买到不同的产品,选择也多,在机场就可以完成轻松购物。

从旅客角度来看,缺点是地点固定,旅客一直要在购物场地才能实现购物。

从服务人员角度来看,优点是购物更集中于安检区内,因为旅客来机场的目的是乘机,所以他们的第一选择是先值机再利用闲暇时间实现轻松的购物,因此旅客多集中于安检区内,安检区内人流量大,盈利可能更多。缺点是安检区内工作量比安检区外大。

4) Promotion

Promotion(促销),从旅客角度来看,优点是在旅行的同时可以买到价格比平时优惠并且质量更好的物品,旅客也会因此很开心,享受购物的乐趣。缺点是旅客在机场待的时间有限,没有充足的时间去了解商品,还可能因为商品促销,而进行冲动消费,还可能因为购物而误机,耽误行程。

从服务人员角度来看,优点是为机场带来更多商机和更多的利润,业绩回报高于平时。缺点是增加服务的工作量,同时工作人员也必须具备一定的推销技巧,工作量会比平时增加很多。

5) People

People(人流量),从服务人员角度来看,优点是人流量大利于稳定市场及提升商场人气,有利于提升旅客的消费欲望,提高服务人员收入;人流量小,工作量小,工作轻松,可以进行一对一的优质服务。缺点是人流量大会造成拥堵等安全问题,需要疏通劝导,维持秩序,人流量过大服务量也就增大,服务质量会有所下降;反之,人流量小,服务人员工作热情度低,收入降低。

从旅客角度来看,优点是人流量多会提高购买欲望,产生从众心理,人流量小可以慢慢地细心挑选产品,有利于提高购买舒适感。从旅客角度来看,缺点是人流量大,过于拥堵会降低旅客购物的舒适感,人流量小会降低购买意愿。

6) Particular

Particular(特定的),从旅客角度来看,优点是可直接买到需要的东西,可以大幅度节省旅客购物时间,减少误机情况,旅客不必为质量问题而担心,可以让旅客理性消费。缺点是旅客的选择少,容易导致旅客购买兴趣下降、购买力大幅度下降,消费者的舒适度降低。

从服务人员角度来看,优点是服务人员大大减少了工作量,服务更加有针对性,可以有更高的服务水平。缺点是旅客的购买力下降,商场的资源过剩,造成不必要的资源浪费。

7) Competition

Competition(竞争),从旅客角度来看,优点是商家之间的有利竞争可以让消费者直接得益,有利于旅客选择更多更便宜的高质量的产品,大大刺激其购买欲望,有更好的购物体验,有很多的选择。缺点是商家之间如果进行价格竞争,会大幅度牺牲产品的质量,虽然价格低廉,但是旅客容易买到质量不好的产品,也容易导致过度消费,从而使企业的口碑下降。

从服务人员角度来看,优点是竞争会使服务人员有更高的工作积极性。缺点是商家之间的竞争会增加服务人员的工作量,同时会导致机场的资源的浪费。

8) Communication

Communication(交流),从服务人员角度来看,优点是可与旅客进行沟通交流,读懂旅客的需求,给予旅客舒服的沟通体验,与旅客之间建立良好的交流关系,才能更好地卖出产品,提高的工作的效率,机场的通信服务也会提高工作质量。缺点是沟通交流有时候也有可能造成一些误会,导致旅客不愿意再进行消费。

从旅客角度来看,优点是能在第一时间知道自己购买的产品的具体信息,也可以节约时间,通过与工作人员沟通直接购买。缺点是可能会因为工作人员的推荐而买一些自己不需要或者对自己用处不大的东西,造成冲动型消费。

■ 知识链接

美国机场特许经营现状分析

特许经营是机场收入的重要组成部分,国际民航组织在机场收费体系中认为:机场应当在机场设施内尽可能地开发非航空商业活动以取得特许经营收入和租金,对于航空配餐、燃油加注和地面服务来讲,特许经营的概念同样适用。从美国各个大中型机场商业特许经营现状来看,美国各个机场在特许经营范围、规划、运行管理等方面的做法虽然与我国机场的特许经营现状差异很大,但是,研究美国机场的特许经营现状和经验对于我国机场的特许经营规划仍具有重要的参考价值。

美国自从20世纪70年代末期放松航空管制以来,各个机场面临着机场扩建、资金紧张、频繁的航空公司破产与兼并,以及航空公司的需求不断变化等一系列问题。日益增强的竞争使得美国国内航空公司不断提出降低机场收费的要求,而事实上从美国过去20年机场行业的发展状况来看,机场向航空公司征收的各项费用几乎没有增长。按照国际民航组织的统计,全球范围内2000年机场向航空公司征收的各项费用占航空公司运行成本的4.4%,而1978年这一数字为4%。

过去20年中,随着航空运输业务量的增加,美国大量的机场进行了改建和扩建,为了保证机场的安全运行,机场管理当局必须通过开展机场特许经营和增加航空收入等手段来保证稳定的收入来源。从美国目前各个机场的特许经营现状来看,特许经营的范围存在一定差异,大部分机场特许经营的定义为在机场内部通过经营方和机场管理当局签署协议,从事面向公众的盈利性商业活动,经营方需要向管理当局支付租金、运行费用和特许经营费用等。特许经营业务范围包括租车、广告、候机楼内的食物和饮料,以及免税店等,而与航空活动相关的经营活动,如旅客和飞机的地面服务、货运、配餐、维修等则不作为机场特许经营项目。

1. 候机楼内的主要特许经营业务收费

各个机场根据特许经营业务类型、位置及潜在市场分析等,确定特许经营费占营业额的比例。例如,亚特兰大机场的特许经营收入主要来源于机场零售、饮料、食物和租车等,2002年租车收入3000万美元,特许经营费30万美元;机场零售收入为2.5亿美元,特许经营费4000万美元;食物和饮料的特许经营费比例为经营收入的10%—18%,而免税店特许经营费占经营收入的28%。

2. 机场商务服务和广告

机场商务服务和机场广告是机场特许经营的重要类别之一。机场商务服务包括临时在候机楼内部设立的互联网服务区、电话、季节性礼品销售点等,一般按照每月2000—6000美元收费,开放时间一般在几个月以内。广告收入是机场特许经营的重要部分,根据本机场的经营策略,美国各个机场在广告方面越来越开放,广告的投入面积越来越大,广告特许经营费的比例一般会高达营业额的60%。

3. 机场出租车服务业

从美国目前机场出租车服务行业的现状来看,很多机场通过出租汽车特许经营招标,允许一家或者几家出租汽车公司进入机场经营,这些公司将机场旅客的载运权出售给出租汽车司机。但目前,这种方式使旅客对出租汽车司机服务质量低下、乱收费等现象抱怨很多,因此,很多机场正在着手解决这一问题。

机场向出租汽车行业征收的特许经营费一般在营业额的10%左右,很多机场目前的特许经营合同已经签署了多年,运行中暴露出了诸如服务质量差、出租车公司拖欠费用等很多问题。以夏威夷机场为代表的一些机场为了避免和出租汽车公司打交道,开始考虑直接向出租汽车司机征收载运许可费用的做法,所考虑的征收标准大约每一个应允执照为每年1400美元。美国旅客乘坐出租汽车的比例很低,大多数旅客选择公共交通或者租车,这一点同我国旅客的消费模式差别很大,还是以夏威夷国际机场为例,每天只有1000多名旅客选择出租汽车。加强对出租汽车的管理、提高服务水平、增加机场收入是我国目前机场商业化进程中的问题之一。

4. 机场通信服务业

随着通信技术的快速发展,旅客在候机楼内使用投币电话、预付费电话、互联网等服务的消费越来越高。一般来讲,机场当局向通信公司征收的特许经营费用分为每月最低保证金、总运行收入比例提成和通信设备设施维修保障费用。按照每月平均旅客吞吐量和旅客消费系数进行计算,以丹佛机场为例,QWEST通信公司每月向机场上缴的最低保证费用作为每月的运行成本费用,大约为12.5万美元。

机场特许经营收入的特许经营费用比例来看,通信服务的特许费用是比较高的,通信收入提成比例一般在30%—50%,洛杉矶为50%、丹佛机场为30%。收入提成是通信服务特许经营收费的主要部分,机场当局定期委托会计专业公司进行收入审计。通信设施的维护保障费用可以上缴机场当局,也可以由通信公司自行分配一定数额的资金,用来保证设备设施的完好和良好的通信质量。

二、当前我国候机楼零售业存在的问题

(一) 机场候机楼的商业经营管理模式

当前我国机场候机楼的商业经营管理模式包括以下三种,即自营模式、定期收取租金模式及"底价+提成"模式。由于各种原因,目前这三种模式都存在一定缺陷。

1 自营模式

自营模式属于我国机场早期发展阶段的经营方式,这种模式实行的基本上都是为了能够对机场内部员工进行适当的安置,但是在安置的过程当中,从业人员大多都是转行而来,相对来说专业素质比较低,加上缺少比较有效的指导及管理,专业服务水平很难在短时间内得到提升。目前一些客流量相对较小的机场会选择这种模式。

2 定期收取租金模式

就定期收取租金这一模式而言,大部分情况下都需要通过公开的招标会或者是协商谈判的模式进行特许经营权的转让,让一些专业的经营公司进行经营,而从机场公司的角度来看,只需要通过收取固定的租金直接充实机场公司的总收入。这种模式可以在很大程度上完善机场所提供的商业服务水平,同时也可以创造更好的服务质量以及经济收益。

3 "底价+提成"模式

"底价+提成"模式是一种新型模式,它可能会给经营者带来比较低的风险,比起定期收取租金模式而言更加具备优势;而相对的,机场管理者仅需要适当地收取一部分底价租金,另外一部分则从经营者的收入当中按照适当的比例进行提成,这些收入和经营者所承担的风险形成共担关系。在实际工作当中,这种模式可以很好地帮助机场管理人员对机场的商业销售情况和顾客的需求进行及时的了解,同时还可以适当地提升管理的力度。

(二) 部分机场候机楼商品的价格不合理

只要是在市场经济环境下,价格就是一个敏感的话题,在大部分人的印象当中,机场商品都是高价商品。当前,我国机场提供的零售商品价格始终居高不下,甚至有一部分在全球范围内价格保持基本统一的快餐店,只要它位于机场候机楼的商业区,其商品价格都要比平均水平高很多。忽略机场和市区之间的距离形成的运费及人力消耗等成本之外,最主要的原因是价格上的严重垄断。这种垄断现象于商业活动的长期发展是十分不利的,对机场的零售业起到非常严重的制约作用。

（三）机场中的零售业具备特殊性

在市场环境下，消费者购买的商品如果出现了质量问题，排除一些品牌公司可能会在比较大的城市中设置固定的维修点及售后服务点之外，基本上都是由出售商品的商家负责的。机场的旅客具有很大的流动性，购买完商品之后就可能会立刻动身前往国内的其他城市甚至是其他国家，假如商品出现了质量问题则很难花费时间和精力维护自己的正当权益。即便是机场公司能够做到严格控制进入机场店铺的商品质量，仍会在一定程度上也降低消费者想要购买商品的欲望。

■ 知识关联

深圳宝安国际机场全力打造旅行零售新地标

三、机场候机楼的零售商品服务的管理

（一）机场公司

当前候机楼的商品价格呈现出居高不下的趋势，排除一些商户凭借机场优势进行垄断之外，机场公司所提供的租赁店铺租金明显偏高也是原因之一。但是直接降低租金显然是不可取的，可能会对机场公司的总体收入水平造成比较明显的负面影响，因此，机场公司可以采取"底价＋提成"的方式，适当地降低底价，通过协约来规范商户的收入提成制度，保证机场公司和商户能够共同面对风险，通过这样的方式帮助机场公司进行商业平民化改造，避免商家牟取暴利而损害旅客的利益。

首先，强化对商业服务内容的管理力度，因为在目前的情况下，旅客在机场进行消费的时候还对商品的品质持高度怀疑，这也是机场公司发展零售商业的一大阻碍，因此，机场管理者不但需要做好租金收取的工作，还需要使用适当的管理措施对商家进行合理管理，把握好准入制度，按照质量及档次上的要求对候机楼商户所销售的产品及服务质量进行严格控制。其次，在现有基础上制定规范化评价衡量体系，同时保证其可以得到顺利的执行，防止出现服务水平不均衡的情况。

（二）机场候机楼零售商

通常情况下，旅客都不会在机场停留太长的时间，因此，大部分旅客在选择商品的时候

都会选择相对来说比较熟悉的商品,所以在商家进行商品销售的过程中需要尽可能地缩短旅客认知商品的时间。首先,需要有旅客比较认可的商品,凭借这些商品的优秀品质及稳定的价格来消除旅客在消费过程中的忧虑。其次,适当地提升销售人员的形象和素质,保证旅客能够充分地信任商家,提高商品的销售量,提升收入水平。

■ 知识链接

成都双流国际机场零售商业策略

成都双流国际机场位于中国四川省成都市双流区,距成都市天府广场约16千米,有一条机场高速路与成都市区相通。成都双流国际机场是全国十大枢纽机场之一,是中国西部民用机场中较繁忙的机场之一,是西南地区重要的航空枢纽港和客货集散地,年旅客吞吐量居全国前几位,拥有较丰富的航空业务资源和较强的商业市场潜力。

一方面,随着全球机场的商业化趋势,世界先进机场如新加坡樟宜机场、香港国际机场的商业收入类非航空性业务收入已经取代航空性业务收入成为机场的主要收入来源,发展机场零售商业并提升其在机场总收入中的比重已经成为全球机场发展的趋势。另一方面,由于机场业提供社会公共产品的特性,行业平均利润率较低,且成都双流国际机场第二条跑道刚刚启用,第二航站楼(T2)正在紧锣密鼓的修建当中,预计2012年将投入使用,投入使用后,成都双流国际机场企业将面临行业周期性亏损的困境,要摆脱困境,在航空业务量增长有限的情况下,成都双流国际机场必须开拓新的利益增长点,机场商业收入是新的利益增长点的重要来源。

机场来自零售业渠道的总收入包括租金、特许经营、直接销售方面取得的收入。

(1)租金收入:租金收入主要来自宾馆、零售商店、值机柜台等的租赁收入,如出租给基地航空公司、当地地面代理服务公司、候机楼零售承租户。

(2)特许经营收入:能产生机场特许经营收入的商业活动或服务大体包括以下几种:

①免税商店:免税商店销售的产品是酒类、烟草类、香水等化妆品类的商品。

②完税商店:完税商店,顾名思义,就是相对于免税商店在税费上没有优惠的商店。

③其他服务:这主要是一些机场提供的增值服务,其中较主要、较重要的要属银行,对于出入境旅客来说尤为重要,涉及货币的兑换等业务,此外还有一些增值服务如邮局、旅行社、汽车租赁、酒店服务等。

(3)机场直接经营收入。

机场直接经营,顾名思义,就是指机场充当直接经营者的角色所得的收入。从一方面来说,机场可以不用和零售商户分享利润,而是由自己全部包揽利润,但是从另外一方面来说,机场处于既是裁判员又是运动员的地位,与候机楼内的其他零售商户相比存在绝对的优势,所以可能会对候机楼内的其他零售商户造成影响,影响竞争的公平性。因此,成都双流国际机场在进行直接经营的时候要特别注意控制直接经营的范围、规模、数量等环节因素。

■ 行动指南

南京的单先生反映:机场轮椅服务设置的程序不合理,事先跟航空预约后,要到机场专门的柜台前才能找到轮椅,腿脚不好的人要满场找柜台,应该在换登机牌的地方有轮椅服务办理手续。

解析：机场非常重视旅客的特殊需求体验，随即会同东航、深航等单位对航站楼特殊旅客服务细节进行研讨和完善，并对保障流程做了梳理和改进。明确各地面服务单位都将为轮椅旅客提供"一站式"服务，避免行动不便的旅客来回奔波。目前，机场有多家航空公司地面服务部门，旅客到达机场后，在所乘航班的办票柜台区域，既可以向柜台前的导乘服务人员提出服务需求，也可以直接到达标识为"爱心柜台"的专用柜台办理，设置专门柜台的目的，就是让轮椅旅客免除排队之辛苦。如果不清楚自己乘坐的是哪个航空公司的航班，也可以直接到问询柜台，工作人员会安排相关人员协助旅客办理乘机手续。机场实行全员"首问责任制"和"首见责任制"，只要旅客提出需要，任何一位接待旅客的工作人员，都有义务和责任，给予旅客所需要的帮助。如果在这方面有任何不满意，随时可以向机场提出意见和投诉。同时，也建议旅客在购票的时候就向航空公司提出轮椅使用申请，这样提前与航空公司沟通，既可以早一点知道专门的柜台在哪里，也便于机场运控部门根据旅客的身体状况，尽可能合理调整特殊旅客所乘航班的停机位。

（1）实行"首问责任制"，旅客求助的第一位工作人员有责任在能确保准确答复或有效解决问题的前提下提供优质服务，否则必须将旅客指引或引导到能提供有关服务的单位或岗位。

（2）办理登机手续，头等舱旅客排队等待时间不超过5分钟，普通舱旅客在非"黄金周"时期不超过20分钟。

（3）问询台服务员接受当面问询时应起立，电话问询铃响不得超过三声。

（4）为无人陪伴儿童或老人提供温馨候机服务，为老幼病残孕等旅客提供轮椅、担架等特殊服务。

（5）航班延误时不超过30分钟通告一次航班动态，并按规定为旅客提供有关服务。

（6）为旅客提供安检服务时动作规范，用语文明，不随意与旅客发生争执。

（7）候机楼内商品和餐饮明码标价，不出售假冒伪劣和过期变质商品。

（8）旅客手续齐备，符合要求，办理临时乘机证明时间不超过10分钟。

（9）机场候补票柜台和机票销售中心，不发生因售票差错而影响旅客乘机的情况。

（10）工作人员按规定着装，持证上岗，挂牌服务，使用普通话、文明用语。

项目训练

1. 进出机场的交通方式主要有哪些？各有何利弊？
2. 什么是首问责任制？
3. 候机楼广播用语是如何分类的？广播质量应该达到什么标准？
4. 什么是流程标志？民航标志中的流程标志包括哪些？
5. 民航公共信息标志对颜色和文字有什么要求？

项目三　机场订座服务

项目目标

- **知识目标**
  1. 了解机场订座的途径和要求。
  2. 掌握售票的程序和要求,并能够掌握电子客票订票和出票的基本操作。
  3. 熟悉客票的使用,以及旅客购票的相关规定。
  4. 了解电子客票的定义、特点及优势。
  5. 熟悉航班信息查询相关知识。
  6. 了解机场订座和出票的其他规定。

- **能力目标**

  通过对机场订座服务知识的学习,了解机场订座的途径和要求,掌握售票的程序和要求,熟悉客票的使用、旅客购票的相关规定、航班安排相关知识,以及机场订座和出票的其他规定,能够掌握航班信息查询及电子客票订票和出票的基本操作。

- **素质（思政）**
  1. 掌握机场航班信息查询及订座服务的规定及要求,提高服务技能和职业素养。
  2. 能够准确查询航班信息,注重全局意识和系统思维,为不同旅客的购票需求提供适合的建议。
  3. 能够正确输入指令,代码标准规范,保障旅客的正常出行。

知识框架

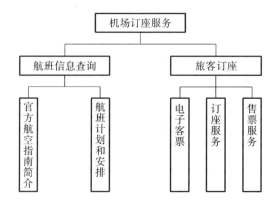

 **项目引入**

客票状态有误，旅客不能正常成行

王先生通过代理人购买了某航空公司2021年3月26日深圳—武汉航班客票。王先生乘机当天按时到达机场办理乘机手续时，值机柜台工作人员告知无法查询到购票记录，故无法办理乘机手续。后其联系代理，代理答复：客票已订购成功。王先生表示同时购买了3月26日回程航班的特价客票，由于去程不能正常成行导致回程航班客票作废，无法办理退票。

后经查实，由于旅客购票后代理人未将旅客客票定妥，导致客票状态不正常而未能成行。值机员发现后与旅客沟通时，旅客表示在自助值机上也无法办理登机牌，工作人员告知其客票未定妥让其联系售票处，后证实由于系统传输过慢，导致旅客客票状态没有及时显示正常状态。

问题思考

1. 你认为代理人是否需要承担客票作废的赔偿责任？
2. 你认为从客票销售的角度，此事给我们带来哪些思考？

 任务一　航班信息查询

在接受旅客咨询和为旅客订座时，工作人员经常需要利用订座系统或官方航空指南(Official Airline Guide，OAG)来选择和确定具体的航班。此时，需要考虑班期、班次、航班时刻，以及出发、经停和目的地机场，直达还是中转，最短衔接时间等诸多因素。

一、官方航空指南简介

官方航空指南(OAG)分为航班指南和航班指南附录两本资料，这里主要介绍航班指南。
航班指南每月出版一期，内容包括航班时刻表、航空公司代码、机型代码、州/省代码、城市/机场代码、建立中转航班、最短衔接时间、航班路线、机场候机楼等。此外还有一些参考资料信息。

(一)航班时刻表

航班时刻表(Flight Schedules)是OAG中最主要的内容，占整个航班指南90%以上的篇幅。

1 出发地城市/机场情况

一些城市有多个机场，所以在航班安排过程中首先应明确这些城市有几个机场，每个机场的具体位置如何。OAG 以下列两种方式显示出发地城市和机场信息。

1）城市/机场地图

城市/机场地图用来指明机场相对于城市的位置。

马来西亚吉隆坡比格林尼治标准时间(GMT)快 8 小时。吉隆坡有两个机场，一个是距离市中心 22 千米的苏尔坦机场(Sultan Abdul Aziz Shah)，另一个是距离市中心 50 千米的吉隆坡国际机场(Kuala Lumpur Intl)。城市/机场地图后面按字母顺序显示到达城市及其相应的航班信息。

2）出发地城市/机场表

出发地城市/机场表如表 3-1 所示，第一行为出发城市信息，即从中国北京(城市代码为 BJS)起飞，北京时间比格林尼治标准时间(GMT)快 8 小时；第二行为出发机场信息，即北京有两个机场，一个是北京首都机场(机场代码为 PEK)，距离市中心 25 千米，另一个是北京南苑机场(机场代码为 NAY)；出发城市和出发机场下方为到达城市信息，如荷兰阿姆斯特丹(城市代码为 AMS)，北京和阿姆斯特丹相距 7829 千米，荷兰阿姆斯特丹时间比格林尼治标准时间(GMT)快 2 小时。

表 3-1　出发地城市/机场表

From Beijing,China BJS GMT +8
PEK(Beijing Capital Airport)15.0mls/25.0km
NAY(Beijing Nanyuan Airport)
Amsterdam AMS 4866mls/7829km GMT +2 …

2 航班时刻表

每一天，整个航空旅行生态系统都会处理数十亿项决策，其中大多数决策需要依靠数据来完成。OAG 从每次旅行、每个预订、每次起飞和降落、每次离港抑或延误中一一收集数据，不断清除、整理、合并，最终将数据汇入实时反馈、趋势分析和预测工具之中。数据是 OAG 协助航空公司、机场、旅游科技公司设计创新型产品、快速响应服务和无缝体验的利器。OAG 航班时刻表如图 3-1 所示。

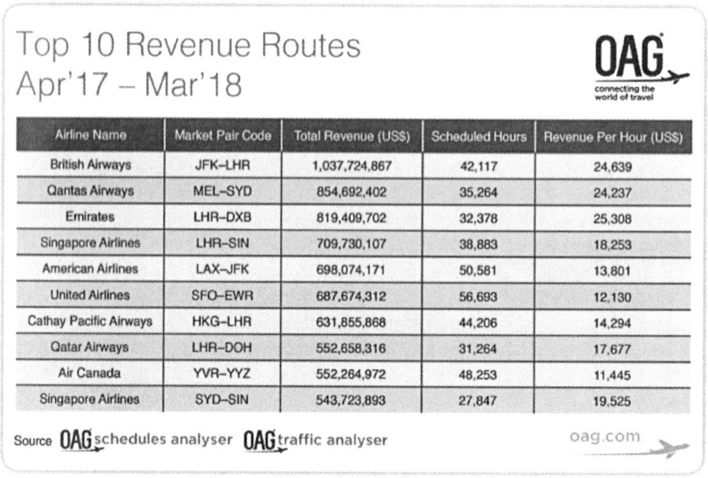
Top 10 Revenue Routes
Apr'17 – Mar'18

Airline Name	Market Pair Code	Total Revenue (US$)	Scheduled Hours	Revenue Per Hour (US$)
British Airways	JFK-LHR	1,037,724,867	42,117	24,639
Qantas Airways	MEL-SYD	854,692,402	35,264	24,237
Emirates	LHR-DXB	819,409,702	32,378	25,308
Singapore Airlines	LHR-SIN	709,730,107	38,883	18,253
American Airlines	LAX-JFK	698,074,171	50,581	13,801
United Airlines	SFO-EWR	687,674,312	56,693	12,130
Cathay Pacific Airways	HKG-LHR	631,855,868	44,206	14,294
Qatar Airways	LHR-DOH	552,658,316	31,264	17,677
Air Canada	YVR-YYZ	552,264,972	48,253	11,445
Singapore Airlines	SYD-SIN	543,723,893	27,847	19,525

Source OAG schedules analyser OAG traffic analyser oag.com

图 3-1　OAG 航班时刻表

（二）代码共享

代码共享(Code-sharing)是指一家航空公司的航班号（代码）可以用在另一家航空公司的航班上，即旅客在全程旅行中有一段航程或全程航程是乘坐出票航空公司航班号但非出票航空公司承运的航班的。

航空代码共享主要有两种具体方式：一种是两个航空公司在某一协议的约束下，在它们的航班号及时刻表上使用同样的航班代码；另一种是将一个航空公司的指定代码应用于另一个航空公司的航班上。

代码共享的实质是航空公司之间的一种新形式的信息共享和使航线网相互连接的规模经营，代码共享的航空公司在不增加运力、不进行市场开拓的情况下通过运力资源信息整合，提高市场占有率和运量。

一个航空公司通常有两种英文代号：一种是国际民用航空组织(ICAO)规定使用的三个字母的英文代号，一般情况下是该航空公司名称的英文缩写，如 CES 表示中国东方航空公司。但也有由两个字母的代号前面冠以国家英文名的第一个字母组成的，如 CCA 表示中国国际航空公司。另一种是国际航空运输协会(IATA)规定使用的两个英文字母代号，其编排由 IATA 规定，其使用由航空公司申请，如 CA 为中国国际航空公司，MU 为中国东方航空公司等。两个英文字母的代号在编制航班号时使用。（见表3-2）

表3-2 代码共享航空公司

C	Flight Numbers		Operated by
CA	Air China		
	1151—1198	SC	Shandong Airlines
	3007—3010	AY	Finnair
	3101—3148	FM	Shanghai Airlines
	3601—3622	NX	Air Macau
	4075—4996	SC	Shandong Airlines
	5001—5036	OZ	Asiana Airlines
	5101—5164	NZ	Air New Zealand
	6041—6231	LH	Lufthansa German Airlines

■ 知识关联

南方航空公司代码共享航班小知识

（三）机型代码

飞机型号代码是由不超过四位的数字、字母组成，它显示飞机的制造厂商、型号等资料，可作为被空中管制时判读的信息，原则上是从飞机的具体型号上抽取而来的。

飞机型号代码一经指定，不再更改。即使生产该型号飞机的制造厂商更名、变更所有权，飞机机型的具体型号原则上也不再指定新的代码，除非这个改进型号的性能变化较大，按原有标准判读会影响到空中管制，才可能发生更改。

国际民航组织建议的轻型、中型、重型飞机的划分标准，是在航空管制方面很重要的标准，涉及飞机尾流对后续飞机的影响，直接关系到航空安全。

轻型飞机（L：Light）：按相关程序批准的飞机型号合格证上，最大起飞重量为7吨或7吨以下。

中型飞机（M：Medium）：按相关程序批准的飞机型号合格证上，最大起飞重量为7吨以上136吨以下。

重型飞机（H：Heavy）：按相关程序批准的飞机型号合格证上，最大起飞重量136吨或136吨以上。部分常见机型及代码如表3-3所示。

表3-3　部分常见机型及代码

机　型	代码	机　型	代码
Airbus Industrie A318	318	Boeing 737-800 Passenger	738
Airbus IndustrieA318/319/320/321	32S	Boeing 737-900（Winglets）Passenger	73J
Airbus Industrie A319	319	Boeing 737-900 Passenger	739
Airbus Industrie A320	320	Boeing 747（Mixed Configuration）	74M
Airbus Industrie A321	321	Boeing 747 Passenger	747
Airbus Industrie A330	330	Boeing 747-200（Passenger）	742

（四）航班路线

航班路线可以通过OAG进行查询，包括由多个航段构成的航班。OAG通过易于集成的交互式地图展示机场路线和连接。确保旅客能够以最直观的方式了解航空公司和机场的航线网络信息。通过绘制机场的全球航线地图展示机场的航线网络和连接优势，同时可以叠加该地区名胜古迹、区域文化和其他商业信息以增加目的地的吸引力。

（五）机场候机楼

OAG可以提供机场候机楼内的相关信息查询。一个机场可能拥有一个或多个候机楼，为了说明候机楼情况及每一个候机楼内分别有哪些提供服务的航空公司，OAG提供了相应的信息。

二、航班计划和安排

(一) 航班计划

航班计划是规定正班飞行的航线、机型、班次和班期时刻的计划。

正班飞行是按照对外公布的班期时刻表进行的航班飞行。在中国,正班飞行完成的周转量、运输量大约占到全部航空运输周转量、运输量的90%。

正班飞行的航线、机型、班次和班期时刻,实际上就是航空公司向社会承诺提供的航空运输服务产品,从这个意义上说,航班计划是航空公司最重要的生产作业计划,是组织与协调航空运输生产活动的基本依据。从飞机调配、空勤组排班,到座位销售、地面运输服务组织,再到航空公司运输生产过程的各个环节,都要依据航班计划进行组织与安排。

科学地制订航班计划,有效地执行航班计划,是保证航空运输生产正常进行,近而实现企业发展目标的重要保证。例如,由中国国际航空公司执行的每天早上 8:00 从北京起飞上午 10:00 到达上海的 CA1202 就是一个航班计划。

航班计划的内容包括以下几个部分:

1 航线

航线必须同时具备三个条件,才能列入航班计划:
(1) 有定期航班飞行;
(2) 有足以保证飞行和起降所需的机场和其他设备设施;
(3) 经过主管部门批准。

2 机型

机型指正班飞行计划使用的飞机型号。飞机型号是制造厂商按照飞机的基本设计所确定的飞机类型编号。

不同的机型,其基本设计不同,最大起飞重量、巡航速度、最大业载航程、对机场跑道的要求等技术指标都有所不同。飞机技术性能又直接影响飞机的适用范围、载运能力、销售价格及运输成本,因此必须综合考虑各航线的航路条件、起降机场条件、运输需求数量,以及航空公司机队构成和各机型的技术性能等因素,把航空公司现有的各型飞机正确配置到各条航线上去,这是提高航线经营效益的重要条件。

3 航班号

航班号即航班编号,它是按照统一规定的编号原则确定的。

4 每周班次

每周班次指航班在一周内的飞行次数。

5 班期

班期指航班飞行日期,即航班在一周中的哪一天飞行。

6 时刻

时刻指航班起飞和到达的时刻。

(二) 航班安排

在实际工作中,工作人员经常需要为旅客安排航班。合理的航班安排不仅可以为旅客节约费用,同时也能为旅客节约时间,减少旅途疲劳,从而为航空公司赢得旅客信誉增添砝码。

航班安排应考虑以下三方面的问题:
(1) 选择合理的航线。
(2) 优先考虑直达航班,没有直达航班时考虑公布的中转衔接航班。
(3) 考虑自行建立中转航班。

1 航线的选择

航线选择的基本原则是不出现迂回、交叉或重复路线,保证航程距离尽可能短,用时尽可能短。

2 直达与中转航班安排

OAG航班时刻表中提供了两点间直达航班和中转衔接航班信息。

一般在有直达航班的情况下,优先考虑直飞航班。

直飞航班是指某个航空公司使用同一班号执行两地之间全段航程的航班。从技术、经济两方面考虑,中途也可能会经停第三地。在经停站停留时,航班可能被允许搭载从当地出发的旅客,也可不进行上下客,仅进行技术经停(如补充燃油等)。

两个机场间的不经停航班必然是直飞航班,但是直飞航班可能是不经停航班,也可能包含经停站。包含经停的直飞航班会在中途某地降落,可能会上下乘客、装卸货物或补充燃油。不经停航班则不包含任何形式的经停。

中转联程则是不同直飞航班(分别具有各自不同的航班)之间的换乘。例如,成都—加德满都的中国国际航空437/438号班机为不经停的直飞航班,作为对比,成都—拉萨—加德满都的中国国际航空407/408号班机则为包含经停的直飞航班(但是两段各自分别仍为不经停航班)。国际直飞航线可能包含国内航段,这类航班的国内航段混合搭载了境内旅客和出境旅客,因此通常需要在经停站进行海关、边防检查。如果某个包含经停的直飞航班经停某航空公司的枢纽机场,并且前后航段航程、客流量差异较大,则还可能出现更换飞机型号的情况,例如,上海浦东—北京—旧金山的中国国际航空985号班机在某些时候会使用波音737服务国内航段,使用波音747服务国际航段。

中转联程是指航空公司将航班资源进行有效的组合,形成航线网络,将旅客从始发地经一个或多个中转地运送至目的地,同时可以最大限度地发挥航空运输方便、快捷的优势,给旅客提供更多的便捷和实惠。

中转联程票是指始发地到目的地之间经另一个或另外几个机场中转,含有两个(及以上)乘机联、使用两个(及以上)不同航班号的航班抵达目的地的机票。例如,从呼和浩特飞往三亚,中间从郑州中转,购买的从呼和浩特到郑州、郑州再到三亚的机票就是联程机票。再如,某旅客需要去上海和深圳两个城市办事,那么他可以选择北京—上海—深圳的中转联程机票,价格会非常实惠,但是要注意中转停留站的停留时间,要事先选择而不能更改。

■ 知识链接

夏秋换季国航持续加大新疆运力投入

2021年3月28日起,中国国际航空股份有限公司(以下简称"国航")开始执行2021年夏秋季航班计划。新航季,国航将开通图木舒克—阿克苏—北京首都往返航线,满足疆内外旅客出行需求,助力当地经济发展。

近年来,为深入贯彻"一带一路"倡议,响应新疆维吾尔自治区的全面实施旅游兴疆战略,打造经济发展增长极。国航不断丰富空中航线网络,架设援疆"空中桥梁",助力"一带一路"倡议。

此次新开航线图木舒克—阿克苏—北京,航班号为CA1297/8,每周三班,由波音B738执飞。航班周期为每周二、四、六,北京时间6:55从北京起飞,11:25到达阿克苏,12:10从阿克苏起飞,12:50到达图木舒克机场;回程航班于13:40从图木舒克起飞,14:20到达阿克苏,15:05从阿克苏起飞,19:05到达北京。

目前,国航在新疆有11个通航点,分别是乌鲁木齐、库尔勒、伊宁、阿克苏、和田、喀什、克拉玛依、石河子、哈密、库车和图木舒克。据悉,旅客从新疆11个通航点始发经北京、成都、天津中转,可至全国多地,并享受一晚免费中转住宿。旅客可通过中国国航App、国航官网、各大代理及线上购票平台或致电国航销售服务热线95583进行购票。

(资料来源:民航资源网,杨锦瑞,2021-03-19。)

 任务二　旅客订座

一、电子客票

1　电子客票的概念

电子客票是普通纸质机票的替代产品,旅客通过互联网订购机票之后,仅凭有效身份证件直接到机场办理乘机手续即可成行,实现"无票乘机"。

电子客票实际是普通纸质机票的一种电子映象。纸质机票将相关信息打印在专门的机票上,而电子客票则将票面信息存储在订座系统中。由于原来纸制机票上的信息全部被保存在系统中,因此,电子客票只是"无纸"而不是"无票",完全不同于无乘机联登机。

电子客票是电子商务初期市场化的最佳产品,摆脱了物流配送环节,使广大用户可以体验到在线支付后即刻拿"货"的消费过程,满足其电子商务的消费心理。电子客票的出现顺应了信息时代的市场需求,已成为航空旅行电子商务化的重要标准之一。电子客票作为世界上最先进的机票形式,依托现代信息技术,实现无纸化、电子化的订票、结账和办理乘机手续等全过程,给旅客带来诸多便利,以及为航空公司降低成本。

1994年,世界上第一张电子客票在美国诞生,以其使用便利、防丢防假、印制运输管理成本大大降低和结算速度显著提升等突出优势迅速占领市场。根据国际航空运输协会(IATA)在全球实施电子机票的统一部署,从2008年6月1日起,包括中国在内的全球机票代理机构全面停售纸质机票。国际航空运输协会于2004年6月开始推行电子客票,该计划启动时,全球只有18%的机票是电子客票,而目前在IATA庞大的会员航空公司中,已经100%可以销售电子客票。这标志着通过近几年的努力,民航客票电子化计划取得了成功。目前,国际上航空公司直销普遍采用电子客票方式,代理人电子客票销售的比例也已达到了100%。专家指出,电子客票是今后航空公司在客票销售方面的主要发展趋势。

2 标准电子客票的样式

电子客票票面信息的指令主要有以下四种:
指令格式 DETR CN/ICS 记录编号;
指令格式 DETR TN/13 位票号;
指令格式 DETR NI/身份信息;
指令格式 DETR NM/旅客姓名。

例如,用票号提取电子客票票面信息。输入指令 DETR:T999-5963308647,电子客票的样式如下所示。

```
ISSUEDBY:AIR CHINA    ORG/DST:BJS/TAO    BSP-D
E/R:不得签转
TOUR CODE:
PASSENGER:测试
EXCH:CONJTKT:
O FM:1PEK CA 1501 H 15NOV 1825 OK H 20K OPEN FOR USE
RL:CF4MY/T70VF IE
TO:TAO
FC:15NOV06PEK CA TAO 570.00 CNY570.00END
FARE:CNY 570.00|FOP:CASH
TAX:CNY 50.00CN|OI:
TAX:|
TOTAL:CNY 630.00|TKTN:999-5963308647
```

在这张电子客票的样本中,我们可以找到目前使用的票上的大部分信息。

3 电子客票栏目说明

(1) 旅客姓名(NAME OF PASSENGER)按旅客身份证和"旅客订座单"上的全名填写。中国旅客按中文习惯填写姓名。如果是外国旅客,按英文大写字母填写,应先写姓,之后写名或名的字首及适当的称呼,如先生(MR)、夫人(MRS)、小姐(MISS)。特殊旅客在姓名后应跟随相应代码,如儿童 CHD。

(2) 航程(FROM/TO)将航程的始发地地名填入"自"(FROM)栏内,然后按照旅客旅程顺序,把到达地点填入以下各"至"(TO)栏内。

(3) 承运人(CARRIER)填写各航段已经申请或订妥座位的承运人的两字代码。

(4) 航班号/等级(FLIGHT/CLASS)填写已订妥或已申请座位的航班号。

(5) 出发日期(DATE)填写乘机日期和月份,日期以两个阿拉伯数字表示,月份以英文三字代码表示。

(6) 出发时间(TIME)采用 24 小时制填写。比如上午 8 时 10 分填写为 0810。

(7) 订座情况(STATUS)用代号填写出售客票时的相关航段的订座情况。订座情况代号如下。

OK:已订妥座位;

RQ:已申请或候补;

NS:不占座;

SA:等候空余座位;

OPEN:不定期。

(8) 运价类别(FARE BASIS)填写按旅客要求已订妥或已申请座位的等级代号。比如头等舱 F、公务舱 C、经济舱 Y 等。

(9) ……之前无效(NOT VALID BEFORE)。

(10) 在……之后无效(NOT VALID AFTER)。

(11) 免费行李限额(ALLOW)根据旅客所持客票的票价类别和座位等级分别填写规定的免费行李额,以千克计算。如头等舱(F)免费行李额 40 千克、公务舱(C)免费行李额 30 千克、经济舱(Y)免费行李额 20 千克。

(12) 旅游代号(TOUR CODE)填开个人或团体综合旅游票价的客票时,在本栏内填写综合旅游的正式编号,无代码可不填。

(13) 运价计算区(FARE CALCULATION AREA)填写票价的计算过程。

(14) 运价(FARE)填写货币代号(CNY)及票价总额。免费客票的本栏填写"FOC"。

(15) 实付等值货币运价(EQUIVALENT FARE PAID)。

(16) 税费(TAXFEE/CHARGE)国内客票此栏目前包括旅客机场建设费 CN 和国内航线燃油附加费 YQ。

(17) 总金额(TOTAL)填写货币代号及票价总额。在总金额前加上货币代号"CNY"。

(18) 付款方式(FORM OF PAYMENT)填入旅客的付款方式,如现金 CASH、支票 CHECK、信用卡代码及号码。

(19) 始发地/目的地(ORIGIN/DESTINATOIN)。

(20) 航空公司记录/订座记录编号(AIRLINEDATA/BOOKING REFERENCE)将旅客的订座记录编号(PNR)填入本栏。比如 CH2WZ。

（21）签注/限制（ENDORSEMENTS/RESTRICTIONS）填写航班的订座情况或特别注意事项。根据承运人要求填写。比如填写不得签转、退票等字样。

（22）换开凭证（ISSUED IN EXCHANGE FOR）填写据以换开客票的原客票的号码。

（23）原出票栏（ORIGINAL ISSUE）。

（24）连续客票（CONJUNCTION TICKETS）在全航程连续使用几本客票时，应在每本客票的本栏内填写各本客票的客票号码。连续客票必须用相同的票证代号，并且按序号顺序衔接使用。客票应按航程顺序订在一起使用。不能使用不同联数客票组成连续客票。具体填写方法是列明每本客票的全部客票号码，然后加列其他各本续后客票号码中序号的最后两个数字，中间用"/"隔开。例如，填开中国国际航空公司两本连续客票 999-1036098521，1036098522，在本栏填写"999-1036098521/22"。

（25）出票日期、地点和出票人（DATE AND PLACE OF ISSUE-AGENT）注明开票地点、日期及开票员的全名，并另盖业务章。

4 电子客票的优势

1）使用电子客票可节省候机时间

使用传统的机票，需要提前一个小时到达机场等候登机。目前国内，电子客票单独设立了自己的值机柜台，可大大减少候机时间，方便旅客出行。

2）预订更方便

使用传统机票，需要经过送票、取票、付款等一系列程序，在机票没有送到之前，订票者必须在规定好的时间和地点等待送票人员到来。对于现代商务人士来说，时间就是金钱，这种固定形式的等待，无形中降低了工作效率。而购买电子客票，只需在购票时通过网站，就可以完成订票和支付，无需再到柜台进行付款、取票，很方便。

3）不必担心机票遗失

与传统机票相比，电子客票包括旅客的姓名、航班号、到达站等相关信息，旅客只需要带上自己的身份证，就可以直接到机场办理登机牌。而不必像使用传统机票的时候，总是担心丢三落四，因忘记带机票而错过航班了。

4）价格更便宜

据统计，目前国内传统机票的成本费用每年会耗费 20 亿元左右，与此相对，电子客票全部采取网上操作，大大节省了制票成本，其折扣的空间更大，相对来说也就更便宜。

5）方便异地购买

电子客票，可异地购买；电子客票订购、更改与退票直接通过互联网或拨打客服电话就能实现。

5 电子客票的特点

（1）电子客票实际上是普通纸质机票的一种电子形式，是传统机票的一种替代品。

纸票将相关信息打印在专门的机票上，而电子客票是将票面信息储存在出票航空公司电子客票数据库记录中。

（2）电子客票可以像纸票一样，执行出票、作废、退票等操作。

工作人员可以随时提取电子客票，查看客票的信息。

（3）旅客不需要携带纸制的凭证，只要出示有效的身份识别证件就可以办理乘机手续。

电子客票采用全部电子化的结算流程,不需要纸制的票联就能结算。

(4)航空运输电子客票行程单是指旅客购买航空运输企业民用航空运输电子客票的付款凭证或报销凭证,具备提示旅客行程的作用。

航空运输电子客票行程单包含旅客姓名、航程、航班、旅行日期、起飞及到达时间、票号等内容。旅客通过行程单了解或要求变更旅行的信息。行程单采用一人一票制,不作为机场办理乘机手续和安全检查的必要凭证。

航空运输电子客票行程单纳入发票管理范围,由国家税务总局负责统一管理,套印国家税务总局发票监制章。经国家税务总局授权,中国民用航空局负责全国航空运输电子客票行程单的日常管理工作。

■ 知识链接

航空运输电子客票行程单真伪鉴定流程(节选)

第一,相关单位要求鉴定航空运输电子客票行程单的,必须向民航清算中心提供航空运输电子客票行程单鉴定书面申请,并附送航空运输电子客票行程单原件和清单。被鉴定航空运输电子客票行程单中物理相连并且数量较多的,可提供其中一部分航空运输电子客票行程单原件。航空运输电子客票行程单清单应载明全部需鉴定航空运输电子客票行程单的号段,连接情况以及数量。

第二,清算中心收到鉴定申请后,对于资料不全的,或航空运输电子客票行程单清单与实际情况不符的,会当场一次性告知申请单位需要补正的内容,并退回申请资料,待资料齐全后重新申请鉴定。

第三,航空运输电子客票行程单鉴定经办人按照规定的程序,根据印制航空运输电子客票行程单采取的每项防伪措施,相关技术手段和行程单管理信息系统的数据库信息,对每一份航空运输电子客票行程单原件进行对照、检验、分析和鉴定,并做出鉴定记录。

第四,清算中心在接到航空运输电子客票行程单鉴定书面申请5个工作日内完成鉴定。若情况复杂,在主管领导审批后可延期。对于被鉴定航空运输电子客票行程单无法把握鉴定结论的,可在受理后的5个工作日内提请组织鉴定。

第五,航空运输电子客票行程单鉴定完成后,鉴定经办人填写航空运输电子客票行程单鉴定结论文书,鉴定文书的内容包括:鉴定内容、鉴定时提交的鉴定资料,明确的鉴定结论,鉴定结论文书字号统一为"民航清〔20××〕×××号"。鉴定文书制作完毕后加盖中国民用航空局清算中心航空运输电子客票行程单鉴定专用章。

第六,航空运输电子客票行程单真实的不出具鉴定结论文书,如鉴定结果只确定航空运输电子客票行程单纸质载体真实,只出具纸质载体真实的鉴定结论文书,清算中心不对电子客票的内容进行鉴定。

第七,鉴定专用章的使用要严格遵循清算中心用印管理流程,航空运输电子客票行程单鉴定结论文书复印件由清算中心当日归档保存。申请鉴定单位对清算中心航空运输电子客票行程单鉴定的结果存在异议的,可在15日之内向清算中心提出申请重新鉴定。

……

电子客票行程单验真界面

二、订座服务

1 订座的要求

订座的一般要求有以下几个方面：
（1）旅客订妥座位之后，凭该订妥座位的客票乘机。不定期客票应向承运人订妥座位后方能使用。
（2）已经订妥的座位，旅客应在承运人规定的时限内购票，否则座位不予保留。
（3）承运人可在必要时暂停接受某航班的订座。
（4）承运人应按旅客订妥的航班和舱位等级提供座位。

2 订座系统

订座系统包括代理人分销系统（CRS）和航空公司系统（ICS）。

计算机在中国民航订座系统中的应用是从1981年开始的。首先应用此系统的是销售业务部门。由于国际航班要参与国际航空市场的激烈竞争，必须使用计算机，否则会处于不利竞争地位，因此，中国民航租用了总部设在美国的系统进行了国际航班售票。1985年，中国民航经国家有关部门批准，经过全面的选型和论证投资新建了自己的订座网。1986年开始，订座网以北京为中心，向全国各地辐射售票网点。1989年10月27日，将原系统的终端成功转接到中国民航自己的系统中，从而真正建立起中国民航自己的、分布于全球的计算机订座网络。

1993年，订座系统的功能得到了提升：自动出票系统全面投产。经过十几年的摸索、更新和升级，1999年建成了民航卫星通信网，解决了困扰通信的"中枢神经"阻断问题，1996年1月，中国民航建成了中国的代理人分销系统（CRS）。

1）CRS系统网络的主要特征

CRS主要功能是为代理人提供航班可利用情况查询、航段销售、订座记录、机上座位预订等服务。

代理人分销业务开展的目的:一是为航空代理商提供全球航空航班的分销;二是为代理商提供非航空旅游产品的分销;三是为代理商提供准确的销售数据及相关辅助决策分析结果。

基于以上目的,从 CRS 的组成来看,它是一个覆盖广大范围的计算机网络。

该网络主要有以下特征:

一是实时性,网络上的终端从提交命令到得到结果应答,这段响应时间一般不超过3秒。

二是不间断性,由于 CRS 覆盖的地域十分广泛,任何时间网络上都有终端在工作,因此,系统运行在任何时间都不能中断。

三是高可靠性,系统中的数据在任何意外情况下都不能被破坏,为此系统应做多套主机、随时备份等准备措施。

一方面,分布于世界各地的销售代理都可以通过 CRS 使用网络终端来出售机票及旅行产品;另一方面,航空公司可以通过将自己的营运数据投入 CRS 中销售,在最大范围的区域内销售自己的航班座位,同时通过有效的座位控制,可提高航班座位利用率和商业利益。

2) CRS 系统提供的服务

CRS 系统发展到今天,已经具备了非常完备的功能,包括中国民航航班座位分销服务、国外民航航班座位分销服务、BSP 自动出票系统服务、运价系统服务、常旅客系统服务、机上座位预订服务、各类等级的外航航班分销服务、旅馆订房等非航空旅游产品分销服务、旅游信息查询系统服务、订座数据统计与辅助决策分析服务等。一般来说,CRS 系统模式如图 3-2 所示。

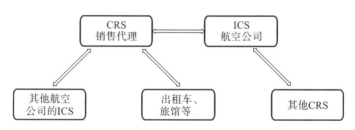

图 3-2　CRS 系统模式

通过未来对代理人分销系统的建设,中国航空信息集团(简称中国航信)的代理人分销系统将发展成为服务于整个航空及旅游业的通用系统。除了原有的航空运输业,旅馆、租车、旅游公司、铁路公司、游轮公司等的产品分销功能也将容纳到代理人分销系统中来,使中国航信的代理人分销系统能够提供一套完整的旅游服务。经过技术与商务的不断发展,中国航信的代理人分销系统将能够为旅行者提供及时、准确、全面的信息服务,满足消费者旅行中包括交通、住宿、娱乐、支付及其他后续服务的全面需求。

3) ICS 与 CRS 系统的关系

ICS 与 CRS 的区别在于:ICS 系统的服务对象为航空公司的航班与座位控制人员和航空公司市场与营运部的管理人员;CRS 系统的服务对象为从事订座业务的销售代理人员和航空公司中部分从事销售的人员。CRS 系统如何销售航空公司的座位是由 CRS 与 ICS 的技术联结方式及商务协议决定的。

ICS 与 CRS 的联系:它们的硬件、软件及数据库相互独立,但紧密联结;数据传递实时进行;保证数据传输的准确性和匹配性;共享网络系统。(见图 3-3)

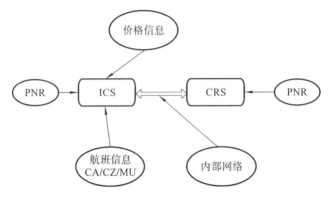

图 3-3　ICS 与 CRS 的联系

ICS 与 CRS 系统之间存在不同等级的连接方式,以及 CRS 内部不同的连接等级,由此使得它们之间的数据传递不受更多的影响。ICS 加入 CRS 的协议等级主要有如下几种方式:无协议级、AVS 级、直接存取级、直接销售级(按由低到高顺序)。

4) 世界各大 CRS 名称及标识

世界各大 CRS 名称及标识如表 3-4 所示。我国国内的外航服务公司使用比较普遍的是 GALILEO 和 AMADEUS 这两大计算机订座系统。

表 3-4　世界各大 CRS 名称及标识

地区	CRS 名称	标识	地区	CRS 名称	标识
美国	SABRE	1W	东南亚	ABACUS	1B
	WORLDSPAN	1P	日本	INFINI	1F
	GETS	1X		AXESS	1J
欧洲	AMADEUS	1A	中国	CRS	1E
欧美	GALILEO	1G	韩国	TOPAS	1T

3　旅客订座记录

旅客订座记录(Passenger Name Record,PNR)包含一组有关旅客各种信息的记录,它是通过计算机信息管理中心提供的旅客订座服务系统的有关指令来完成的,它反映了旅客的航程航班座位占用的数量及旅客信息。旅客订座记录是电脑订座人员必须掌握的内容,PNR 除了订座,还可以建立常客信息、订旅馆等。

1) PNR 的构成

完整的 PNR 包括十三项内容:

(1) 姓名组——NM(Name)。

姓名组由姓名及座位数组成。在姓氏前必须带有该姓氏的座位总数,在姓氏与名字之间要用斜线隔开。姓名组除姓氏外,可包含名的缩写、名、称谓及特殊情况代号,特殊情况如残疾人士、儿童等,一个 PNR 最多可输入 511 个旅客姓名。

如果一个 PNR 的旅客人数等于或多于 10 人时,必须输入团体名称。当 PNR 的旅客人数少于10人时,如果需要,也可以按团体处理。团体名称可以在建立或修改PNR时输入。团体名称组的输入包括团体人数和团体名称。团体旅客人数最多是511人。团体名称只能使用字母和斜线。含有团体名称的PNR存入系统后,可以用团体名称或该团体中的任何一个旅客姓名提取这个PNR。

（2）航段组——SD(Segment)。

航段组为旅客的航程建立提供有关信息,如航班情况、飞行日期、订座情况等。航段组按其提供信息的性质分为四种情况,分别是可采取行动的航段组、提供到达情况航段组、到达情况不明航段组和不定期航段组。

可采取行动的航段组(代号为Actionable,指令为SS或SD),可根据航班时刻表、座位可利用状况等航班信息直接或间接建立。

提供到达情况航段组(代号为Information,指令为SA),是为有关人员提供旅客到达订座起始地点情况的,其中包括航班、舱位等级、日期、订座情况等信息。

到达情况不明航段组(代号为Arnk,指令为SA),其功能是可以用来衔接不连续航程。

不定期航段组(代号为Open,指令为SN),意为航班号与航行日期不确定,可根据情况确认航班与日期。

（3）联系地址组——CT(Contact)。

联系地址组主要提供旅客或代理人的联系地址,输入格式由用户决定。

（4）出票情况组——TK(Ticket Status)。

出票情况组注明旅客的出票情况,已出票的将注明机票号码等信息,而未出票的则注明具体出票时间限定及安排。出票情况有以下几种类型：

    T——已出票 TL——出票时限 TT——电传出票
    AT——机场出票 WC——旅客自己取票 MT——邮寄客票

每一位旅客必须也只能带有一种出票情况代号,文件内用旅客序号标志注明与出票情况相对应的旅客,若没有旅客序号标志,则出票情况适用于PNR中全部旅客。

（5）邮寄地址组——MA(Mail Address)。

邮寄地址组记录邮寄票证的具体地址,如果出票情况为邮寄票(MT),本组是不可缺少的,该项目的地址没有特定代号。邮寄客票的旅客必须留有邮寄地址,邮寄地址标明了旅客序号标志,说明该地址只适用于所标明的旅客,不带旅客序号标志的地址则适用于所有旅客姓名。

（6）开账地址组——BA(Bank Account)。

开账地址组将注明开账地址,其写法没有规定。开账地址标明了旅客序号标志,说明该地址只适用于所标明的旅客,不带旅客序号标志的地址则适用于所有旅客姓名。

（7）票价组——FN(Fare Notes)。

票价组可以提供所要求的票价情况,也可以提供旅客所需的各种类型的票价。

（8）辅助服务项目组——AUX(Auxiliary Service)。

辅助服务项目组有以下五种类型：

  出租飞机——ATX。
  出租车服务——CAR。
  旅客租房服务——HTL。
  地面运输服务——SUR。

旅游服务——TUR。

（9）特殊服务组——SSR(Special Service Requirement)。

特殊服务组包括任何需要马上采取行动和回答的各类服务情况。特殊服务的内容及长短不受限制。每个特殊服务组的建立和修改在封口后，相应的信息通过系统内部自动生成的电报，输送到有关部门的 Queue 信箱中，以便联系或采取行动。

特殊服务包括特殊餐食、常客信息、无人陪伴儿童等内容。这些都需要营业员手动输入来建立。常见的特殊服务和特殊餐食代码有：

盲人乘客——BLND。

婴儿摇篮——BSCT。

额外的座位——EXST。

常旅客信息——FQTV。

担架旅客——STCR。

客舱占座行李——CBBG。

轮椅旅客——WCHC(C 表示客舱座位)。

轮椅旅客——WCHS(S 表示客梯)。

轮椅旅客——WCHR(R 表示客机停机坪)。

糖尿病餐——DBML。

高纤维餐——HFML。

溃疡餐——ULML。

水果餐——FPML。

海鲜餐——SFML。

儿童餐——CHML。

沙拉餐——SALAD MEAL。

低胆固醇/低脂餐——LFML。

低盐餐——LSML。

低蛋白质餐——LPML。

纯斋菜(也叫严格素食，不含牛奶、蛋制品)——VGML。

婴儿餐——BBML。

穆斯林餐(清真餐)——MOML。

（10）团体组——GN(Group Name)。

团体旅客人数最多是511。如果一个 PNR 的旅客人数大于等于10，则必须输入团体名称。当 PNR 的旅客人数小于 10 人时，如果需要，也可以按团体处理。团体名称可以在建立或修改 PNR 时输入。团体名称组的输入包括团体人数和团体名称。团体名称只能使用字母和斜线。含有团体名称的 PNR 存入系统后，可以用团体名称或该团体中的任何一个旅客姓名提取该 PNR。

（11）其他服务情况组——OSI(Other Service Information)。

其他服务情况组是不需要马上采取行动和回答的各类服务情况，相应的电报会出现在航空公司有关部门。

（12）备注组——RMK(Remark)。

备注组可以记录某些有助于了解旅客情况的信息。

(13) 责任组——RP(Responsibility)。

责任组指的是负责 PNR 的部门名称。当新的 PNR 建立时,系统会自动给出责任组。责任组包括终端所在的部门名称。PNR 的现行部分只能有一个责任组,其他责任项存入 PNR 的历史记录中。PNR 现行部分是指包括所有当前有效的 PNR 的各种项目,另外也可以包括在同一次显示中所有已失效的项目。PNR 的历史部分指的是 PNR 的非现行项目在做封口后,自动转移到历史记录的那部分项目。

上述十三个项目中,姓名组、航段组、联系地址组、出票情况组和责任组由于记录了必要的信息,因此是建立 PNR 所必须包括的项目。

2) PNR 的建立

建立 PNR,要按照不同旅客的不同情况处理。首先要建立 PNR 的各个项目,最后通过封口指令使记录生效,产生记录编号。

建立 PNR 的一般程序如下:

(1) 查询航班座位可利用情况(AV),建立航段组(SD),输入旅客姓名(NM),输入旅客联系地址组(CT),输入票号(或输入取票时间)(TK),输入特殊服务组(SSR)或其他服务组(OSI),输入备注组(RMK),输入封口指令。

(2) 如果航段组的始发地不是出票地,应在建立航段组的同时,以"SA"指令建立到达情况组。

(3) 一般情况下,如果旅客无特殊服务要求和其他服务情况,或无须输入备注情况时,可以省去相关项内容。

■ **行动指南**

建立预订 PNR

旅客赵××预订北京至广州 11 月 3 日 CZ3102 航班 Y 舱的机票一张。

在 CRS 系统中已建立的预订 PNR,显示如下:

(1) 赵××.QY80P(姓名组)。

(2) CZ3102 Y SA03OCT PEKCAN HK1 1210 1435(航段组)。

(3) BJS/T BJS/T 010-60123456/ABC CO. LTD. /ABCDEFG。

(4) TL/1205/01OCT/BJS999(出票组)。

(5) OSI CZ CTC13612345(联系组)。

(6) RMK CA/BSRHL。

(7) BJS999(责任组)。

说明:(1)项中的 QY80P 为代理人系统(CRS)的记录编号;(6)项中的 BSRHL 为航空公司系统(ICS)的记录编号;(3)项中的内容为代理点名称及电话号码。此三项内容均为订座时电脑自动生成。

代理人除了使用 CRS 系统作为销售平台外,近年来各航空公司也纷纷推出自己的电子商务平台,兼有销售及商务推广的功能。

航空公司电子商务平台一般根据使用对象分为两种:一种为供代理人使用的 B2B (Business To Business)系统,另一种为供旅客使用的 B2C(Business To Client)系统。航空公司电子商务平台的特点是操作简单、方便,用户不必记忆大量的操作指令,而是直接在网页上点击相关的选项即可完成客票的销售、变更及退票等操作。

三、售票服务

售票是旅客运输工作的关键一环,是航空公司客运营销的主要工作和组织旅客运输的重要环节,其质量好坏直接关系到公司的经济效益和社会效益,因此,健全售票工作体系、正确填开客票、准确核收票款、妥善处理好疑难问题,是向旅客提供优质服务、满足旅客需求、提高经济效益的重要工作。

1 购票的证件

旅客购票须凭本人有效身份证件或公安机关出具的其他身份证件,并填写旅客订座单。

1) 购票证件的一般规定

(1) 身份类证件。本人有效居民身份证或有效护照或公安机关出具的其他有效身份证件。

(2) 护照类证件。外国人、华侨、港澳同胞、台湾同胞、外籍华人购票,须出示有效护照、回乡证、台胞证或公安机关出具的其他有效身份证件。

(3) 军人类证件。法定不予颁发或尚未领取居民身份证的人民解放军、人民武装警察及其文职干部、离退休干部等购票可以使用军官证、警官证、士兵证或离退休干部证明等。

(4) 未成年人证件。16周岁以下未成年人购票乘机,可使用户口簿。12周岁以下儿童购票凭户口簿,婴儿票应提供出生医学证明。

2) 购票证件特殊情况下的处理

(1) 尚未领取居民身份证的,可使用当地公安机关或所在部队出具的临时身份证明。临时身份证明应贴本人近期免冠一寸照片,注明姓名、性别、身份证号码、有效日期等,并加盖公章。

(2) 急病、伤患者和陪同的医护人员及家属,急需乘机转赴外地治疗,但又不能出示居民身份证的,可凭医院证明,经相关部门批准,予以购票,办理乘机手续。

(3) 为了方便老年人乘坐飞机外出旅行、探亲,凡无身份证件者,可凭接待单位、本人原工作单位或子女配偶工作单位(上述单位必须是县团级以上),或现居住地户籍管理部门出具证明,予以售票,经过安全检查放行乘机。

(4) 国家机关工作人员因故外出不在单位所在地,而其单位又急需为其预购机票,可凭所在单位出具的证明信和购票人员身份证件予以购票。但在办理乘机手续时,必须核查居民身份证或上述所列有效身份证明。

(5) 凡经国家批准的有突出贡献的中、青年科学技术管理专家,外出工作参加学术会议等,可凭中华人民共和国人事部颁发的"有突出贡献中青年科学家证书",在全国各地的民航售票处优先购买机票。

(6) 省、部级(含副职)以上的重要旅客,如无居民身份证,可凭购票介绍信和省部级(含)以上单位出具的身份证明信予以购票,办理乘机手续。

（7）持中国民航局出具的免票、购买 1/4 票乘机介绍信（由中国民航局出具的写有乘机人姓名、单位、职务、乘机航程、事由等项内容）的旅客，购票时须持本人居民身份证。

（8）全国人民代表大会代表、全国政协委员，凭本届全国人民代表大会代表证、全国政协委员证予以售票。

（9）旅客的居民身份证被盗或丢失的，凭报失地公安机关或机场公安机关出具的临时身份证明或临时登机证明予以售票，办理乘机手续。

2 售票流程及要求

1）领取票证

凭"票证领取单"领取空白票证，与财务人员当面点清数量，核准后双方在票证登记本上签字，领取的票证须妥善保管、每日清点并做好交接工作。如有遗失，及时上报。

2）准备业务用品

备齐工作所需的用笔、订书机、销售日报、营业用章、空白票证及其他业务用品。

3）测试订座电脑

测试订座电脑终端机，输入工作号。

4）检查购票证件

接受旅客填写的订座单，检查是否按规定格式填写，检验旅客有效身份证件，核对旅客姓名、身份证号码与订座单填写的是否相符。

5）接受订座

按旅客订座单上的航班、地点和日期，正确、完整地建立旅客订座记录。对重要旅客、特殊旅客须注明情况。

6）填开客票

客票按顺序号使用。按照旅客订座记录的内容打印客票。要求打印字迹清晰、内容完整、代号规范、票价正确；客票打印完毕后应与 PNR 核对。填开客票后，将客票号码填入旅客订座单。

旅客购买联程、中途分程或来回程客票，应检查是否订妥续程或回程航班的座位，订妥座位方可售票。如填开两本以上客票，把客票的顺序号码填入旅客订座单"客票号码"栏。

将客票的会计联、出票人联及多余的乘机联撕下。

向旅客收取票款，将客票交给旅客。

根据客票会计联和退票、误机、变更收费单填制销售日报，并将客票的会计联、作废乘机联销售日报和销售款上交财务部门；将当天销售的客票出票人联和旅客订座单分别装订，妥善保管。

7）向旅客交代有关事项

将客票交给旅客时应请旅客看清客票上记载的有关内容，并说明乘机日期、离站时间、机场名称、何时到机场办理乘机手续。

如旅客搭乘的航班及规定离站时间与对外公布的班期时刻表有误差时，应提醒旅客注意，以免误机。

应告知需办理座位再证实手续的联程、中途分程或回程旅客，其到联程、中途分程或回程站时，与当地民航联系办理座位再证实手续。

3 客票的使用

1）客票使用的一般规定

（1）每一旅客,包括按适用正常票价10％及50％付费的婴儿和儿童,都要单独持本客票。

（2）客票为记名式,只限客票所列姓名本人使用,不得转让,否则客票作废,票款不退。

（3）客票上列明的旅客不是该客票的付款人时,应根据付款人要求在客票上的"签注"栏列明退票限制条件,如退票仅退给付款人或其指定人等。

（4）旅客应在客票有效期内,完成客票上列明的全部航程。

2）客票的有效期和延长

（1）正常票价客票的有效期自旅行开始之日起一年内运输有效。如果客票全部未使用,则从填开客票之日起,一年内运输有效。

（2）有效期的计算,从旅行开始之日或填开客票之日的次日零时起至有效期满之日的次日零时为止。例如,2012年2月1日为旅行开始日或填开客票之日,客票有效期从2012年2月2日零时开始至2013年2月2日零时为止。

（3）变更后客票的有效期仍以变更前客票的有效期为准。

（4）特种客票的有效期,按照承运人规定的票价限制条件的有效期计算。

（5）客票有效期的延长。

由于承运人的下列原因之一,造成旅客未能在客票有效期内旅行,其客票有效期将延长到承运人能够按照该客票已付票价的舱位等级提供座位的第一个航班为止：

①取消旅客已经订妥座位的航班；

②取消航班约定经停地点中含有的出发地点、目地点或中途分程地点；

③未能在合理的时间内按照航班时刻进行飞行；

④造成旅客已订妥座位的航班衔接错失；

⑤更换了旅客的舱位等级；

⑥未能提供事先已订妥的座位。

持正常票价客票或与正常票价客票有效期相同的特种票价客票的旅客未能在客票有效期内旅行,是由于承运人在旅客订座时未能按其客票的舱位等级提供航班座位,其客票有效期可以延长至承运人能够按照该客票已付票价的舱位等级提供座位的第一个航班为止,但延长期不得超过7天。

已开始旅行的旅客在其持有的客票有效期内因病使旅行受阻时,除承运人对所付票价另有规定外,承运人可将该旅客的客票有效期延长至根据医生诊断证明确定该旅客适宜旅行之日为止；或延长至适宜旅行之日以后承运人能够按照旅客已付票价的舱位等级提供座位的自恢复旅行地点的第一个航班为止。

如旅客在旅途中死亡,该旅客陪同人员的客票可用取消最短停留期限或延长客票有效期的方法予以更改。如已开始旅行旅客的直系亲属死亡,旅客（包括与旅客随行的直系亲属）的客票也可予以更改。此种更改应在收到死亡证明之后办理,此种客票有效期的延长不得超过死亡之日起45天。

3）超售

航空公司在售某一航班机票时,通常会超过座位总数多售出一定比例的机票,这叫作机票超售。其主要原因是已购买机票的旅客由于各种原因会出现"No Show"(未出现)的情况,航空公司担心座位会浪费,因此会有一些超售。对于超售,航空公司应该控制超售机票比例,并做好善后补偿工作,将本公司的效益最大化和社会责任感有效结合起来。

4) 航班的衔接时间

联程航班衔接时间限制:一般情况,纯国内航班衔接不得少于 2 小时。特殊情况下可适当延长,例如上海的虹桥国际机场和浦东国际机场之间的航班衔接,考虑到地面交通的问题,一般需要延长至 3 小时。国际转国内或国内转国际不得少于 3 小时。转换机场的时间将依据具体情况适当延长。

4 电子客票订座和出票操作

旅客王军想购买 12 月 10 日从北京到上海的机票。售票员接受王军购票申请后,操作步骤如下:

首先查询 12 月 10 日北京—上海航班信息。

输入指令:

> AV:PEKSHA/10DEC/CA

此时,电脑终端输出航班信息,如图 3-4 所示。

```
10DEC (THU) PEKSHA VIA CA
1-CA1831 PEKSHA 07300940330 0^B EEFA AQ OQ YA BO
                MQ HQ KQ LQ QQ GQ SA XQ NQ VQ UQ WQ TQ EQ
                **VIQ U1Q
2 CA1883 PEKPVG 0800 1010 738 0^B E EFC AC OC YC BC
                MC HC KC LC QC GC SC XC NC VC UC WC TC EC
                ** VIC UIC
3 CA1501 PEKSHA 0830 1040 772 O^BE EFA AQ OQ YA BQ
                MQ HQ KQ LQ QQ GQ SA XQ NQ VQ UQ WQ TQ EQ
                **VIQ U1Q
4+ CA1519 PEKSHA 0930 1140738 O^S E EF8 AS OS YA BS
                MS HS KS LS QS GS SA XS NS VS US WS TS ES
                **VIS UIS
****CZ-SHA CHECK IN 45 MINUTES BEFORE DEPARTURE
```

图 3-4 北京—上海航班信息

然后,售票员为王军选择合适的航班、舱位和座位数。

输入指令:

> SD:1Y/1

此时,电脑终端输出信息,如图 3-5 所示。

然后,售票员继续输入旅客姓名、联系电话和身份证号。

```
1. CA1831 Y TH10DEC PEKSHA RR1 0730 0940 330 BORE T3—
2. PEKO03
```

图 3-5　间接建立航段组

输入指令：

> NM:1 王军

CT:66017755

SSR:FOID CA HK/NI520203197203160516/P1

此时,电脑终端输出信息,如图 3-6 所示。

```
1. 王军
2. CA1831 Y TH1ODEC PEKSHA RR1 0730 0940 330 BO RE T3—
3. 66017755
4. SSR FOID CA HK1 NI520203197203160516/P1
5. PEKO03
```

图 3-6　姓名组、联系组特殊服务组的建立

然后,售票员通过订票系统自动计算票价,并输入封口指令。

输入指令：

> PAT:A

@

此时,电脑终端输出信息,如图 3-7 所示。

```
1. 王军
2. CA1831 Y TH1ODEC PEKSHA RRI 07300940330BORE T3—
3. 66017755
4. FC/M/PEK CA SHA 900.00YB CNY900.0OEND
5. SSR FOID CA HK1 NI520203197203160516/P1
6. FN/M/FCNY1130.00/SCNY1130.00/C0.00// XCNY100.00/ TCNY50.00CN/TCNY50.00YQ/
ACNY1230.00
1. FP/CASH, CNY
8. PEKO03
```

图 3-7　封口

旅客支付客票票款后,售票人员进行电子客票出票操作。

输入指令：

> ETDZ:3

电脑终端输出信息,如图 3-8 所示。

此时,完成电子客票出票。

```
CNY1230.00 EHO2D
774-4106901038
ET PROCESSING...PLEASE WAIT! EH02D

ELECTRONIC TICKET ISSUED
```

图 3-8　出票

■ 知识关联

未来北京大兴机场可"刷脸"通关

■ 行动指南

机票的有效期

杨先生是一家航空公司的会员，通过里程兑换，获赠了一张上海至广州的机票，航班日期为 2019 年 11 月 30 日，航空公司承诺该机票可在一年有效期内改签，该机票的出票日期为 2019 年 8 月 15 日。2020 年 9 月 25 日，当杨先生提出改签要求时，航空公司却答复机票已经过期作废。这令杨先生无法理解，他认为原定航班是 2019 年 11 月 30 日，机票注明"一年有效期内改签"，即在 2020 年 11 月 30 日前都可以提出改签要求，为何机票就作废了呢？

评析：其实机票的有效期并非像杨先生理解的那样自航班之日起算。《中国民用航空旅客、行李国内运输规则》明确规定，客票有效期自旅行开始或填开客票之日的次日零时起，一年内运输有效。即对于往返程或联程航班，旅客已乘坐过一段航班的，机票有效期从首段航班日期计算。对于全部未使用的客票，机票有效期从填开客票之日起计算。

杨先生的单程机票未使用，则有效期应从填开客票之日起计算，一年内运输有效。该机票的出票日期显示为 2019 年 8 月 15 日，机票的有效期应从 2019 年 8 月 16 日起至 2020 年 8 月 16 日止，因此当杨先生提出改签要求时，机票确实已过期作废。

项目训练

1. CRS 系统和 ICS 系统有何联系？
2. 什么是 PNR？它包括哪些组成项目？
3. 什么是电子客票？电子客票有哪些优势？

4. 简述售票的流程和一般规定。

5. 旅客购票的有效证件有哪些?

6. 能力项目训练

姓名:刘芳。

身份证号码:43210219××××××××××。

电话:1378488××××。

行程:2月12日。

合肥—成都。

舱位等级 Y。

office:bjs123。

要求:(1) 根据以上信息为旅客建立 PNR。

(2) 针对工作情景设计服务对话。

项目四　机场值机服务

项目目标

知识目标

1. 了解值机人员岗前准备工作的内容。
2. 了解值机人员的岗位职责。
3. 掌握值机岗位工作流程。
4. 了解民航值机的主要方式及服务柜台的种类。
5. 熟悉旅客有效身份证件的类型。
6. 明确查验客票的方法和座位安排原则。
7. 了解不同航班办理乘机手续的时限。

能力目标

通过对机场值机服务知识的学习,能进行值机岗前工作的准备,能进行一般旅客的客票查验、座位安排等值机流程的常规工作,并能对特殊旅客进行相应的值机服务。

素质(思政)

1. 严格遵循机场值机服务的规定及要求,弘扬和践行当代民航精神,做好值机岗位的各项准备和设备检查、维护工作。
2. 以严谨的服务态度和较高的职业素养做好特殊旅客的关爱工作,合理安排旅客座位。
3. 处理旅客值机的不正常情况时,注重全局意识和系统思维,为旅客顺利乘机提供保障。

知识框架

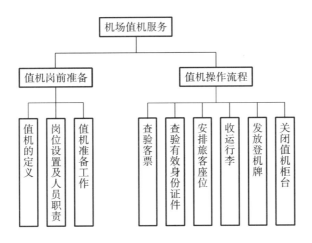

 **项目引入**

在某机场,一位旅客在值机系统刚关闭的情况下办理值机手续,值机人员一方面向值班主任报告,为旅客补办手续;另一方面提前准备帮旅客办理乘机手续。旅客姓弋,刚好同航班另一名旅客姓戈,办理值机手续时,值机人员在查验旅客证件姓名是否与客票一致时认为是售票时录错了身份信息。旅客跟售票代理确认身份信息正确后,值机人员仍没有仔细去核对值机系统里的旅客信息,仍认为旅客的身份信息错误。飞机起飞时间将近,最终旅客误机,事后旅客投诉。

◇ **问题思考**

1. 你认为机场值机人员是否需要承担旅客误机的赔偿责任?

2. 你认为从操作规范和安全意识的角度,值机人员处理此事的方式给我们带来哪些思考?

◇ **案例解析**

上述案例涉及旅客在航空公司值机和行李运输过程中所出现的特殊情况,值机人员在给旅客办理乘机手续时,在核查旅客的证件姓名是否与客票一致这一重要步骤中,没有仔细核对身份证号,而只是简单地认为旅客的姓名在售票时出错。由于目前二代身份证上没有姓名的汉语拼音,这要求值机人员在遇到生僻字时要特别谨慎,一定要认真核对身份证号,这样才能迅速准确地为旅客办理乘机手续。根据《中国民用航空旅客、行李国内运输规则》的规定,值机人员要按规定接受旅客出具的客票,快速、准确地办理值机手续。

任务一 值机岗前准备

一、值机的定义

值机是民航旅客地勤服务的一个重要组成部分,是为旅客办理乘机手续,接收旅客托运行李,引导旅客上下飞机等旅客服务工作的总称。作为民航旅客服务连接地面运输和空中运输的一个关键环节,值机工作对提高服务质量和保证飞行安全具有重要意义。

二、岗位设置及人员职责

(一)值机部门的岗位职责

通常航空公司的值机部门可分为国际值机、国内值机和值机控制三块业务,有些大型基地航空公司或有能力代理外航值机业务的航空公司还专门设有外航值机业务。每一块具体的业务均下设不同级别的服务岗位,即值机室主任、值机主任和值机员。此外,航空公司还可根据具体情况设置行李辅助员和票证检查员。

(二)值机人员的岗位职责

1 值机人员的岗位职责

国际国内值机人员的岗位职责包括:
(1)为旅客办理乘机手续;
(2)清点机票,核实航班相关数据、归档并拍发各类业务电报、填制航班相关报表;
(3)负责晚到旅客的召集工作及对候补旅客的处理;
(4)将航班生产中出现的特殊情况及时报告值班主任;
(5)负责航班关闭后拍发业务电报;
(6)航班不正常时协助值班主任做好航班保障工作。

值机控制员的主要职责包括:
(1)根据航班机型、机号及订座情况,初始、开放当日始发航班,并做好离港控制工作及有关航班关闭交接工作;
(2)负责航班候补座位控制及相关工作;
(3)根据载重平衡室对航班座位要求填制控制室航班控制表,控制航班座位分配;
(4)根据过境、过站航班的占座报锁定座位;
(5)负责处理离港各类业务电报。

2 值机主任的岗位职责

国际国内值机主任的岗位职责包括:
(1)分配班组人员的生产任务,根据实际情况进行合理调配,对当天生产过程中出现的安全、正点与服务质量问题负责;
(2)负责督察现场服务质量,妥善处理柜台投诉,消除投诉隐患,遇到问题应及时妥善处理;
(3)针对航班生产过程中出现的问题,及时向室主任反馈并提出合理化建议;
(4)负责做好专机及重要旅客保障工作;
(5)协助值机室主任处理突发性事件,解决航班生产疑难问题,航班不正常时,做好对旅客的解释工作;
(6)与外航商务就航班代理中出现的问题及时沟通协调;
(7)外航值机主任还应在航班不正常时协助外航做好对旅客的解释及后续安排工作,处理外航的各类投诉。

3 值机室主任的岗位职责

国际国内值机室主任的岗位职责包括:
(1)负责值机室的各项日常工作;

(2) 积极完成上级下达的生产任务,计划、布置、实施、检查本室的各项工作;

(3) 协助分管经理制定值机室各项规章制度、规范化条例;

(4) 检查员工仪容仪表,督促员工按照本公司及代理航空公司的要求为旅客提供优质服务;

(5) 负责考核下属值班主任及员工的业绩;

(6) 协调值机室内外的各种关系,处理不正常事务,对现场服务质量和安全生产负责;

(7) 了解航班生产过程中出现的问题,及时反馈并提出合理化建议;

(8) 负责传达上级对于安全生产、业务操作、航班正点、服务质量的各项要求,并监督落实情况。

值机控制室主任主要负责航班不正常情况下的离港系统支持,以及为外站提供离港系统的业务指导与培训支持。

外航值机室主任还应负责与代理航空公司进行必要的沟通,妥善协调与代理航空公司之间的业务关系。

三、值机准备工作

(一) 航班信息准备

上岗前值机人员应了解飞行计划、动态,核对旅客的人数,了解特殊旅客类型如重要旅客(VVIP、VIP、CIP)、无成人陪伴儿童(UM)等特殊旅客及团体旅客(GN)的预报情况及平衡配载要求,了解出港乘机人数与航班机型是否相符。

(二) 业务用品准备

确保备齐岗位所需业务用品,避免因准备不足导致工作差错。如根据不同的机型、旅客人数,准备好登机牌、行李牌、标志牌、旅客须知卡、逾重行李通知单、免除责任行李牌、值机工作记录本等业务用品。同时按规定规范着装,佩戴工作牌和工作号。

(三) 值机设备检查

值机人员到岗后应仔细检查值机柜台所有设施是否完好,如电脑、磅秤、行李传送带等,如发现故障应立即报修,排除故障。

(四) 明确不同航班值机服务的时间要求

根据民航相关规定,100座以下飞机开始办理乘机手续的时间不迟于起飞前60分钟、100座以上飞机不迟于起飞前90分钟、200座以上的不迟于起飞前120分钟。为保证航班正点起飞,机场方面必须严格执行提前30分钟停止办理乘机手续的规定。

目前,我国各大机场截止办理乘机手续的时间一般为航班离站前30分钟,部分机场值机关闭时间调整为航班离站前 40—45 分钟，部分机场的国际航班停止办理乘机手续时间为航班离站前 50 分钟，值机员须在以上时间段内进行旅客值机服务工作。

■ 知识关联

值机岗前准备有哪些注意事项呢？

（五）进入相应岗位的值机柜台

值机柜台是在航空旅行中办理登机牌等手续的自动输出机器，它在办理手续等方面节省了大量的时间和人力，值机服务柜台主要分为以下几类。

1 普通值机柜台

任何旅客在指定的普通值机柜台都可办理登机、行李托运手续，行李较多的旅客应提早在专业人员的帮助下办理登机手续，以免耽误行程。（见图 4-1）

图 4-1　普通旅客值机柜台

2 值班主任值机柜台

乘坐各个国际国内航班的 VIP 旅客、头等舱旅客，持有各航空公司会员卡的旅客都可以在此类值机柜台享受便捷的、无缝隙的专业人员的一条龙服务。

3 会员值机专柜

会员值机柜台为通过各航空公司特别会员服务方式订票的旅客提供在机场取票业务，以及大客户贵宾的乘机优质服务。专业人员还为旅客办理各航空公司俱乐部的现场入会手续，为持有会员卡的旅客查询旅程及进行旅程补登记和制卡服务。

4 特殊旅客值机柜台

此柜台专为晚到旅客、有特殊需求的旅客，如无成人陪伴儿童、孕妇、伤病旅客等提供方便、快捷、舒适的服务，尽可能满足每一位旅客的特殊需求（晚到旅客应在保证航班正常的情况下办理乘机手续）。

5 团体旅客值机柜台

此柜台专为团体旅客办理乘机手续服务，各大机场值机柜台的设置不是固定不变的，而是可根据需要来进行调整的。如在旅游旺季，往往会增设团体旅客值机柜台。同时，对于重要的旅游型空港城市，如海口美兰国际机场团体旅客值机区域于2018年1月启用后，旅客值机实现团队旅客与散客分离，团队旅客可通过提前预约，到达后即可快速办理登机手续，提升出行效率。团体值机区域真正实现了空港服务与传统商业的无缝衔接。

（六）打开离港系统，输入工号和密码

值机工作人员办理值机手续使用的是计算机离港控制系统（Departure Control System，简称DCS）。计算机离港控制系统是旅客服务大型联机事务处理系统，分为旅客值机（Check-in，简称CKI）、配载平衡（Load Planning，简称LDP）、航班数据控制（Flight Data Control，简称FDC）三大部分。

在日常的工作中主要是使用旅客值机（CKI）和配载平衡（LDP）两大部分。CKI与LDP可以单独使用，也可以同时使用。

旅客值机系统是一套自动控制和记录旅客登机活动过程的系统。它记录旅客所乘坐的航班、航程、座位等真实情况，记录附加旅客数据（如行李重量、中转航站等），记录为旅客办理乘机手续即接收旅客情况或将旅客列为候补情况。旅客值机系统可以按顺序接收旅客、候补旅客，也可以选择接收。旅客还可以一次办理多个航班的登机手续。

配载平衡系统是中国民航计算机离港控制系统中的一个应用模块。供航空公司、机场配载工作人员使用。它既可以同离港系统中旅客值机功能模块（CKI）结合使用，也可单独使用。操作人员以指令形式将必要数据输入离港系统，系统即可准确计算出所需结果。

航班数据控制系统是为旅客值机、飞机载重平衡系统提供后台数据支持的系统。航班数据控制（FDC）在离港系统整个运作过程中起着总控的作用，与各个子系统间都有接口，由机场的离港控制人员进行操作。

■ 知识链接

民航值机的方式

1. 柜台值机（传统值机方式）

旅客去柜台值机是传统值机方式，必须到达机场才能办理值机。

2. 机场自助值机

机场候机楼往往设有自助值机设备，旅客可通过它完成电子客票的值机操作，机场自

助值机支持旅客使用身份证或护照进行身份认证,其触摸式旅客操作界面,可简洁明了地提示相关服务步骤,旅客核对航班信息无误后挑选自己喜爱的座位,30秒即可打印出登机牌,方便快捷。但有时间限制,比如有的要求登机前一小时就不能自助办理了。

3. 酒店值机

酒店值机主要针对商务旅客,航空公司以"商旅出行智能终端"服务的方式,将值机服务迁移到酒店。旅客只要轻轻触摸屏幕就能进行航班查询、办理值机、打印机票等。

4. 异地候机楼值机

异地候机楼值机主要是针对没有机场的城市,在当地办理值机手续,异地机场乘坐飞机。2005年9月6日,广州白云机场率先在东莞建设国内第一座异地候机楼并投入运营,该候机楼能够办理从深圳、广州机场始发航班的值机服务。随后,城市候机楼的服务模式在各地迅速发展起来。

5. 境外联程值机

境外联程值机指将值机服务延伸到境外,旅客在境外一次性办好值机手续就可享受轻松、便捷的航空旅行。例如,深航旅客在香港能够直接办理深圳的值机服务。

6. 网上值机

网上值机指旅客自行通过互联网登录航空公司离港系统的自助值机界面,完成身份证件验证、选择确定座位等,如果需要交运行李,则旅客可登机前在专设柜台完成行李交运。

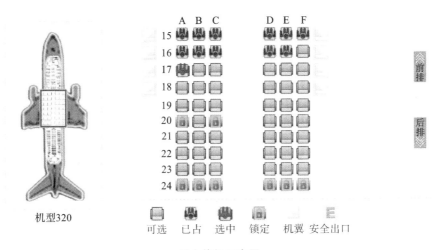

网上值机示意图

7. 手机值机

手机值机指旅客使用手机上网登录航空公司离港系统的自助值机界面,自行操作完成身份证件验证,选择并确定座位,旅客到达机场后在专设柜台完成行李交运,完成安检后登机。

■ 行动指南

旅客叶某到达机场后,眼看登机时间很紧张但办理值机和安检队伍却非常长,有可能要误机该怎么办?

解析:

旅客可在机场大厅问讯台询问工作人员,了解所乘航班在哪个柜台可快速办理值机手续。很多机场设有专门的"晚到旅客值机柜台",这个柜台上方就有明显标识。办理好值机手续后,值机柜台工作人员将会给旅客贴一张"晚到旅客"标识,凭借这张标识,旅客就可以通过安检"绿色通道",快速进入候机楼候机或登机。

节假日或出行高峰期,机场晚到旅客人数往往大幅增加,因此,乘机旅客要有牢固的守时意识,提前预留好时间按时到达机场办理乘机手续,到指定区域候机,以免给自己带来不必要的麻烦。

  任务二　值机操作流程

准备工作完成以后,值机工作正式开始。

■ 知识关联

值机操作流程

一、查验客票

旅客在办理乘机手续时,应出示旅客运输凭证及旅行证件。旅客的客票及旅行证件应随身携带,不得放在交运行李中运输。由于旅客客票及旅行证件不完备而使旅客产生的损失和支付的费用,承运人不承担责任。旅客乘坐飞机必须交验有效客票,承运人自办理乘机手续至到达目的地的这段时间里,都有权查验旅客的客票。查验客票包括检查客票的合法性、有效性、真实性和正确性。

（一）客票的合法性

客票的合法性是指客运企业出售的客票符合我国和国际上有关规定,并为空运企业承认和接受。检查客票的合法性包括:查验客票的出票人是否与本公司有相关的代理业务或财务结算关系;查验客票乘机联是否符合签转规定,是否加盖转章;查验客票是否已经通知声明挂失。

（二）客票的有效性

客票的有效性是指查验所接受的乘机联的运输有效航段、承运人,必须与实际承运的航段和承运人一致;客票各联是否齐全,所接受的客票应具备乘机联和旅客联,任何情况下不得接受无旅客联的单张乘机联;查验客票填写是否完整;查验客票是否在有效期内。

(三) 客票的真实性

客票的真实性指客票本身和客票上所反映的情况都是真实的,不得伪造或涂改。

(四) 客票的正确性

客票的正确性是指客票乘机联上的内容正确无误。承运人实际承运的航段与乘机联上黑框内的航段一致;实际承运人与乘机联上指定的承运人一致;客票所采用的运价正确,与座位等级、航程、折扣、特种票价一致;客票上所用各种代码正确。

二、查验有效身份证件

除了查验客票,值机工作人员还要查验旅客的旅行证件,旅客有效证件主要包括身份证、军官证、户口簿、港澳地区居民和台湾同胞旅行证件、外籍旅客的护照、外交官证等。

值机人员在查验旅客的有效证件时,要严格查验旅客证件姓名是否与客票一致、离港系统证件号码是否与证件一致。

1 身份证

这里主要指居民身份证和临时身份证。旅客的居民身份证在户籍所在地以外被盗或丢失的,可凭案发地、报失地公安机关出具的临时身份证证明身份。

2 军人类证件

军人类证件包括中国人民解放军军官证、中国人民解放军士兵证、中国人民武装警察部队警官证、中国人民武装警察部队士兵证、中国人民解放军文职干部证、军队离(退)休干部证、中国人民解放军职工工作证、军队院校学员证。

3 其他可以乘机的有效证件

其他有效证件。

三、安排旅客座位

为了提高旅客运送服务质量,保证航班正点和确保飞行安全,根据飞机客舱座位布局、旅客订座情况和飞机载重平衡的要求,预先安排座位能够使旅客登机入座时有良好的秩序。旅客乘坐飞机必须严格按照登机牌的座位号登机,对号入座。安排座位应尽可能满足旅客的要求,安排座位的具体要求如下。

（一）旅客座位的安排原则

（1）按"保证重点，照顾一般"的原则，以"先到先服务"的顺序接收同舱位等级的旅客。

（2）在飞机上实行旅客对号入座的办法。

（3）在符合飞机载重平衡要求的前提下，尽量按旅客提出的要求安排座位。

（4）如经济舱座位超售或换机型，在头等舱或公务舱有空余座位的情况下，经本公司值班主任或相关部门同意，可按逐级提高等级的原则安排旅客分别在公务舱或头等舱内就座，应从后向前集中安排。

（5）国际航班飞机在国内航段载运国内旅客时应与国际旅客分开安排。

（6）在经停站下飞机的旅客应安排在客舱靠前部的座位，过站旅客安排在客舱靠后部的座位，不能混合安排。值机员将在经停站下飞机的旅客的名单和座位安排情况以书面的形式通告乘务员，双方签字确认。

（二）一般座位安排的要求

（1）VIP旅客尽量靠前安排，或按旅客要求安排座位。

（2）团体、家庭或结伴出行的旅客安排在一起。

（3）不同政治态度和不同宗教信仰的旅客，不安排在一起。

（4）需照顾的旅客，尽量安排在客舱前部靠近乘务员的位置，使其更方便接受乘务员的服务。

（5）携带外交信袋的外交信史及押运员应安排在便于上下飞机的座位。

（6）伤病残旅客、行动不便的旅客，以及儿童、孕妇、带婴儿的旅客等一般不安排在应急出口位置。

（7）应急出口座位应严格按规定安排。

（三）应急出口座位安排要求

出口座位指旅客从该座位可以不绕过障碍物直接到达出口的座位和旅客从离出口最近的过道到达出口必经的成排座位中的每个座位。（见图4-2）

值机人员应将"出口座位旅客须知卡"摆放在值机柜台前显著处，以便于旅客阅读；当客座率不高，不需占用出口座位时，不要将旅客安排在出口座位；需要使用出口座位时，应明确询问旅客能否履行"出口座位旅客须知卡"上的职责，得到肯定的答案后，值机人员才能将旅客安排在出口座位；一般来说，应尽早寻找并安排符合应急出口座位要求的旅客。

应急出口座位的旅客不包括：

（1）残疾旅客；

（2）儿童或婴儿；

（3）过于肥胖的旅客；

（4）飞行中需要他人帮助的旅客；

（5）缺乏足够的运动能力、体力或灵活性的年迈或体弱旅客；

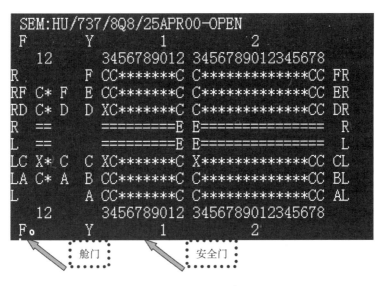

图 4-2　出口位置示意图

(6) 缺乏将信息口头传达给其他旅客的能力、缺乏阅读和理解出口座位须知卡能力、缺乏足够的听觉和视觉能力的旅客；

(7) 缺乏操作应急出口能力的旅客；

(8) 其他不符合要求的旅客。

■ 行动指南

2月12日，两名旅客在机场办理登机手续时，要求值机人员安排应急出口座位，值机人员闻到两名旅客身上有很大的酒味，且其中一位旅客腿部有伤。值机人员依据航空公司运行手册中关于办理应急出口座位的规定，拒绝办理，旅客因此情绪激动，发生纠纷。

解析：应急出口座位是责任。应急出口的座位，主要是为了方便紧急撤离，腿部空间留得大，但不是想坐就可以坐的。按照航空公司的规定，醉酒的人、过于肥胖的人以及行动不便的人等不会被安排在这个位置，案例中的两名旅客显然不满足坐在应急出口座位的条件。

以往，网上提前选座时无法选应急出口的座位，必须到机场办理值机时才能选择。"南航e行"开放安全通道提前选座后，将根据大数据自动识别，如果旅客的年龄合乎坐应急出口的要求，就可以在网上选取。但是，还要到现场的人工柜台，由服务人员进行身份核实，确保旅客有能力承担紧急时刻协助开启安全通道开关的任务后，旅客才能享有该座位。值得一提的是，国际航段这部分座位需要加收费用。

而且，值机时选择应急出口座位的旅客在上机入座后，航空公司乘务员会在第一时间对旅客进行评估，评估分为目视评估和口头评估两种。目视评估是看旅客是否适合坐在这里，是否符合年龄要求，双手双臂是否有足够的运动能力，是否身体状况良好，兼具体力和灵活性，视力、听力、口头传达能力是否合格。口头评估是为旅客介绍应急出口座位的特殊性，介绍应急门及打开方法，告知旅客紧急情况下的职责，正常情况下千万不要触碰机门尤其是红色把手，引导其阅读应急出口座位旅客须知和安全须知，最后观察其是否具备良好的阅读理解能力。

如果旅客无法满足须知内所列条例，即使旅客登机之后坐了这个座位，乘务员也会进行二次调换。另外旅客身体不适或者不能有效听从乘务员的指导或进行有效沟通，也会进行二次调换。因此，对于不符合选择应急出口座位条件的旅客，值机人员应对其进行告知。

四、收运行李

值机人员在收运行李时需注意以下几个方面。

（一）了解行李的情况

（1）值机人员应主动询问旅客手提行李及托运行李件数，有无需要托运的行李，对超大、超重、超件行李需办理托运手续。

（2）了解旅客有无携带限制或禁止运输的行李，如危险物品、禁运物品、易碎物品、贵重物品等，提醒旅客严禁在行李中夹带危险品或禁运物品。

（3）对不符合正常行李托运的必须在征得旅客同意并在让旅客签字确认的情况下，拴挂"免除责任行李牌"。

（4）对鲜活物品或小动物等特殊行李的收运要严格按照相关规定操作。

（二）检查行李外观及重量

（1）检查行李的包装、体积是否符合要求，如行李有破损或残迹、无锁或锁已失效，体积是否超大等。

（2）检查行李的重量。旅客行李过秤时对于逾重行李应告知旅客逾重行李的重量及收费标准。

（3）对于不能随机托运装载的行李做好说明和解释工作，并优先安排在载量允许的后续航班上运送。如旅客的逾重行李在其所乘飞机载量允许，应与旅客同机运送。若载量不允许，而旅客又拒绝使用后续可利用航班运送，航空公司可拒绝收运旅客的逾重行李。

由于每次飞行的环境、飞机的型号不同，允许的最大载量都不一样，最大载量受飞机的最大起飞全重、最大着陆重量、最大零燃油重量、飞机的基本空机重量、运营空重、起飞油量等因素的影响。因此，每架飞机每次飞行前都要计算其最大载量，保证不超载。同时要按照飞机客、货舱的布局，合理地装卸货物、行李、邮件以及安排旅客座位，即确定客、货载重的装载位置，不偏离重心允许的范围，确保飞机在起飞、着陆和飞行中都能保持平衡状态，保证飞行安全。

（三）拴挂行李条或行李牌

行李条或行李牌中涵盖有旅客行李的基本信息，要求旅客在行李通过安全检查后方能离开，如需开箱检查的则要在旅客办理完安全检查手续后，才将行李牌交付旅客；关于旅客行李的分类、大小标准、重量标准,以及禁运、限运的具体要求在下一个项目行李运输服务中有具体的阐述。

五、发放登机牌

登机牌(Boarding Pass/Boarding Card)是航空公司或机场为乘坐航班的旅客提供的登机凭证,旅客必须在提供有效机票和个人身份证件后才能获得。登机牌是旅客登机的主要凭证。登机牌分为手工填写与机器打印两种,是由一张正联连着一张或两张副联组成。20世纪80年代之前,我国的登机牌多为手工填写和加盖橡皮戳记,印制十分简单。现在所有机场或航空公司都采用电脑打印,印制更加精美。

机器打印是在离港系统中,由系统自定义统一格式打印,简单、快捷、准确。现在应用于登机牌的先进技术越来越多,如应用最为广泛的条形码技术,能将登机牌上的数据自动统计并记录;有的还有自动跟踪功能,能定位机场范围内的旅客;还有电子登机牌,旅客凭个人身份证和下发到手机上的电子登机牌,就可以直接通过安检进行登机,对不需要托运行李的旅客提供了极大的方便。

登机牌中主要包含旅客姓名、航班号、乘机日期、目的地、座位号、舱位、登机口、登机时间等重要信息。值机员将打印好的登机牌交给旅客,并告知安检通道和登机口号码,提醒旅客航班起飞前十分钟停止登机。

未填开的登机牌如图 4-3 所示。

图 4-3　未填开的登机牌

六、关闭值机柜台

值机人员一般在航班起飞前 30 分钟停止办理乘机手续,办理手续截止时,值机人员应认真核对离港系统航班统计结果,并完成特殊事项的处理,如 VIP 旅客、团体旅客未到、客票超售、错售等问题,并及时报告值班主任。

(一)了解航班登机情况

了解航班登机情况,根据服务台报来的未登机旅客的序号准确迅速查询未登机旅客姓名及是否有托运行李,并将结果报知服务台等相关部门。

（二）处理旅客登机不正常情况

1　旅客登机牌丢失

旅客登机牌遗失发生的情况大致可归纳为以下几种：

1) 隔离区外登机牌遗失

旅客办理完登机手续未进入隔离区，发生登机牌遗失的状况，应立即到原值机柜台，向值机商务人员说明情况，并出示有效客票。值机人员根据将客票与相对应的乘机联核对信息是否一致，确定该旅客确已办理完登机手续后，按原先发放的座位重新补发新的登机牌。

2) 隔离区内登机牌遗失

旅客通过安全检查进入隔离区以后发现登机牌遗失，应立即到承运人登机门的服务台，向工作人员说明情况，并在登机门等候。办理该航班的值机人员应检查验证该旅客客票的旅客联是否与乘机联信息一致，确定该旅客确已经办理完乘机手续后，按原座位补发新的登机牌，并应让旅客重新补盖安检章。登机时请遗失登机牌的旅客最后登机。值得注意的是，无论哪一种的遗失情况，相关工作人员都必须核查客票的信息和旅客本人的有效身份证件是否一致。

3) 团体旅客登机牌丢失的处理

如果团体旅客发生了登机牌集体遗失的情况，应核查该团体实际人数，经核查确认属本航班旅客并已办理乘机手续，可予以补发新登机牌，但在登机前不要交于旅客，如旅客未通过安检，应予以协助，不能确定座位号时，应注明"候补"字样，所有旅客登机完毕，并与航班旅客人数相符，方可允许该旅客登机同时发给补发的登机牌。

旅客挂失登机牌时，应谨慎处理，以防止旅客错乘或者冒名顶替上飞机。值机人员只受理旅客本人登机牌遗失的后续处理工作，为旅客补办登机牌前，应仔细核查并确认旅客客票、有效身份证件及其值机记录的真实、有效；如挂失时旅客已通过安检，应同安检部门联合核查。

补办登机牌应在登机牌上注"补"字样，并安排最后登机，通知旅客登机口补办登机牌的座位号及登机号等信息。当航班登机人数比值机人数多时，登机控制人员应上飞机与乘务员共同查明原因。

2　晚到及补票旅客

航班正点时，值机员应积极协助晚到旅客和补票旅客办理乘机手续和登机。但所有过程应在航班起飞前15分钟内完成，并将增加人数报知配载员和服务台。以晚到旅客为例，其处理程序如下：

1) 确认晚到

在航班停止办理乘机手续后，有旅客到达值机晚到旅客服务台，要求办理乘机手续，值机员首先应在最短时间内和旅客确认到达时间，确认旅客是否有托运行李及同行人员，并在班组值班日志上进行记录。提醒旅客会尽力，但不能保证其一定成行。

2）请示商调

值机员应将晚到旅客情况（包括旅客人数及托运行李件数）通知商调员，并请示商调员能否为旅客办理乘机手续，能否成行。

(1) 晚到旅客可以成行。

接到商调员通知晚到旅客可以成行时，值机员为旅客办理乘机手续，指引旅客快速通过安全检查。晚到旅客如有托运行李，应在行李条签署"晚到免责"，即柜台关闭后交运的行李，并告知旅客行李有可能无法和旅客同机到达。值机员通过对讲机报给监装和行拣，并将旅客人数及行李件数、重量变化通知配载员。

(2) 晚到旅客不能成行。

接到商调员通知晚到旅客不能成行时，值机员应向旅客说明情况并解释原因，指引旅客到售票柜台办理退票或改签手续。

3）登机口的协调安排

(1) 商调员由对讲机通知登机口有晚到旅客，登机口接到通知注意晚到旅客的引导。登机完毕前刷新系统，防止特殊情况导致系统未通知晚到旅客到登机口。

(2) 登机口以广播的形式催促晚到旅客到相应的登机口登机，登机口留一人进行登机，廊桥口留一人与机组交接登机人数和登机情况，一人前往安检口进行晚到旅客引导。

如遇人员紧张的情况，可由一人先与机组交接登机情况，后回到登机口，再由另一人前往安检口进行晚到旅客的引导工作。

(3) 如果飞机停靠远机位，登机口工作人员还需及时联系商调员，增派车辆，同时远机位的工作人员要与机组做好交接。

(4) 引导晚到旅客顺利登机后通过对讲机告知商调员，并报机上人数，确认人数后，与机组交接作业单后关门。若需修改舱单，则修改完舱单再关门。

4）晚到贵宾的处理

(1) 贵宾室由对讲机通知登机口有晚到贵宾，并告知登机口贵宾序号。注意登机完毕前刷新系统，防止特殊情况导致系统未通知晚到旅客到登机口。

(2) 登机口收到晚到贵宾信息后通知商调员，商调员告知登机口航班信息和时间节点，与此同时登机口主副岗中一人前往机上，与机组交接登机情况和晚到贵宾情况。登机口留一人，注意切勿广播贵宾姓名，通过对讲机与贵宾室保持沟通。

(3) 如果飞机停靠远机位，登机口工作人员还需及时联系商调员，增派车辆，同时远机位的工作人员要与机组做好交接。

(4) 贵宾室人员引导晚到旅客顺利登机后，通过对讲机告知登机口人员贵宾登机完毕，登机口人员通过对讲机通知商调员，并报机上人数，与机组交接作业单后关门。若需改舱单，则修改完舱单再关门。

3 航班超售时的处理

超售是指各航空公司为避免座位虚耗，最大限度地提高飞机的客座利用率，在特定的时间内对特定航班进行超出飞机的最大可用座位数进行销售的行为。因为现实中每趟航班总有少部分旅客临时改变出行计划，或者由于改签、赶不上飞机等各种原因没有乘坐客票上列明的航班。超售一般出现在航班旺季，比如春运、暑运、"黄金周"等运力紧张期间，以及商务客人较多的航线，比如各地飞北京、上海的航线。

航班超售对航空公司和公众既有有利的一面,也有不利的一面。对航空公司而言,超售是其收益管理的重要优化手段之一,是增加收入的有效途径。座位超订增加了可用座位的数量,提高了座位利用率,使更多的旅客有机会乘坐首选的航班,并且由于对航空公司座位更有效的利用,旅客整体的旅行成本减少。据统计,在不超售的情况下,每销售1万个座位,约有200个座位虚耗。航空公司为了资源最大化利用,会对航班进行适当比例的超售,这也是国际航空界的通行做法。但超售也是一把双刃剑,在带来以上好处的同时,也存在一些消极影响:有座位的旅客赶到机场,在值机柜台前才发现无法登机,这种情形对于旅客的心理影响不能低估。因此航班超售虽是业内惯例,却应谨慎处理。航班超售时其处理程序如下:

(1) 承运人首先会在机场征询自愿搭乘后续航班或自愿取消行程的旅客,并为自愿者提供经济补偿和后续服务。

(2) 在没有足够自愿者的情况下,航空公司会按优先登机原则保障乘机顺序,拒绝部分旅客登机。

在没有足够自愿者的情况下,优先登机原则如下:

①执行国家紧急公务的旅客;

②经承运人同意并事先做出安排的、有特殊服务需求的老、弱、病、残、孕旅客及无成人陪伴儿童;

③头等舱和公务舱旅客;

④航空公司金银卡会员等;

⑤已经定妥联程航班座位且退少不补;

⑥证明有特殊困难急于成行的旅客(如签证即将到期);

⑦其他情况。

由于通常没有旅客自愿放弃座位,国内航空公司只能拒绝部分持票旅客登机,基本原则是按照票面价格由高到低的顺序安排,同等舱位则先到的旅客优先登机,因此旅客要避免被超售,最好早点抵达机场办理登机手续,或者出发前提前在网上值机。

(3) 当有可利用航班时应保障旅客尽快成行,收到座位控制部门航班超售预报后,应针对预计超售的航班制定处理预案;超售航班办理登机手续时,应采用逐一核对姓名的方式对旅客进行登记;当较低舱位等级座位发生超售,而较高舱位等级有空余座位时,可根据逐级升舱的原则,按非自愿升舱的情况将旅客由较低舱位等级安排在较高舱位等级的座位上;针对持有航空企业职员免折票的旅客,在航班预计出现超售时应根据情况暂缓办理登机手续。

对不能按原定航班成行的旅客,航空公司会给予一定的经济补偿并提供改签、退票等后续服务,具体如下:

①优先安排最早可利用的航班,以保障旅客尽快成行;

②或按非自愿退票处理,不收取退票费;

③或按非自愿变更航程处理,票款多退少不补;

④如所安排的后续航班为次日航班时,要为旅客提供免费膳宿。

除为旅客提供上述服务保障外,航空公司还将根据旅客所持客票价格、航线距离及改签后续航班等待时间等,同时给予一定形式的补偿。

超售的具体补偿方式和标准,国内外各家航空公司各不相同。

1）国外航空公司超售补偿措施

有关航班超售的问题，美国和欧盟都有明确的法律界定，并以此规范航空公司的行为，从而保障旅客的权益。为了调整出现超售拒载情况下航空公司与旅客之间的权利义务关系，美国和欧盟先后出台了相关补偿规定。

美国出台的超售拒载的补偿标准一般是：假如旅客在航空公司的重新安排下，比原航班到达目的地时间晚一小时之内，那么航空公司就不必赔偿；假如晚1至2小时，航空公司需赔偿金额为单程机票票价的金额，不超过200美元；如果晚于2小时（国际航班晚于4小时），或者航空公司无法安排替代交通的，赔偿翻番，即赔偿额为票价的200%，不超过400美元。2011年4月，美国运输部又制定了新的规定：若比原航班到达目的地时间晚2小时以内，旅客可获得650美元的赔偿；而如果晚2小时以上到达，则可获1300美元的赔偿。

欧盟在1991年出台的超售赔偿规定如下：3500公里及以下航程的飞行赔偿150欧元，3500公里以上航程为300欧元。如果旅客被提供了替代运输延误没有超过2小时，或者超过3500公里航程的飞行延误不超过4小时，上述赔偿金额减半。欧盟在2004年2月通过了新标准，并且在2005年2月起生效，赔偿标准如下，航程在1500公里以内的短途飞行赔偿250欧元，航程在1500公里至3500公里为400欧元，3500公里以上为600欧元。

2）国内航空公司超售补偿措施

2007年5月，中国民航局运输司曾下发《关于规范客票超售有关问题的通知》，要求航空公司履行告知义务，对无法登机的旅客提供相应服务，并给予一定补偿等，但并未制定统一的执行标准。2011年开始，不少国内航空公司相继出台了各自的航班超售补偿标准。尽管各航空公司补偿标准不完全相同，但实质上大同小异，其共性的方面可以概括如下：

航班超售时如果旅客选择退票，航空公司都会免手续费，同时给予一定的现金补偿。

如果改签后续航班，根据等待时间不同，补偿标准也不同。

民航局关于航班超售的最新规定为自2021年9月1日起，未经征集自愿者程序不得使用优先登机规则。"新规"规定，承运人超售客票的，应当在超售前充分考虑航线，以及航班班次、时间、机型、衔接航班等情况，最大限度避免旅客因超售被拒绝登机。同时，承运人应当在运输总条件中明确超售处置相关规定，至少包括超售信息告知规定、征集自愿者程序、优先登机规则，以及被拒绝登机旅客的赔偿标准、方式和相关服务标准等内容。

因承运人超售导致实际乘机旅客人数超过座位数时，承运人或者其地面服务代理人应当根据征集自愿者程序，寻找自愿放弃行程的旅客。未经征集自愿者程序，不得使用优先登机规则确定被拒绝登机的旅客。

另外，承运人的优先登机规则应当符合公序良俗原则，考虑的因素至少应当包括老、幼、病、残、孕等特殊旅客的需求、后续航班衔接等。承运人或者其地面服务代理人在经征集自愿者程序未能寻找到足够的自愿者后，方可根据优先登机规则确定被拒绝登机的旅客。并且，应当按照超售处置规定对被拒绝登机旅客给予赔偿，并提供相关服务。

（三）关闭航班并拍发电报

舱门关闭15分钟后，要关闭航班，拍发电报，再次核对乘机联，认真做收入统计，把办理手续的详细情况填入检查表。

项目训练

1. 值机服务的工作流程主要有哪些?
2. 值机服务的时间是如何规定的?
3. 客舱座位安排的一般原则是什么?
4. 作为值机人员,对晚到旅客的处理程序是怎样的?
5. 航班超售时旅客登机的办理程序应该是怎样的?
6. 一位超级明星准备在机场办理值机手续,值机人员发现登机牌打印机出现了故障,航班快要起飞。为了不耽误这位旅客的行程,值机人员为其手工填写了登机牌。

其航班信息为:2014年11月9日,南航CZ6412,早上6:40从北京首都机场飞上海虹桥机场,9:00到站。在A18登机口登机,麦克的座位号是1排F座,舱位等级F舱,登机牌序号是118。

请填写登机牌,要求填写正联和副联。

项目五　行李运输服务

项目目标

○ **知识目标**

1. 了解行李的定义和分类。
2. 掌握行李的范围及液态物品进行航空运输的容量限制。
3. 熟悉旅客物品检查的相关规定（如管制刀具、特殊物品等）。
4. 了解宠物运输等特殊行李运输的处理方法。
5. 了解不同舱位或不同航空公司旅客的免费行李额规定，能够计算逾重行李费，并掌握声明价值行李附加费的计算。
6. 了解行李运输不正常情况如行李迟运、少收、多收、破损等运输事故的处理规定。

○ **能力目标**

通过对行李运输知识的学习，了解航空运输的托运行李、非托运行李、禁止航空运输的行李等不同情况的划分。

掌握逾重行李费、声明价值行李附加费的计算。

能完成宠物运输、物品检查等常规工作。

能对行李运输不正常情况进行相应的处理。

○ **素质（思政）**

1. 做好特殊行李的区分和说明，对禁运和限运行李按照行李运输服务的规定及要求进行处理，做好行李的安全检查，保障航空器及旅客的生命财产安全。
2. 以严谨的服务态度和较高的职业素养做好行李运输服务工作，正确、迅速地计算逾重行李费、声明价值行李附加费等。
3. 处理行李运输不正常情况时，注重全局意识和系统思维，为携带轮椅、携带宠物旅客的行李运输提供保障。

知识框架

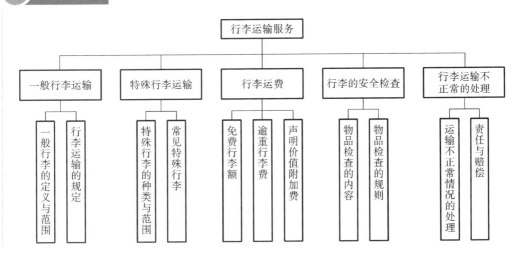

 **项目引入**

CA1395航班某旅客办理行李托运时,被发现其行李箱有大面积被水浸湿情况,经询问得知其箱内装有冷冻驴肉,机场工作人员立即要求其到打包处为行李进行防渗漏处理。

○ **问题思考**

1. 你认为机场是否需要承担行李渗漏的赔偿责任?
2. 你认为从安全意识和操作规范的角度,这件事情的处理方式给我们带来哪些思考?

 任务一 一般行李运输

一、一般行李的定义与范围

 (一)一般行李的定义

一般行李是旅客在旅行中为了穿着、使用舒适或者便利而携带的必要的、适量的物品和其他个人财物。

 (二)一般行李的范围

一般行李主要包括托运行李、非托运行李(含占座行李)等。

二、行李运输的规定

 (一)拒绝运输权

(1)旅客的托运行李、自理行李和随身携带行李,如有不得作为行李或夹入行李内运输的任何物品,航空公司有权拒绝接受该行李的运输。

(2)如旅客没有或拒绝遵守航空公司限制运输规则,航空公司有权拒绝接受该物品的运输。

(3)旅客的托运行李、自理行李和随身携带行李,因其形态、包装、体积、重量或特性等原因不符合航空公司运输条件的,旅客应进行处理,如旅客不能或拒绝处理,航空公司有权拒绝该行李的运输。

（二）行李必须接受检查

按照我国旅客、行李运输相关规则,承运人载运的行李只限于行李定义范围内的物品。为了保证飞行的安全,承运人有权会同旅客对行李进行检查,必要时,可会同有关部门进行检查。如果旅客拒绝接受检查,承运人有权拒绝该行李的运输。

1 包装检查

对于不同的行李,有不同的包装要求。

1）托运行李

（1）包装必须完善、锁扣完好、捆扎牢固,能够承受一定的压力;

（2）如果是旅行箱、旅行袋和手提包等必须加锁;

（3）有两件以上(含两件)的包件,不能捆为一件;

（4）包装上不得附插其他物品;

（5）竹篮、网兜、草绳、草袋等不能作为行李的外包装物等。

总之,托运行李的包装要能够在正常的操作条件下安全装卸和运输,托运行李包装不符合要求,航空公司可拒绝收运;如果依据具体情况同意收运,必须在行李上拴挂"免除责任行李牌",并视行李包装情况,在"免除责任行李牌"上注明免除责任的项目,请旅客签字,向旅客说明由于包装不符合要求而造成的行李损坏,航空公司将不负责任。

2）随身携带行李

（1）网兜、草绳、草袋等不能作为随身携带行李的外包装物;

（2）随身携带行李的外包装要整洁,不容易渗溢,没有污染;

（3）运动器材、乐器等作为随身携带的行李要求有外包装;

（4）如果是外交信袋、银行的专用箱等必须加封条。

2 内容检查

值机人员给旅客办理登机手续时,应该向旅客了解行李的内容是否属于可运输行李的范畴,行李内是否夹带了禁运、限运物品,甚至是危险品。对于一些旅客行李运输知识上的不足而误装入行李范围外的物品,值机人员要特别进行询问,例如,在办登机手续时注意询问旅客,行李里是否装有充电宝、备用电池等物品,是否装有一定量的液体等物品。不属于行李范围的物品,应按货物运输,不可作为行李收运。

值机人员需向旅客了解行李是否属于声明价值行李,对自理行李和随身携带行李不需办理声明价值服务;对托运行李要求办理声明价值的,了解声明的价值是否超过了行李本身的价值,若值机人员对声明的价值有异议,旅客应接受检查,如不愿接受检查,则可拒绝收运。

对未在值机柜台接受检查的自理行李和随身携带行李,须通过安检,然后才能随机运输。

3 重量检查

值机人员要检查托运行李是否超过了规定的免费行李额度,并依据规定收取逾重行李费。

■ 知识关联

乘机旅行常见行李怎么带?

■ 行动指南

行李的收运、保管与交付

一、行李的收运

行李运输工作从行李的收运开始。行李的收运一般在航班离港当日办理,团体旅客的行李过多,或旅客因其他原因需要提前托运时,可约定时间、地点收运。

收运行李时,首先要保证旅客必须凭有效客票托运行李,托运行李的目的地应该与客票所列明的经停地或目的地相同。其次,要检查旅客行李的包装、体积和重量是否符合要求。最后,要对行李进行安全检查,了解行李的内容,了解行李内有无夹带禁运、限制携带物品或危险物品;了解行李是否属于声明价值行李,是否应请旅客办理声明价值行李运输手续。

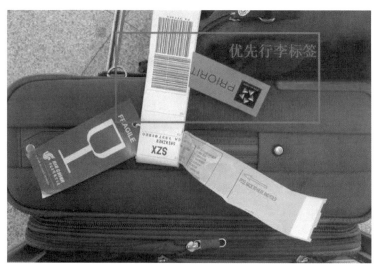

行李收运

然后，按程序收运行李：

（1）清除托运行李上的旧行李牌，拴挂新的行李牌。行李牌指识别行李的标志和旅客领取托运行李的凭证，是带有编号、名字、字母等标识的牌子。在柜台托运时，会在行李上贴一些标签作为每个行李的标志，通过这个行李牌，可以知道行李是属于哪个航班及行李的件数、重量等信息。

（2）行李过磅。行李过磅应准确，以免影响飞机的载重平衡。随身携带物品不能计入旅客的免费行李额之内。托运行李的件数、重量，应准确地填入旅客客票的相应栏中，以明确责任。超过免费行李额的行李，应收取逾重行李运费，并填开逾重行李票。

（3）将每件托运行李的识别联交给旅客。

二、行李的保管

旅客的托运行李一般应随旅客同机运出，如果无法做到同机运出，应向旅客说明，在后续班机上运出。

与旅客同机到达的行李，旅客应在当日提取。行李到达的当日不收取保管费，自行李到达的次日起核收行李保管费。未与旅客同机到达的行李，自承运人发出到达通知的次日起，免费保管 3 天，逾期核收行李保管费。若是由于承运人原因造成行李延误到达，在行李到达后，承运人及其代理人免费保管，不收取行李保管费。

无法交付的行李自到达的次日起，超过 90 天仍无人领取时，按逾期无人领取物品处理。

三、行李的交付

旅客的行李到达目的地机场后，旅客须凭借行李牌领取自己的行李。交付行李时，必须收回行李牌识别联与行李上拴挂的行李牌核对号码，必要时查验客票。对未被领取的行李，承运人及其代理人可按规定从行李到达的次日起向旅客收取行李保管费。

交付行李时，凭行李牌的识别联来交付行李，对于领取行李的人是否确系旅客本人，以及由此造成的损失及费用，不承担责任。交付行李时，如发现有损缺，应立即会同旅客检查，并填写事故记录单，凭事故记录予以处理，如没有提出异议，即为托运行李已完好交付。交付行李时，如旅客遗失行李牌的识别联，应立即挂失。旅客要求提取行李，应提供足够的证明，经确认，并在领取行李时出具收据后，将行李交付旅客。如在旅客声明挂失前已被冒领，承运人不承担责任。

四、民航行李新规

民航局最新规定自 2021 年 9 月 1 日起，行李免费额及逾重收费标准不再做统一规定。

据悉，为充分释放市场活力，新规定不再对行李尺寸和重量、免费行李额等进行统一规定，而是要求承运人根据企业经营特点自行制定相关标准并对外公布。

同时规定，承运人应当在运输总条件中明确行李运输相关规定，其中至少包括：托运行李和非托运行李的尺寸、重量以及数量要求，免费行李额，超限行李费计算方式，行李损坏、丢失、延误的赔偿标准或者所适用的国家有关规定、国际公约等。

承运人应当将旅客的托运行李与旅客同机运送。除国家另有规定外，不能同机运送的，承运人应当优先安排该行李在后续的航班上运送，并及时通知旅客。

旅客的托运行李延误到达的，承运人应当及时通知旅客领取。除国家另有规定外，由于非旅客原因导致托运行李延误到达，旅客要求直接送达的，承运人应当免费将托运行李直接送达旅客或者与旅客协商解决方案。

接下来我们了解一下国航发布的民航行李新规定。

随身行李防超限攻略,请收好!

尊敬的旅客:

　　为了确保飞行安全,保证航班正常,自 2021 年 6 月 1 日起(部分机场可能提前),国航(包括北京航空、大连航空、内蒙古航空)登机口临时办理的托运行李必须经过二次安全检查后方可运输。

　　我们非常清楚确保行李与您同机抵达十分重要,为了避免行李未能同机抵达的情况发生,请您认真阅读下列重要信息,您的理解和支持对我们非常重要。

　　1. 国航随身行李标准

国航随身行李标准

舱位级别	数量限制	单件重量限制	尺寸限制
头等舱 公务舱	2 件	8 公斤(17 磅)	每件随身携带物品长、宽、高三边分别不得超过 55 厘米(22 英寸)、40 厘米(16 英寸)、20 厘米(8 英寸)
超级经济舱 经济舱	1 件	5 公斤(11 磅)	

　　除上述随身行李外,您还可以免费携带一件可以放置在座椅下方的随身物品,如手提包、公文包、手提电脑包、相机包或其他类似尺寸或更小的物品。

国航可免费携带的随身物品列单

　　如果您带婴儿出行,您还可以携带航班上所需的婴儿食品、婴儿使用的纸尿裤;一辆可带入客舱的便携式可折叠婴儿车,折叠后长、宽、高分别不得超过 55 厘米、40 厘米、20 厘米,超过上述尺寸的应予托运。

　　残疾旅客还可携带小型助残设备登机。

　　2. 请您配合我们的行李确认工作

　　我们将在值机区域、安检前、登机口候机区域对您携带的随身行李进行确认,请您配合我们的现场工作人员。在办理值机手续时,或前往安检前,请主动与我们的地面工作人员确认随身行李是否符合登机要求。

3. 登机口办理行李托运的提示

登机口临时办理行李托运必须进行二次安全检查,这将导致行李不能随您同机运输,且您需要自行前往目的地机场提取行李。

请务必将不符合国航标准的随身行李提前办理托运手续,感谢您的理解与配合!

中国国际航空股份有限公司
二〇二一年五月二十日

除国航外,其他航空公司也有自己随身携带行李的规定。

东航:每位头等舱旅客可携带 2 件;公务舱、经济舱旅客可携带 1 件,每件重量不得超过 10 千克。每件物品的长、宽、高三边分别不得超过 55 厘米、40 厘米、20 厘米。

南航:每位头等舱旅客可携带 2 件;公务舱、明珠经济舱、经济舱旅客可携带 1 件,每件重量不得超过 5 千克。每件物品长、宽、高之和不得超过 115 厘米。

海航:持公务舱客票的旅客,每人可随身携带 2 件;持经济舱客票的旅客,每人只能随身携带 1 件。每件重量不能超过 5 千克,体积不超过 20 厘米×40 厘米×55 厘米。

昆明航空:每位旅客可携带物品重量以 5 千克为限,每人只能随身携带 1 件物品,每件随身携带物品的体积均不得超过 20 厘米×40 厘米×55 厘米。

春秋、西部、九元等低成本航空公司:旅客可携带 1 件行李,重量不超过 7 千克,体积不超过 20 厘米×30 厘米×40 厘米(春秋航空商务经济座的手提行李体积不超过 20 厘米×40 厘米×55 厘米)。

以上航空公司超过重量、件数或体积限制的物品,必须作为托运行李,办理托运手续。

■ 知识链接

中国民航总局关于限制携带液态物品乘坐民航飞机的公告

为确保航空安全,参照国际民航组织的标准,中国民用航空总局决定限制携带液态物品乘坐民航飞机。

一、乘坐中国国内航班的旅客,每人每次可随身携带总量不超过 1 升(L)的液态物品(不含酒类),超出部分必须交运。液态物品须开瓶检查确认无疑后,方可携带。

二、乘坐从中国境内机场始发的国际、地区航班的旅客,其携带的液态物品每件容积不得超过 100 毫升(mL)。

盛放液态物品的容器,应置于最大容积不超过 1 升(L)的、可重新封口的透明塑料袋中。每名旅客每次仅允许携带一个透明塑料袋,超出部分应交运。

盛装液态物品的透明塑料袋应单独接受安全检查。

需在国外、境外机场转机的由中国境内机场始发的国际、地区航班旅客,在候机楼免税店或机上购买液态物品,应保留购物凭证以备查验。所购物品应盛放在封口的透明塑料袋中,且不得自行拆封。国外、境外机场对携带免税液态物品有特殊规定的,从其规定。

来自境外需在中国境内机场转乘国际、地区航班的旅客,携带液态物品,适用本条规定。其携带入境的免税液态物品应盛放在袋体完好无损、封口的透明塑料袋中，并须出示购物凭证。

三、在中国境内乘坐民航班机，酒类物品不得随身携带，但可作为托运行李交运。酒类物品的包装应符合民航运输有关规定。

四、有婴儿随行的旅客携带液态乳制品，糖尿病或其他疾病患者携带必需的液态药品，经安全检查确认无疑后，可适量携带。

五、旅客因违反上述规定造成误机等后果的，责任自负。

本公告自2007年5月1日起施行，2003年2月5日发布的《中国民用航空总局关于对旅客随身携带液态物品乘坐民航飞机加强管理的公告》同时废止。

二〇〇七年三月十七日

任务二　特殊行李运输

一、特殊行李的种类与范围

（一）禁运行李

禁运行李是按规定禁止运输的行李，主要包括：

（1）可能危及航空器、机上人员或者财产安全的物品，属于国际民用航空组织（ICAO）和国际航空运输协会（IATA）以及有关政府部门或承运人的规定中列明的有害物品、危险物品，以及属于禁运的物品。

（2）国家政策规定的禁运品。

（3）承运人认为基于以下原因不适合运输的物品：由于物品的危险性、不安全性，或由于其重量、尺寸、形状或者性质，或考虑到包括但不限于飞机机型的因素，易碎或易腐物品，带有明显异味的物品。

禁运品一般包括爆炸品、压缩气体、腐蚀性物质、氧化物、放射性或者磁化物、易燃、有毒、有威胁性或刺激性物质、枪支、枪型打火机及其他各种类型带有攻击性的武器、弹药、军械、警械及上述物品的仿制品和管制刀具等。(见图5-1)

（二）限运行李

限运行李是不建议作为托运行李或夹入行李内托运的行李，只有在符合航空运输条件的情况下，并经航空公司同意，方可接受运输。

限运行李包括现金、有价票证、珠宝、贵重金属及其制品、古玩字画，电脑等个人电子设备，易碎或易损坏物品、易腐物品、锂电池，重要文件和资料等物品以及个人需定时服用的

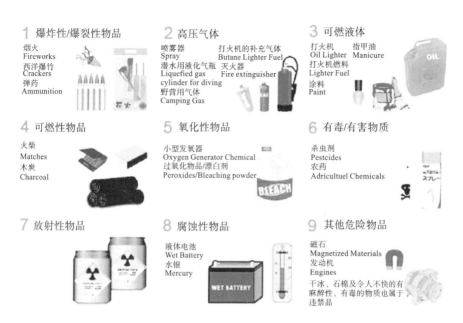

图 5-1　航空运输禁运物品类别

处方药,体育运动用器械如高尔夫球具、滑雪用具、体育运动用枪支和弹药,干冰,含有酒精的饮料等。

■ 知识链接

> 充电宝、锂电池能上飞机吗？如何安全携带电池上飞机呢？

关于充电宝上飞机的问题,民航局曾专门针对民航旅客携带"充电宝"乘机发出公告,在乘坐飞机时,仅可携带额定能量在160 Wh以内的充电宝,未标明数值的一律禁止携带;充电宝禁止托运。

如果充电宝上标记有电压(V)和容量安培小时(Ah),可以通过计算得到额定能量的数值,额定能量=电压×安培。如果充电宝上只标记有毫安,可将该数值除以1000得到安培小时。充电宝只要额定能量值符合要求,就可以办理手续。

旅客携带锂电池上飞机时,首先,要选择正规厂家生产的锂电池,质量相对有保障。其次,在携带锂电池时要做好防止短路的措施。针对锂电池短路自燃现象,民航局对锂电池的运输有严格的规定。

为手机、笔记本电脑和照相机供电的电池通常低于100 Wh。如果您携带的备用电池不在设备中,则必须放在您的随身行李中。备用电池,不论其大小,都不得托运。锂离子电池额定值为100 Wh—160 Wh。

只要是电池,必须在飞行前获得航空公司的批准。如果电池被安装在一个装置中,则可携带或进行托运;如果电池是备用的,也就是说,电池本身并且不包含在设备中,它必须只放在随身携带的行李中。

* 注意:每人最多带两块备用电池。这些电池只能装在随身携带的行李中,并且应该对其端口进行单独保护,以最大限度地降低与行李中其他金属物体接触的风险。

二、常见特殊行李

（一）轻泡行李

轻泡行李是指某些行李每千克的体积大于 6000 立方厘米，也称为低密度行李。轻泡行李应作为货物放置在货舱内运输。轻泡行李以体积每 6000 立方厘米折合为 1 千克计算，体积折合重量超过免费行李额，应支付相应的逾重行李费。轻泡行李如体积超大应按大件行李接受办理。

根据飞机（航班）其他货物行李货舱容积装载情况，航空公司有权拒绝接受轻泡行李托运或以免责行李条款安排其他飞机（航班）承运。

如旅客托运运动用自行车，则运动用自行车按轻泡行李处置。运动用自行车作为行李运输时只能按照托运行李放置在货舱内运输。自行车托运前应旋转自行车车把旋转并固定，并要卸下车轮及将轮胎放气。

（二）折叠轮椅、电动轮椅

折叠轮椅、电动轮椅作为行动不便旅客旅行时使用的助步工具，需办理行李托运手续。电动轮椅在办理托运时，电池两极需用胶带包好，以防短路，并固定于轮椅上；轮椅两侧贴上"向上"标志以避免倒置；轮椅在装卸过程中始终保持直立，并在货舱内进行固定，以防滑动。

经航空公司同意在上下机过程中使用自带轮椅的旅客，待旅客登机使用完轮椅后，在登机口收运轮椅；收运的轮椅应拴挂行李牌，并将行李牌的识别联交付旅客；将收运的轮椅装入货舱门口位置，到达时先将其卸下运至登机口，以便旅客下机时使用。收运旅客上下机使用的自带轮椅时应填写"特殊行李通知单"，通知机长并将轮椅的收运情况通报有关部门。

（三）烟酒

国内航空公司规定，每个乘客最多可以随身携带两条香烟，托运的话，香烟数量无限制。国际航班上，与出发和目的地国的法规有关，超出一定数目需申报纳税；如果是香港居民入境中国大陆，海关规定为每人限带香烟 60 支或雪茄 15 支；如果入境香港，海关规定：每人限带香烟 200 支或雪茄 50 支或烟丝 250 克。如果是入境美国，海关规定为年满 21 岁，每人限带香烟 200 支（1 条烟）或雪茄 50 支，禁止携带古巴产烟草制品入境。

总体来说，关于香烟，不同的国家或地区有不同的规定，出境归来之前必须了解航空公司的相关规定，以减少不必要的麻烦。

飞机上酒类托运是以升/毫升计，能托运多少酒取决于酒精度数。酒类物品不可随身携带，但可做托运。通常情况下，托运的方式为每人可携带 2 公斤（如 1 斤装二锅头酒每人可带 4 瓶）。对于旅客携带的酒精饮料，酒精含量小于或等于 24% 的，可以作为普通货物运输，对内包装容器和每个包装件（外包装）均无最大允许数量的限制。酒精含量超过 24%

但不超过70%，如果内包装容器小于或等于5升，可作为普通货物运输，对每个包装件无最大允许数量限制。酒精含量超过24%但不超过70%，如果每个内包装容器大于5升，须按照危险品运输，客机每个包装件限60升，货机每个包装件限220升。

酒类物品的包装应符合民航运输有关规定，在换登机牌的时候就一起办理托运。托运行李必须包装完好、锁扣完好、捆扎牢固，能承受一定的压力，能够在正常的操作条件下安全装卸和运输。

（四）外交信袋

外交信袋可作为自理行李、托运行李、占座行李运输。

作为自理行李的外交信袋应当由外交信使随身携带，自行照管。

根据外交信使的要求，外交信袋也可以按照托运行李办理，但航空公司和有关承运人只对其承担一般托运行李的责任。

外交信袋运输需占用座位时，旅客必须在订座时提出并为占座行李购票，经航空公司和有关承运人同意，方可予以运输。

（五）小动物运输

小动物一般指家庭驯养的狗、猫、家禽、小鸟和属观赏类的其他小型温驯动物。旅客可在订座或购票时提出，经承运人同意，小动物可以作为托运行李或自理行李运输。不属于小动物范围的动物，不得作为托运行李或自理行李运输。

小动物的包装必须符合承运人的要求：适合小动物特性的坚固的金属或木制容器，能防止小动物破坏、逃逸，或者将身体伸出容器损害他人、行李或货物；保证空气流通，避免小动物窒息；防止粪便渗透，以免污染飞机和其他物品；方便喂食和加水；容器的体积适合货舱装卸。

小动物运输必须具备的条件：旅客携带小动物乘机，必须在订座或购票时提出，经承运人同意方可托运；小动物的包装必须符合承运人的要求；进行国际运输的小动物应具备出境、入境有关国家的必要证件，包括健康证明、注射预防针免疫证明、出境/入境许可证明和动物检疫证明等；携带小动物的旅客应当在乘机之日按照承运人指定的时间办理托运手续，一般不得迟于航班离站时间前2个小时。

作为行李运输的小动物及其容器和食物不计入免费行李额，需按超限额行李标准另行收费。

■ 知识关联

活体动物航空运输小知识

■ 行动指南

收运小动物时,主要有哪些步骤?
解析:小动物的收运主要按三个步骤进行:
(1)检查小动物的包装是否符合要求;
(2)核查运输小动物必须具备的条件;
(3)填开逾重行李票。

■ 知识链接

《中国民用航空旅客、行李国内运输规则》(节选)

第四十四条小动物是指家庭饲养的猫、狗或其他小动物。小动物运输,应按下列规定办理:

旅客必须在订座或购票时提出,并提供动物检疫证明,经承运人同意后方可托运。旅客应在乘机的当日,按承运人指定的时间,将小动物自行运到机场办理托运手续。装运小动物的容器应符合下列要求:

(一)能防止小动物破坏、逃逸和伸出容器以外损伤旅客、行李或货物。
(二)保证空气流通,不致使小动物窒息。
(三)能防止粪便渗溢,以免污染飞机、机上设备及其他物品。

旅客携带的小动物,除经承运人特许外,一律不能放在客舱内运输。

小动物及其容器的重量应按逾重行李费的标准单独收费。

任务三　行李运费

一、免费行李额

一张机票的价格不仅包括运输旅客的费用,还包括运输旅客所携带的行李的费用。免费行李额的计算方式主要包含两种,即计重制和计件制。

国内民航旅客的行李运费主要按照计重制来进行核算,购买不同舱位等级客票的旅客都可以免费享受一定重量或件数的行李运输,即免费行李额,超出部分按逾重行李计算相应的费用。

搭乘同一航班前往同一目的地的两个以上的同行旅客如在同一时间、同一地点办理行李托运手续,其免费行李额可以按照各自的客票价等级标准合并计算。国际运输的国内航段,每位旅客的免费行李额按适用的国际航线免费行李额计算。

(一) 计重制体系下的免费行李额

1 成人或者儿童票价

头等舱(F)　40千克/88磅

公务舱(C)　30千克/66磅

经济舱(Y及下属折扣子舱位)　20千克/44磅

实行行李差异化服务后,不同航空公司免费行李额的规定有所不同:

国航、东航、南航、海航等航空公司的国内航线持成人或儿童票的旅客免费行李额分别为头等舱40千克、公务舱30千克、经济舱20千克(不包括各航空公司对金银卡旅客的优惠额度),持婴儿票的旅客无免费行李额。

昆明航空免费托运行李额对于J、C、D、Z、R、I舱机票旅客为30千克;G舱机票旅客为25千克;Y、B、M、U、H、Q、V、W、S、E、T、L、X、N、K、P舱位机票的旅客为20千克;折扣舱位O、A舱位(2.5折及以下,不含团队)旅客无免费托运行李额。

祥鹏航空享免费托运行李额的标准是公务舱旅客30千克;经济舱全价(Y舱)、智选经济舱旅客20千克;购买6折至9.9折经济舱的旅客以及团队旅客10千克;5.9折及以下折扣无免费托运行李额。

春秋航空会员专享座无免费托运行李额;经济座为20千克;商务经济座为30千克。

西部航空对于持Y、B、H、K、L、M、X舱票价的旅客,其免费托运行李的重量以10千克为限。

九元航空的旅客可随身携带不超过7千克的行李,此外以托运方式运输的行李无免费行李额。

2 婴儿票价

占座时,享受的免费行李额与成人相同。

不占座时,国内航班不享受免费行李额,但可以免费托运折叠式婴儿车。国际航班可享受10千克/22磅的免费行李额。

不同航空公司对于婴儿票价的旅客免费行李额的规定也有所差异,如西部航空规定持婴儿票的旅客无免费行李额,但可以免费携带或托运1件重量不超过7千克体积不超过20厘米×40厘米×55厘米的全折叠式婴儿手推车或摇篮。

(二) 计件制体系下的免费行李额

1 成人或者儿童票价

以中国东方航空公司的中美、中加航线为例,每一位按成人票价或儿童票价付费的旅客交运的免费行李件数、体积和重量如下:头等舱和公务舱票价,免费交运行李为两件,每件最大体积(三边之和)不得超过62英寸(158厘米,包括滑轮和把手),两件之和不得超过

107英寸(273厘米,包括滑轮和把手),每件不得超过32千克。经济舱和折扣票价,免费交运的行李件数为两件,其中一件最大体积(三边之和)不得超过62英寸(158厘米,包括滑轮和把手),两件之和不得超过107英寸(273厘米,包括滑轮和把手),每件不得超过23千克。

2 婴儿票价

购买不占座婴儿客票的婴儿可免费托运1件,托运行李重量与同行的成人相同,体积(三边之和)不超过45英寸(115厘米)。并可免费托运1辆全折叠的轻便婴儿车或婴儿手推车。

(三)廉价航空公司免费行李额的相关规定

随着参与航空运输的国内外廉价航空公司越来越多,很多廉价航空公司为降低成本,对旅客免费行李额中的行李大小、重量均有严格的规定甚至无免费行李额,对于超出行李额范围内的行李需要额外付费办理。因此,旅客在购买机票时需要特别留意该机票所对应的免费行李额的规定。

二、逾重行李费

若旅客所携带的行李超过了其票价所享受的免费行李额,则需要收取逾重行李费,超过了免费行李额的行李称作逾重行李。

逾重行李费计算如下:

$$逾重行李运费=逾重行李费率×逾重行李重量$$

上面公式中,逾重行李费率按Y舱票价的1.5%计算,保留两位小数点。

逾重行李重量:按照超过免费行李额重量计算,以千克为单位,小数点以后的数字四舍五入。

费用:金额以元为单位,元以下四舍五入。

逾重行李票是收取逾重行李费的依据,是一种有价票证,也是托运人与承运人之间的结算凭证。它由财务联、出票人联、运输联和旅客联构成,如图5-2、图5-3所示。

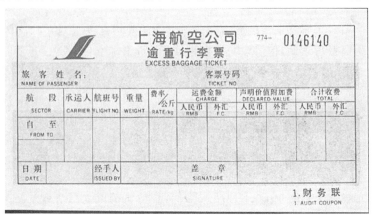

图5-2 上航逾重行李票

海南航空股份有限公司 HAINAN AIRLINES CO., LTD　　逾重行李票 EXCESS BAGGAGE TICKET　　880-

旅客姓名：NAME OF PASSENGER:　　TICKET NO.

航段 SECTOR		承运人 CARRIER	航班号 FLIGHT NO.	重量 WEIGHT	费率/公斤 RATE/KG	运费金额 CHARGE	声明价值附加费 DECLARED VALUE	合计收费 TOTAL
自 FROM	至 TO							
日期 DATE			经手人		盖章			

2. 旅客联 2. PASSENGER COUPON

图 5-3　海航逾重行李票

三、声明价值附加费

当旅客托运行李的每千克实际价值超过承运人规定的每千克最高赔偿限额时，旅客有权要求更高的赔偿，可在托运行李时办理行李声明价值，并付清声明价值附加费。办理过声明价值的行李，如在运输过程中由于承运人的原因而造成损失，承运人应按照旅客的声明价值进行赔偿。

自理行李、随身携带物品不办理声明价值。办理声明价值的行李重量不计入免费行李额，应另外收费，即办理声明价值的行李应按照逾重行李收取逾重行李费。国内每一位旅客的行李声明价值最高限额为人民币 8000 元。

国内运输的托运行李每千克价值超过人民币 50 元时可办理行李的声明价值。承运人按旅客声明价值中超过最高赔偿限额部分价值的 5‰收取声明附加费。计算公式如下：

声明价值附加费＝[旅客的声明价值－(50×办理声明价值行李的重量)]×5‰

上面公式中，50 元是规定的每千克限额，声明价值附加费以元为单位，元以下四舍五入。重量向上取整，单位为千克。

■ 行动指南

旅客王某购买了北京到武汉的 8 折机票是 1480 元，申报一件行李价值 6400 元，重量为 6 千克，请问该名旅客所应支付的声明价值行李附加费和逾重行李费是多少？

解析：

声明价值附加费为(6400－6×50)×0.005＝6100×0.005＝30.5(元)，应收 31 元。

由于该旅客购买的北京至武汉的 8 折机票，在计算逾重行李费时需换算为全价票的价格再计算逾重行李费率，故北京至武汉的全价票为 1850 元。

逾重行李费为 1850×1.5%×6＝166.5(元)，应收 167 元。

■ 知识关联

如何托运行李更划算！

■ 知识链接

深航开通逾重行李线上交费　提升旅客出行体验

民航资源网2020年8月20日消息：8月1日起，深圳航空在深圳宝安国际机场率先上线旅客可通过扫码在微信小程序进行深航航班逾重行李交费功能，该功能上线不但提高了旅客出行体验，还标志着深航在旅客出行无纸化、线上自助化方面的再提升。

以往旅客遇到行李逾重需要交费，通常都需要在行李称重后通过地服值机人员开具小红单，凭单前往售票柜台交费，交费后再次回值机柜台拿取登机牌，如此往返十分耗时。据统计，旅客通过人工值机柜台办理逾重行李交费需要6分钟，而通过扫码自助操作可以缩短至2分钟。此功能上线有以下几大亮点：

亮点一：入口便捷。旅客在值机柜台托运行李后可直接通过微信"扫一扫"登机牌条码即可进行逾重交费。

亮点二：一键开票。旅客在完成交费后，可线上选择开具电子发票。

亮点三：行程提醒。在交费后，可通过本人行程关注航班动态，微信会将登机时间、关舱门时间等系列航班动态推送至旅客，可帮助旅客合理安排时间，避免漏乘航班。

任务四　行李的安全检查

一、物品检查的内容

民航安全技术检查，是民航空防安全保卫工作的重要组成部分，是国务院民用航空主管部门授权的专业安检队伍，为保障航空安全，依照国家法律法规对乘坐民航班机的中、外籍旅客及物品，以及航空货物、邮件进行公开的安全技术检查，防范劫持、爆炸民航班机和其他危害航空安全的行为，保障国家和旅客生命财产的安全，具有强制性和专业技术性。

安全技术检查工作包括对乘坐民用航空器的旅客及其行李，进入候机隔离区的其他人员及其物品，以及空运货物、邮件的安全技术检查；对候机隔离区内的人员、物品进行安全监控；对执行飞行任务的民用航空器实施监护。其中，物品检查是民航安全检查的重要内容。

（一）对旅客、进入隔离区的工作人员随身携带的物品的检查

行李安全检查中查获的需限量随身携带的生活用品，安检员可请旅客将超量部分送交送行友人带回或自行处理。对于携带的酒类物品，安检员会建议旅客交送行友人带回或办理托运。

如果旅客提出放弃，安检员将该物品归入旅客自弃物品回收箱/筐中。

（二）对随机托运行李物品的检查

行李安全检查中查获的禁止旅客随身携带但可作为行李托运的物品（如超长水果刀、大剪刀、剃刀等生活用刀；手术刀、雕刻刀等专业刀具；用于文艺表演的刀、矛、剑、戟等道具；斧、凿、锤、锥、加重或有尖的手杖等危害航空安全的锐器、钝器）。

安检员应告知旅客可作为行李托运或交给送行人员；如果来不及办理托运，可为其办理暂存手续。办理暂存手续时，受理员应向旅客告知暂存期限为 30 天，如果超过 30 天无人认领，将视为自动放弃，交由民航公安机关处理。

暂存手续的办理如下：

（1）暂存物品收据一式三联。

（2）开具单据时必须按照单据规定的项目逐项填写，一联留存，一联交旅客，一联粘贴在暂存物品袋上。

（3）填写暂存物品登记表。

（4）国际航班的受理员还可根据航空公司的要求为旅客办理移交机组手续。填写换取物品单据，并告知旅客下飞机时凭此单据向机组人员取回物品。

换取物品的办理包括以下几个方面。

①换取物品收据一式三联。

②开具单据时必须按照单据规定的项目逐项填写，一联留存，一联交给旅客，一联贴于移交袋上，如移交袋不能容纳，可贴于被移交物品外包装上。

（5）如果旅客提出放弃该物品，移交员则将该物品放入旅客自弃物品回收箱/筐中。

（三）对航空货物和邮件的检查

托运行李和货物快件、邮件应通过 X 射线机进行检查，发现可疑物品要开箱/包检查，必要时可以随时抽查。在无仪器设备或仪器设备发生故障时，应当进行手工检查。

■ 知识关联

哪些物品不能带上飞机？

■ 知识链接

4月12日晚,在广州白云国际机场,旅客王女士通过A区安检通道时,安检员发现她带了一个榴莲,重约3千克,于是告知榴莲属于有异味食品,不可以携带上机。王女士把包了十多层报纸的榴莲拿出来给安检员看,说异味已被隔离,不过,在场的其他旅客纷纷被异味"熏"得远远的。

安检员再次向王女士解释,榴莲味道实在太大,会对其他旅客造成困扰。

王女士觉得安检是在故意刁难自己,愤怒地将榴莲砸向地面:"你们不让我带,我吃掉总可以吧!"说完,她抱着榴莲,不管不顾地坐在安检通道内的凳子上,在众目睽睽之下一人吃完了榴莲。

王女士当场吃榴莲,让我们想起王宝强在电影《人在囧途》里也是因为牛奶不能带上飞机,在安检口当场喝完一桶牛奶的场景。

对于不能带上飞机的物品,旅客一般可以有三个选择:第一,在办理登机牌时,咨询柜台服务人员,能托运的尽量办理托运。第二,当携带的物品既不能带上飞机客舱,也不能托运时,比如打火机等,只能舍弃。机场在每一个安检入口,都会设有一个物品投放处,供旅客丢弃不能携带的物品,如打火机被丢弃在里面,机场不会收走。飞机到达目的地后,如果需要打火机,旅客还是可以到出发厅物品投放处拿一个打火机;还有一些贵重的物品,比如具有纪念意义的小刀、高价打火机不想扔掉,该怎么办呢?如果乘客还会返回到出发的机场,第三个选择是在机场办理免费寄存,再次返回机场的时候取走,这个方法更适合短期往返的旅客。

二、物品检查的规则

（一）仪器、仪表的检查方法

对仪器、仪表通常进行X射线透视检查,如X射线透视不清,又有怀疑,可用看、掂、探、拆等方法检查。看仪器、仪表的外表螺丝是否有动过的痕迹;对家用电表、水表等可掂其重量来判断;对特别怀疑的仪器、仪表可以拆开检查,看里面是否藏有违禁物品。

（二）各种容器的检查方法

对容器进行检查时,可取出容器内的东西,采取敲击、测量的方法,听其发出的声音,分辨有无夹层,并测出容器的外高与内深,外径与内径的比差是否相符。如不能取出里面的东西,则可采用探针检查。

（三）各种文物、工艺品的检查方法

一般采用摇晃、敲击、听等方法进行检查,摇晃或敲击时,听其有无杂音或异物晃动声。

（四）容器中液体的检查方法

对液体的检查一般可采用看、摇、嗅、试烧的方法。看容器是否为原始包装封口；摇液体有无泡沫（易燃液体经摇动一般产生泡沫且泡沫消失快）；嗅闻液体气味是否异常（酒的气味香浓，汽油、酒精、香蕉水的气味刺激性大）；对不能判别性质的液体可取少量进行试烧，但要注意安全。

（五）骨灰盒等特殊物品的检查方法

对旅客携带的骨灰盒、神龛、神像等特殊物品，如 X 射线检查发现有异常物品时，可征得旅客同意后再进行手工检查；在旅客不愿意通过 X 射线检查时，可采用手工检查。

（六）衣物的检查方法

衣服的衣领、垫肩、袖口、兜部、裤腿等部位容易暗藏武器、管制刀具、爆炸物和其他违禁物品。因此，在安全检查中，对旅客行李物品箱（包）中的可疑衣物要采用摸、捏、掂等方式进行检查。对冬装及皮衣、皮裤更要仔细检查，看是否有夹层，捏是否暗藏异常物品，衣领处能暗藏一些软质的爆炸物品，掂重量是否正常。对衣物检查时应用手掌进行摸、按、压。因为手掌的接触面积大且此部分皮肤较敏感，容易查出藏匿在衣物内的危险品。

（七）皮带（女士束腰带）的检查

对皮带（女士束腰带）进行检查时，看边缘缝合处有无再加工的痕迹，摸带圈内是否有夹层。

（八）书籍的检查

书籍容易被人忽视，厚的书或者是捆绑在一起的书可能被挖空，暗藏武器、爆炸物和其他违禁物品。检查时，应将书打开翻阅检查，看书中是否有上述物品。

（九）笔的检查

看笔的外观是否有异常，掂其重量是否与正常相符，按下开关或打开查看是否改装成笔刀或笔枪。

（十）雨伞的检查

雨伞的结构很特殊，往往被劫机分子利用，在其伞骨、伞柄中藏匿武器、匕首等危险物品以混过安全检查。在检查中，可用捏、摸、掂直至打开的方法进行检查，要特别注意对折叠伞的检查。

（十一）手杖的检查

注意对手杖进行敲击，听其发出的声音是否正常，认真查看是否被改成拐杖刀或拐杖枪。

（十二）玩具的检查

小朋友携带的玩具也有可能暗藏匕首、刀具和爆炸装置。对毛绒玩具检查时，通常要看其外观，用手摸查有无异物；检查电动玩具时，可通电或打开电池开关进行检查；检查有遥控设施的玩具时，看其表面是否有动过的痕迹，摇晃是否有不正常的声音，掂其重量是否正常，拆开遥控器检查电池，看是否暗藏危险品。

（十三）整条香烟的检查

整条香烟、烟盒和其他烟叶容器一般都是轻质物品，主要看其包装是否有被重新包装的痕迹和掂其重量（每条香烟重量约为 300 克）来判断，若有怀疑的要打开包装检查。

（十四）摄像机、照相机的检查

对一般类型的摄像机，可首先检查其外观是否正常，有无可疑部件，有无拆装的痕迹，重点检查带匣、电池盒（外置电源）、取景窗等部分是否正常，对有怀疑的可让旅客进行操作。对较复杂的大型摄像机，可征得旅客的同意进行 X 射线检查。若机内没有胶卷，则可以询问旅客是否可以打开照相机；也可以掂其重量来判断，如机内装有爆炸物，其重量会不同于正常照相机，若有怀疑，可以请旅客按快门试拍来判断。

（十五）收音机的检查

一般要打开电池盒盖，抽出接收天线，查看其是否藏匿有违禁物品。必要时，再打开外壳检查内部。

（十六）录音机（便携式 CD 机）等的检查

观察录音机（便携式 CD 机）是否能够正常工作，必要时打开电池盒盖和带舱，查看是否藏有危险物品。

（十七）手提电脑的检查

检查外观有无异常，掂其重量是否正常，可请旅客将电脑启动，查看能否正常工作。对电脑的配套设备（鼠标、稳压器等）也要进行检查。

(十八)手机的检查

手机可用看、掂、开等方法进行检查。看外观是否异常,掂其重量,如藏匿其他物品会有别于正常手机。通过打开电池盒盖和开启关闭开关来辨别手机是否正常。

(十九)乐器的检查

乐器都有发音装置。弦乐器可采用拨(按)、听、看的方法进行检查,听其能否正常发音。管乐器材则可请旅客现场操作演示。

(二十)口红、香水等化妆物品的检查

口红等化妆品易改成微型发射器,可通过掂其重量或打开进行检查。部分香水的外部结构在X射线设备的屏幕上所显示图像与微型发射器类似,在检查时要查看瓶体说明并请旅客试用。

(二十一)粉末状物品的检查

粉末状物品性质不易确定,可取少许用纸包裹,然后用火点燃纸张,观察其燃烧程度来判断是否属于易燃易爆物品。

(二十二)食品的检查

对罐装、袋装的食品的检查,可掂其重量看是否与罐、袋所标注重量相符。看其封口是否有被重新包装的痕迹。如觉得该物可疑,可请旅客品尝。

(二十三)小电器的检查

诸如电吹风机、电动卷发器、电动剃须刀等小型电器可通过观察外观,开启电池盒盖,现场操作的方法进行检查。对于钟表,要检查表盘的时针、分针、秒针是否正常工作,拆开其电池盒盖查看是否被改装成钟控定时爆炸装置。

(二十四)鞋的检查

可采取看、摸、捏、掂等检查方法来判断鞋中是否藏有违禁物品。看,是通过查看鞋的外表与鞋的内层;摸,是通过手的触感来检查鞋的内边缘等较为隐蔽之处,检查是否异常;捏,是通过手的挤压来进行判断;掂,掂鞋的重量是否正常。必要时可通过X射线设备进行检查。

■ 行动指南

不同安检岗位的常用服务用语

（一）前传、维序岗位

(1) 请把您的行李依次放在传送带上,请往里走(配以手势)。
(2) 请稍等,请进。
(3) 请各位旅客按次序排好队,准备好身份证件、机票和登机牌,准备接受安全检查。

（二）人身检查岗位

(1) 请将您身上的香烟,以及钥匙等金属物品放入托盘内。
(2) 先生(女士)对不起,安全门报警了,您需要重新检查一下。
(3) 请您脱下帽子。
(4) 请转身,请抬手。
(5) 请问这是什么东西?您能打开给我看看吗?
(6) 检查完毕,谢谢合作。
(7) 请收好您的物品。

（三）开箱(包)检查岗位

(1) 对不起,请您打开这个包。
(2) 对不起,这是违禁物品,按规定不能带上飞机,请将证件给我,我给您办理手续。
(3) 对不起,刀具您不能随身带上飞机,您可交送行的人带回或办理托运。
(4) 谢谢合作,祝您一路平安。

■ 知识链接

《中华人民共和国民用航空安全保卫条例》的相关规定及危险货物包装标志

一、对乘机旅客行李检查的规定

《中华人民共和国民用航空安全保卫条例》第二十六条

乘坐民用航空器的旅客和其他人员及其携带的行李物品,必须接受安全检查;但是,国务院规定免检的除外。

拒绝接受安全检查的,不准登机,损失自行承担。

二、关于严禁旅客携带违禁物品的规定

《中华人民共和国民用航空安全保卫条例》第三十二条

除国务院另有规定的外,乘坐民用航空器的,禁止随身携带或者交运下列物品:

（一）枪支、弹药、军械、警械;
（二）管制刀具;
（三）易燃、易爆、有毒、腐蚀性、放射性物品;
（四）国家规定的其他禁运物品。

三、关于货物检查的规定

《中华人民共和国民用航空安全保卫条例》第三十条

空运的货物必须经过安全检查或者对其采取其他安全措施。

货物托运人不得伪报品名托运或者在货物中夹带危险物品。

四、关于邮件检查的规定

《中华人民共和国民用航空安全保卫条例》第三十一条

航空邮件必须经过安全检查。发现可疑邮件时,安全检查部门应当会同邮政部门开包查验处理。

《中华人民共和国民用航空安全保卫条例》第二十九条

外交邮袋免予安全检查。外交信使及其随身携带的其他物品应当接受安全检查;但是,中华人民共和国缔结或者参加的国际条约另有规定的除外。

五、《危险货物分类和品名编号》(GB 6944—2012)、《危险货物品名表》(GB 12268—2012)和《常用危险化学品的分类及标志》(GB 13690—2009)规定了危险货物包装图示标志(以下简称标志)的种类、名称、尺寸及颜色,以及危险品的编号、名称、说明等。以下列举标志图形21种,及9类危险货物的主要特性。

危险物品标志的图形和名称一览表

标志号	标志名称	标志图形	对应的危险货物类项号
标志1	爆炸品	(符号 黑色,底色 橙红色)	1.1 1.2 1.3
标志2	爆炸品	(符号 黑色,底色 橙红色)	1.4
标志3	爆炸品	(符号 黑色,底色 橙红色)	1.5

续表

标志号	标志名称	标志图形	对应的危险货物类项号
标志4	爆炸品	（符号 黑色，底色 橙红色）	1.6
标志5	易燃气体	（符号 黑色或白色，底色 正红色）	2.1
标志6	非易燃无毒气体	（符号 黑色或白色，底色 绿色）	2.2
标志7	毒性气体	（符号 黑色，底色 白色）	2.3
标志8	易燃液体	（符号 黑色或白色，底色 正红色）	3

续表

标志号	标志名称	标志图形	对应的危险货物类项号
标志9	易燃固体	（符号 黑色，底色 白色红条）	4.1
标志10	自燃物品	（符号 黑色，底色 上白下红）	4.2
标志11	遇湿易燃物品	（符号 黑色或白色，底色 蓝色）	4.3
标志12	氧化剂	（符号 黑色，底色 柠檬黄色）	5.1
标志13（旧）	有机过氧化物（此标志使用至2010年12月31日）	（符号 黑色，底色 柠檬黄色）	5.2

续表

标志号	标志名称	标志图形	对应的危险货物类项号
标志13（新）	有机过氧化物	（符号 黑色或白色,底色 上红下黄）	5.2
标志14	毒性物质	（符号 黑色,底色 白色）	6.1
标志15	感染性物质	（符号 黑色,底色 白色）	6.2
标志16	一级放射性物品	（符号 黑色,底色 白色）	7
标志17	二级放射性物品	（符号 黑色,底色 上黄下白）	7

续表

标志号	标志名称	标志图形	对应的危险货物类项号
标志 18	三级放射性物品	（符号 黑色，底色 上黄下白）	7
标志 19	临界安全指数标签	（符号 黑色，底色 白色）	7
标志 20	腐蚀品	（符号 上黑下白，底色 上白下黑）	8
标志 21	杂项	（符号 黑色，底色 白色）	9

任务五　行李运输不正常的处理

在旅客行李运输过程中，由于承运人疏忽、过失等原因造成的旅客行李迟运、少收、多收、破损等运输事故，称为旅客行李运输不正常情况。

一、行李运输不正常情况的处理程序

（一）迟运行李

1. 迟运行李的定义

迟运行李主要是指在航班始发站应予载运而未能运出的行李，一般是由于行李漏装、行李牌脱落、飞机载量不足拉卸行李、不能辨认行李的目的地等原因造成的托运行李未能随旅客同机运出等情况，但不包括因逾重行李导致飞机超载而被安排到后续航班运出的托运行李。每个航空公司都有行李查询部门，协助各地查询及负责旅客行李的赔偿工作。

2. 迟运行李的处理程序

（1）在行李不正常运输事故记录单上进行编号、登记。

（2）安排后续航班和日期将迟运行李运至目的地，并拍发行李运送电报给行李目的站或有关转运站，以便在航班到达时及时通知旅客，避免不必要的查询。

（3）对行李牌上联因脱落无法确定行李目的站的迟运行李，应向当天从本站起飞的所有航班和航班的中途站、目的站发送电报，等待其他航站发来的查询电报，确定行李的目的地后，安排后续航班再将行李运出，运出前拍发行李运送电报。

（4）迟运行李运出前，应填写和拴挂速运行李牌，按运送电报的航班日期将迟运行李运往行李的目的站。

（5）代理其他承运人处理迟运行李时，应通知该航空公司驻本站代表。

（6）中转站接到迟运行李后，应立即按运送电报或速运行李牌上所列明的航班号、日期进行转运。

（7）目的地站收到迟运行李后，应立即通知旅客提取。旅客领取迟运行李后，到达站需将旅客行李的收到日期和旅客领取日期用电报通知迟运行李的始发站和中转站。如旅客要求，可将行李运送到其驻地，地面交通费由责任站承担。

（二）少收行李

1. 少收行李的定义

少收行李是指由于始发站行李漏装、错装、中途站错卸、到达站漏卸、行李与货物混淆或因行李牌脱落无法辨认旅客行李的目的地等运输差错使得航班到达后，目的地站无法按规定时间和行李数目交付旅客，或者行李下落不明尚待查找的行李。

2. 少收行李的处理程序

（1）与旅客交涉，查验旅客的客票、登机牌、逾重行李票和行李牌领取联。

（2）记录旅客姓名、航程、舱位、客票号码、行李件数、重量等信息，如果涉及日后的赔偿问题，还应查验旅客的逾重行李票、声明价值行李附加费等信息，以了解旅客所支付逾重行李的费用和声明价值行李附加费，复印旅客的客票、逾重行李票等票据进行留存。

（3）了解少收行李的形状和制作材料特征，填写行李不正常运输事故记录单及少收行李处理登记表，其中，AHL 代码表示少收行李，OHD 代码表示多收行李，DMG 代码表示行李破损，LOST 代码表示行李遗失。

国际航协将旅客行李分为两大类：A 表示没有拉链，B 表示有拉链。在各自类别中，又将不同颜色、形状、材质的行李进行编号，如 BK 代表黑色，RD 代表红色，BN 代表棕色，YW 代表黄色，C 代表有密码锁，W 代表有轮子，P 代表有袋包，S 代表有袋子，X 代表不具备以上特征。

（4）查看本站及外站发来的多收行李和运送行李电报，按照行李的运输路线查找行李，如查看行李到达大厅与行李传送带周围有无遗漏行李；通知行李装卸队检查货舱、集装箱内（必要时还可检查客舱）是否有漏卸行李，并检查行李仓库；向货运仓库询问是否误将行李卸到货物仓库内，必要时向海关查询；对于旅客的联程行李，还应向旅客询问行李的转运情况、最后看见行李的地点，以及是否已向联程站提出查询。

第一次少收行李查询电报为航班到达后 1 小时内，第二次少收行李查询电报为第二天，第三天至第五天仍需发送行李查询电报。

（5）付给等待行李的旅客必要的临时生活补偿费。

（6）找到旅客的少收行李后通知旅客提取行李，并向之前发送过查询电报的航站行李查询部门拍发结案电报；旅客行李无法找到时，则需按航空公司相关规定为旅客办理赔偿手续。

（三）多收行李

1 多收行李的定义

多收行李是指在本次航班到达 24 小时且行李交付工作结束后仍无人认领的行李。出现多收行李的原因主要有非本站行李错运到本站的错运行李、需要经过本站中转的速运行李、目的地为本站但无人认领的行李及行李牌脱落的无牌行李。

2 多收行李的处理程序

在处理多收行李时，需填写多收行李记录单，编号并登记，在多收的旅客行李上拴挂多收行李记录卡，以入库备查。同时，将航空公司多收行李与少收行李的情况进行对照，查找其他哪些航站有少收行李的情况，并拍发多收行李的电报。

1）错运行李的处理

（1）送往原行李牌上的目的地。

（2）拍发运送行李电报至目的地或中转站，并注明错运行李。

（3）若本站无到目的地站的航班，则将行李返回原发运站。

（4）填写和拴挂速运行李牌，保留原行李牌。

2）速运行李的处理

（1）填写速运行李牌，拴挂在速运行李上，并保留原行李牌。

（2）尽可能利用本航空公司或其他航空公司的航班免费运送。

（3）如果速运行李的包装不符合要求，非本航空公司的速运行李可拒绝运送，发生损坏的不负责赔偿。

（4）国际行李应办理海关手续。

（5）拍发运送行李电报至终点站和中转站，并告知旅客运送行李的航班、日期和目的地。

3）无人认领行李及无行李牌行李的处理

（1）核对其他航站发来的少收行李电报或到达站旅客名单。

（2）查看行李上的旅客姓名、地址标志，以及行李颜色、类型等相关线索。必要时，可开启包装查看行李内物（必须两人以上在场），以便从中得到有关线索，设法与旅客本人或单位联系。

（3）核对其他航站发来的少收行李电报。

（4）如果暂时找不到失主，则填写多收行李记录单，拴挂多收行李记录卡，过磅入库。

（5）向运达航班的始发站、中途站和目的地站拍发多收行李查询电报 OHD。

（6）72 小时后还无旅客认领，则再次拍发 SHL 电报。

（7）如果查到失主，请旅客提供行李的具体信息，核对无误后安排旅客认领。若查明失主在外站，可按速运行李的运送方法运出。

（8）若时间超过 90 天，则按无法交付行李处理。

（9）针对无人认领行李中的无价移交物品，军用品应向当地军属部门移交，违禁品应向当地公安部门移交，历史文物和珍贵图书应向当地文化部门移交，海关监管物品应向海关移交，金银珠宝应向中国人民银行移交；无人认领行李中的有价移交物品，生产资料需交当地有关物资部门处理，生活资料需交当地商业部门付款收购，粮食及植物油料等需交当地粮食部门付款收购；对于无人认领的鲜活、易腐或其他保管有困难的物品，需报经上级批准处理。

（10）处理所得款项，应将行李保管费、处理费用扣除后的余款交财务部门保管。属于运输事故，并已由承运人赔偿的行李，其变卖款项全部归承运人所有。对于其他承运人航班运来的无人认领行李，可以移交该承运人处理。

（四）破损行李

1 破损行李的定义

破损行李是指旅客托运的行李在运输过程中，因行李的外部受到损伤或行李形状发生了改变，而使旅客行李的外包装或内装物品受到了损坏。

旅客行李的破损主要分为明显破损和不明显破损，明显破损是指行李外包装有明显的破损或在运输过程中造成的外包装的变形，不明显破损是指在行李外包装完好或不具有明显破损的情况下发生的旅客行李内物损坏。

2 破损行李的处理程序

如果旅客行李在航空运输过程中发生轻微磨损或表面沾染到少量污垢，则属于行李运输过程中的常规损耗,承运人应向旅客解释,不需承担相关责任。但若发生行李破损,航空公司应立即查明行李破损的原因,明确责任。

1) 承运人发现行李破损的处理

(1) 承运人如在行李装卸或运输时发现行李破损,应填写行李事故签证单,并采取补救措施。

(2) 若行李破损发生在始发站,要求修补后再运输,如果一时无法修复,在运输时,拍发行李破损电报通知转运站和目的地站。

在装卸或传送行李时发生或发现行李破损,应会同行李装卸人员,按照规定填制行李装卸事故签证,并采取必要的补救措施。如果发现出港行李破损,一般要求将破损行李修整,符合运输条件后方能运出。如果一时无法运输,在运出时,应拍发行李破损电报,通知行李目的地站和有关中转站。

2) 旅客发现行李破损的处理

(1) 若旅客在提取行李时发现行李破损,应先检查行李破损和遗失情况,以明确是旅客自身责任还是承运人的责任。

(2) 检查内容包括:有无人为破坏,如开、撬等痕迹,行李包装本身是否符合运输规定,整件行李的重量是否超过其包装所能承受的负荷,破损痕迹的新旧,有无拴挂免责行李牌等。如挂有免责行李牌的行李发生破损,应查看免除责任行李牌上打"×"的项目,承运人可免除相应责任。

(3) 必要时可将行李过秤,核对实际重量和旅客客票上填列的托运行李的重量是否相符,确定内物是否缺少。

发现旅客行李破损后,属于承运人责任的,应会同旅客填写破损行李记录表一式三份,分别作为赔偿依据、受理部门留存及上交财务部门。如果行李外包装完好无损,旅客提出内物破损要求赔偿,旅客需提出证明系由承运人过失所造成的损坏,否则不负赔偿责任。如果代理其他承运人处理行李破损,则应请该承运人驻场代表在破损行李记录表上签字,将破损行李记录表交该承运人代表直接处理。

■ 知识链接

旅客少收行李处理登记表多收行李处理登记表如下所示,对于旅客破损行李航空公司一般以不同的代码表示旅客行李破损的程度、部位与类型。

旅客少收行李处理登记表

查询编号	旅客姓名	行李牌号码	行李颜色与类型	航班日期	始发站	填表人	到达编号	领取人签名	领取日期	领取人证件类型及号码	签发人签名

多收行李处理登记表

多收编号	旅客姓名	原行李牌号码	行李颜色与类型	航班、日期	始发站	填表人	原少收查询编号	处理情况及日期	处理经手人	海关盖章

旅客行李破损情况及代码表

破损情况	代码	破损情况	代码	破损情况	代码
轻微	MINOR	严重	MAJOR	完全	COMPLETE
侧面	SIDE	顶部	TOP	底部	BOTTOM
把手	HANDLE	轮子	WHEELS	锁	LOCK
拉链	ZIPPER	凹陷	DENT	刮伤	SCARTCH
压碎	CRUSHED	弯折	BENT	撕裂	TEAR

■ **行动指南**

旅客王某在得知自己的行李由于超大或有易碎物品而要到超限柜台办理时，觉得很麻烦，非常反感，坚决要从传送带托运。作为机场的工作人员，你在遇到这种情况时应该怎么做？

对于旅客携带有超大或易碎物品行李的处理原则是，要站在旅客的立场上，从其切身利益出发陈述缘由，签免责单。在此过程中，对于特殊旅客，比如老人或孕妇，对给其造成的不便要给予足够的帮助。

关于超大行李要到超限柜台办理，首先要向旅客道歉，表示给旅客造成的不便的确是由于机场传送带太窄了，旅客行李在传送过程中很容易被卡住，会造成后续行李堵在一起，所以需要到超限柜台托运，请其体谅并配合工作。

关于易碎行李，要向旅客解释行李分拣系统的工作机制，说明行李在传送分拣过程中会受到很大的冲击力，而从超限柜台办理托运的话是由人工直接将行李拿到飞机上，不会经过分拣系统。如果旅客还在坚持的话，确保其易碎品不是液体并有很好的包装才可从传送带托运，并告知旅客对箱内物品负全责。

（五）行李内物短缺或遗失

1 行李内物短缺或遗失的定义

行李内物短缺或遗失是指旅客的托运行李在航空运输过程中，由于破损或其他原因而造成行李部分或全部遗失。

2　行李内物短缺或遗失的处理程序

(1) 旅客提取行李时,如发现行李内物短缺或遗失,承运人应请旅客留下姓名、地址、联系方式,以及遗失物品的名称、数量、型号等,并做好登记。

(2) 根据旅客提供的情况和线索,与运输过程相关部门发送行李内物被盗或丢失的查询电报,协助旅客查找。旅客要求承运人赔偿的,应明确责任,请旅客书面提出物品价值。

(3) 在行李交付以后旅客才提出行李内物短缺或遗失的,承运人要协助旅客寻找,除非旅客能证明是由于承运人的过失所造成的旅客行李损失,否则不需要承担赔偿责任。

(4) 旅客在行李中夹带贵重物品而丢失的,按一般物品赔偿。

(5) 发现内物短缺或遗失应会同相关部门查看情况,情况严重的,向公安机关报案。

(6) 填写运输事故记录单,作为赔偿凭证。

(7) 撰写内物短缺报告。

(8) 填写内物短缺赔偿工作表,确定赔偿金额。

(9) 收到电报的有关部门应立即协助查找,找到旅客遗失的物品后,查看物品,列出物品清单,按速运行李送到离失主最近的航站,当面交付旅客,并办理签收手续。

(六) 行李的退运

(1) 旅客行李的退运主要分为始发站退运和经停站退运,根据民航飞机托运管理规定,旅客在始发站要求退运行李必须在行李装机前提出。如果旅客临时退票,已托运的行李也必须同时退运。以上退运,均应退还已收逾重行李费。

(2) 旅客在经停地退运行李,该航班未使用航段的已收逾重行李费不退。

(3) 办理声明价值的行李退运时,在始发地退还已交付的声明价值附加费,在经停地不退已交付的声明价值附加费。

(七) 中途站提取行李的处理

(1) 航班在中途站过夜,旅客要求提取行李,可将行李交给旅客。行李上拴挂的行李牌可以不取下,提取行李凭证暂时收回,其他交付手续按交付行李的有关规定办理。

(2) 续程重新交运时,提取行李凭证交还旅客,但行李应予复磅。如重量有变动,应在行李牌及业务文件上做相应的变更;重量增加超过免费行李额或原付费重量时,应收取或加收该中途站至到达站的行李运费,重量减少的已付运费差额不退。

(八) 航班中断时对行李的处理

由于承运人原因,需要安排旅客改乘其他班机,行李的运输应随旅客做相应的变更。行李运费可重新计算,多退少不补。

如旅客改乘地面交通工具,行李应交还给旅客;如已收取行李运费,则应退还未使用航段的行李运输费用。

二、行李运输的责任与赔偿

行李的运输是民航旅客运输过程中的重要环节,每名旅客在乘机过程中都会携带或多或少的行李,可能是衣物、礼物及其他物品。由于行李本身所具有的多、杂、碎等特点,处理环节烦琐,航空运输一般又都是联程联运的,因此,在运输过程中发生旅客行李破损、遗失、延误等情况几乎是不可避免的,如果是由于承运人原因造成旅客行李的部分或全部损坏,承运人应按照《华沙公约》及国际航协的相关规定办理旅客行李的赔偿手续。

(一)行李赔偿责任划分

1 承运人责任

(1)旅客托运的行李在民航运输过程中,由于承运人原因而发生的破损、遗失、短缺或延误等事故,应由承运人承担赔偿责任。

(2)如果旅客的自理行李或随身携带物品在运输过程中发生了破损、遗失、短缺或延误等事故,旅客需提供证明说明行李的损失是由承运人造成的,承运人方可承担相应的赔偿责任。

(3)如果旅客损失的行李只是全部交运行李的一部分,则不管丢失行李的价值如何,只能按该部分丢失行李的重量在全部行李重量中的比例计算赔偿。

2 非承运人责任

非承运人责任主要是指由于自然灾害、旅客行李包装方法或包装质量问题或其他无法控制的原因所造成的行李破损、遗失、短缺、内物变质、延误等情况,除旅客能证明是承运人的过失外,均属于非承运人责任。

旅客若因未遵守国家的法律、规章、命令及民航运输的有关规定,在行李中夹带违规物品如易碎、易腐物品,造成旅客本人或其他旅客的行李损失,应由造成损失的旅客承担赔偿责任。承运人交付行李时,如果旅客没有对行李的完好性提出异议,则承运人也不需承担赔偿责任。

(二)行李赔偿的相关规定

旅客行李中可能包含各类物品,而且一旦发生破损、遗失和被盗,很难判断损失的数额。行李赔偿的规定如下:

(1)乘坐国际航班的旅客托运行李,根据《华沙公约》的规定,每千克以 20 美元为限,乘坐国内航班旅客的托运行李全部或部分破损、遗失或短缺,赔偿金额每千克以人民币 50 元为限。如行李的价值每千克低于限定额,则按旅客行李的实际价值进行赔偿。

(2)由于承运人而造成的旅客自理行李和随身携带物品的损失,对于乘坐国际航班的旅客,承运人的最高赔偿金为 400 美元,乘坐国内航班的旅客,承运人的最高赔偿金为人民币3000元,对于乘坐国际航空运输国内段的旅客,行李赔偿按照适用的国际运输行李赔偿规定进行办理。

（3）如果旅客遗失的行李是全部行李的一部分,可按遗失行李的实际重量计算赔偿金额。若无法确定遗失行李的重量,则旅客遗失的行李最多只能按该旅客享受的免费行李额赔偿。对于国际航空运输过程中采用计件制旅客行李运输的航段,除交付逾重行李费外,每件行李的赔偿额以32千克为限。

（4）旅客遗失的托运行李如已办理了行李的声明价值,应以声明价值为限对旅客进行赔偿,声明价值附加费不退。若承运人能证明旅客对行李的声明价值高于其行李实际价值时,承运人可按其实际价值进行赔偿。

（5）旅客若将重要文件、资料、外交信袋、证券货币及其他需专人照管的物品夹入行李内托运,一旦发生损坏,承运人均按一般托运行李承担赔偿责任。

（6）已赔偿的旅客丢失行李找到后,承运人应迅速通知旅客领取,除临时生活用品赔偿费之外,旅客需退回全部赔款,若发现旅客有明显的欺诈行为,承运人可追回全部赔款。

（7）旅客的托运行李如发生部分破损,可按行李折旧后的价值赔偿或承担相应的维修费用。

（8）旅客的托运行李在运输过程中发生破损,造成行李内物或行李箱表面污损而不能继续使用,可按污损物品的重量根据每千克的最高赔偿限额进行赔偿。

（9）由于承运人原因造成的旅客软质行李箱包附设的锁、手柄、滑轮、搭扣、提带等发生损坏、脱线而无法修复的,最高赔偿限额为人民币30元;硬质行李箱包附设的锁、手柄、滑轮、搭扣、提带等发生损坏、脱线而无法修复的,最高赔偿限额为人民币50元。

（10）由于承运人原因造成旅客软质行李及硬质行李外包装表面明显刮擦或挤压变形的,最高赔偿限额为人民币100元。

（11）由于承运人原因造成旅客软质行李外包装撕裂的,最高赔偿限额为人民币200元;旅客硬质行李外包装撕裂的,最高赔偿限额为人民币400元。

（12）旅客的托运行李在运输过程中如发生箱包损坏而不能使用时,应凭购箱发票及破损行李箱包报销,硬质行李箱包报销的最高限额为人民币600元。

（13）若旅客行李箱包为价值较高的软、硬箱包,赔偿可以按破损空箱原值以使用年限折旧后计算,但最高赔偿限额均不得高于破损行李的原实际价值。

（14）由于承运人造成的旅客的纸质行李箱包损坏,则因纸质包装不符合航空运输行李包装的要求,可不予赔偿。

（15）若旅客的木质行李箱包和藤制行李箱包发生破损而无法使用时,最高赔偿限额为人民币50元。

（三）临时生活用品的补偿

旅客乘坐航空公司的航班,但由于承运人的原因,旅客的托运行李未能与旅客同机抵达,而造成旅客旅途生活不便的,可在旅客的经停站或目的地站等候行李期间,根据实际情况发放旅客临时生活用品补偿费,主要补偿规定如下：

（1）临时生活用品补偿费一般一次性发放给旅客,不同航空公司的具体情况可能有所不同,一般国内航班的临时生活用品补偿标准为人民币 100 元,对于重要旅客及头等舱、公务舱的旅客,临时生活用品补偿可适当增加。

(2) 发放临时生活用品补偿时,需填写临时生活日用品付款单。该付款单为一式三联,一联为会计联,送交公司财务部门;二联为存根联,附在行李运输差错记录上,以便赔偿时参考;三联为旅客联,由旅客收执。

(3) 支付旅客临时生活日用品补偿费后,如旅客行李未能找到而需进行赔偿,则该补偿费将作为承运人对旅客行李赔偿的一部分,从赔偿金额中扣除。若行李最终找到,旅客则无须退还临时生活用品补偿费。

(4) 航空公司无须提供给旅客临时生活用品补偿的情况主要有:

①旅客乘坐本航空公司航班到达本站,但行李在外站已遗失且在本站申报遗失前,旅客行李并非由本航空公司承运。

②旅客行李于当天由后续航班运达。

③旅客行李贴挂有免除责任行李牌,其免责项目注明为"旅客晚交运行李"。

④旅客行李为逾重行李,因载量不足而被撤下。

⑤其他无须提供的情况。

(四) 行李的索赔和诉讼

1 旅客索赔要求的提出和处理

(1) 旅客的托运行李若发生损坏或延误,旅客应当在发现损坏或延误后立即向承运人提出异议,至少应当在下列规定期间内提出异议,否则丧失索赔权。

旅客领取了托运行李后,若发现托运行李发生损坏的,应当在实际收到托运行李之日起 7 天内提出。

旅客的托运行李发生延误的,最迟应当在托运行李交付旅客之日起 21 日内提出。

(2) 旅客需凭行李运输事故记录或破损行李记录向受理站提出索赔要求,如旅客已离开受理站,由受理站将有关资料和处理意见委托距旅客所在地最近的航站处理。

(3) 受理站在接到旅客行李的索赔要求时,应于 3 天内查明情况和原因,7 天之内确定承运人是否具有索赔责任,并将处理意见答复旅客。如受他站委托处理旅客索赔事务时,须在 3 天内在委托站将处理意见反馈旅客。

(4) 若行李发生损失的旅客因事不能办理索赔手续,需由代办人提供旅客本人签名的授权书方可办理。

(5) 行李赔偿可在行李的始发站、目的地站办理,旅客如在始发站办理行李的赔偿手续,必须在目的地站确认对该名旅客未做赔偿后方可办理。

(6) 受理站在接到国际航班旅客的行李索赔要求时,应尽快查明情况和原因,并将处理意见反馈旅客。21 天内仍无法找到,则可按有关规定赔偿。

(7) 旅客在行李的赔偿过程中如有异议,可在受理站或承运人法定所在地点提出诉讼,诉讼时效期从飞机到达目的地之日起,或从飞机应当到达目的地之日起,或从运输终止之日起开始计算,时间一般为 2 年,逾期将自动丧失任何损失的诉讼权。

2 行李赔偿受理

旅客行李在航空运输过程中如发生损坏、遗失、延误等情况,旅客应按法定时限向承运人提出赔偿要求,承运人的行李查询部门负责受理赔偿。行李赔偿表示行李查询工作已结束,一般在行李遗失的第二周开始受理。

1) 受理要求

受理赔偿时,应对照以下条款,检查备齐所需文件和资料,如办理行李遗失或延误行李赔偿的旅客必须提供旅客行李牌识别联、客票旅客联、行李运输事故记录、来往查询电报及函电、丢失行李调查表、旅客索赔申请书、行李赔偿调查报告等其他有关行李损失的详细资料,对于旅客的逾重行李或声明价值行李的赔偿,还应提供逾重行李票或声明价值附加费收据等单据。

若办理破损行李赔偿的旅客,必须提供破损行李记录表、旅客行李索赔单、行李装卸事故签证、来往查询电报及函电等资料。对于已投保险公司行李险的行李赔偿,承运人只承担一般行李的赔偿责任。

2) 受理步骤

首先要根据旅客提供的所有单据和证明材料,调查旅客行李的查询和处理情况,判明行李运输事故的责任者。

如果确系承运人的责任,要采取一切可能的办法,为行李遗失或内物短缺的旅客查找并归还旅客行李;对旅客行李箱包的磨损等问题进行迅速修复,若仍无法解决时,方可进入理赔程序。

然后确定行李赔偿限额,经上级审批后,填写行李赔偿费收据并给予旅客赔偿。如旅客行李损失在 500 元以内的赔偿,可由行李查询部门批准,外站由地面服务代理方行李查询部门批准;对于旅客免费行李额内的赔偿,由机场商务办批准,外站由协议授权的地面服务代理机场行李查询部门批准。超过上述限额和范围的赔偿,则由承运人的市场销售部门批准。

■ 知识关联

查行李就像查快递?这项服务太实用了!

■ 知识链接

民航资源网 2015 年 8 月 4 日消息:近日,石家庄市民王先生前往泰国旅游回来后发现行李箱破损,他及时联系机场地面服务部工作人员,经过与航空公司的协调,在半小时之内,事情得到了圆满的解决。根据行李箱受损程度,王先生得到了相应的赔偿。

解析:飞机的快捷、舒适使它成为大家出行的首选。但对于乘坐飞机的旅客来说,托运行李被损坏或丢失也是一件头痛的事。下面就为大家介绍一些降低飞机托运行李损坏或丢失风险的技巧。

1. 了解行李托运的流程

无论是航空公司的作业疏忽导致的行李损坏，还是其他旅客拿错行李，又或者是特殊情况导致行李不能随机到达，旅客首先要弄清楚，航空行李托运到底要经历哪些流程。

一个箱子从起飞到落地大概要经历五个步骤：

第一步，旅客要去值机柜台办理值机手续，除给自己换一张登机牌外，还要给行李换一张行李票；

第二步，行李要过安检X光设备；

第三步，行李顺着传送带到达行李分拣区，分拣工人会根据不同的航班和目的地对行李进行分拣；

第四步，行李的装机，装卸工会根据不同的航班把行李装到飞机上；

第五步，行李提取，到目的地站去转盘取行李。

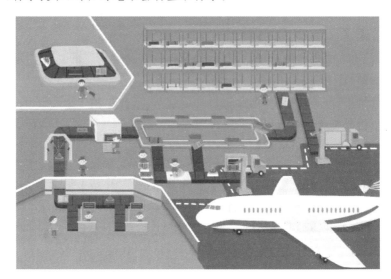

机场服务平面图

2. 容易发生行李破损的情况

一般情况下发生行李破损大部分是因为要经历长途或者中转，建议旅客选择承压力好的不容易被摔坏的箱子，比如说帆布包。旅客还可以给自己的行李加一个打包带或者给行李箱加一个行李套，缓冲其他行李对它的冲击，保护行李箱。

不难看出，导致行李破损的原因有很多。机场和航空公司要做的就是加强管理，对旅客进行提醒和告知，而对于旅客来说重要的是提前做功课，防止因个人原因造成不必要的麻烦。

3. 行李破损的索赔

如果行李箱破损，旅客要对索赔处理步骤做必要了解。旅客如果发现行李破损或者没有及时运达目的地，要第一时间联系航空公司或者机场行李查询部门，查询部门会协助旅客进行查找和赔付。根据相关规定行李箱破损分为三种程度：轻度破损、中度破损、重度破损。轻度破损类似于出现划痕，一般按照50至100元人民币进行补偿。中度破损如轮子掉了、拉杆坏了，一般会赔付维修费用100至200元人民币。有时航空公司也会赔偿一个备用箱做置换。重度破损类似于穿透性的损坏，箱体严重变形导致无法使用。国内航线会

按照每千克100元人民币来赔偿,国际航线会按照每千克20美元来进行赔偿,个别低成本航空公司也有自己的规定。

因此旅客托运行李前最好在行李箱上挂一个名牌,或者是贴一张醒目的贴纸,方便对行李进行辨认。贵重物品、易碎物品不要放在托运行李中,一旦发生遗失或者破损仅会按照行李破损进行赔偿。

贵重物品不能作为托运行李,办理值机手续的时候值机人员会提醒旅客。如果旅客还是想托运的话,首先,可以办理声明价值附加费。其次,还可以办理行李商业险,行李险赔付额每件最高赔付1800元人民币,最多买3件,最高总赔付额为5400元人民币。

此外,对于行李箱的损坏,一般航空公司都会有一些免责条款,对于行李箱轻微的损伤,如行李箱刮伤以及磨损等并不承担责任。赔付金额还要取决于行李箱的具体破损程度,以及是否能够提供有效的行李箱的价值证明。航空托运行李破损、丢失都属于小概率事件,对于机场及航空公司最重要的是做好预防工作和监管工作,而旅客遇到问题时则应该用合理的方式解决,同时还需做好功课,防止不必要的麻烦。

项目训练

1. 旅客赵某的托运行李内有笔记本电脑、手机、数码相机、摄像机等通过锂离子电池供电的电子设备。该旅客嫌麻烦拒不取出交运行李内的违禁物,并表示以前都是这样托运的,作为机场工作人员的你该如何处理?

2. 旅客张某需办理小动物托运的手续,其购票前要咨询办理的程序和要求,作为机场工作人员的你该如何回复?

3. 旅客从上海出发到厦门旅行,申报了一件行李,价值为5400元人民币,重量为3千克。请计算逾重行李费和声明价值行李附加费。(注:上海至厦门经济舱全价票票价为640元)

4. 旅客赵某的行李箱在托运过程中发生了破损,作为机场工作人员的你在进行破损行李记录时需要填写哪些重要信息?

项目六　旅客运送服务

项目目标

知识目标

1. 熟悉国内旅客运送的基本流程。
2. 了解旅客运送的一般规定和基本要求。
3. 熟悉重要旅客及其运送服务要领。
4. 熟悉其他不同类型的特殊旅客(如病残旅客、无成人陪伴儿童、孕妇、老年旅客、醉酒旅客等)及其运送服务要领。
5. 理解并掌握各种情况下的旅客运送不正常的处理规定。

能力目标

通过对旅客运送知识的学习,掌握旅客运送现场的基本工作要求和工作流程,熟悉旅客运送岗位工作内容,能正确处理各种特殊旅客的运送问题,并能熟练处理旅客误机、漏乘、错乘等常见旅客运送不正常情况。

素质(思政)

1. 掌握旅客运送服务的各项规定及要求,提高服务技能和职业素养。
2. 将"爱心、耐心、责任心"的服务意识融入对旅客的运送服务工作,从疫情防控和服务创新的角度优化服务程序。
3. 以规范的服务用语、高质量的服务标准,针对特殊旅客的不同需求进行个性化的运送服务工作。
4. 发扬团结协作的工作作风,及时做好旅客运送不正常情况的处理。

知识框架

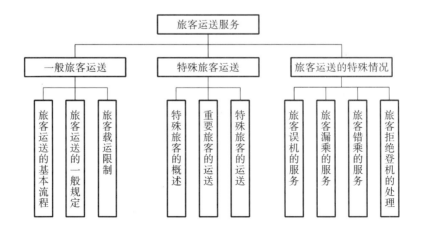

项目引入

"科技＋服务＋关怀"情暖春运,东航旅客运送服务实现"三重升级"

民航资源网2021年2月8日消息:为给旅客打造安心、舒适的出行体验,东航特别在上海虹桥、浦东两大机场推出"扫'东航Logo'即享服务、贵宾室东航周边'随心购'、爱心专区走进S1卫星厅"三重服务升级,以"科技＋服务＋关怀"多维度服务春运。

2021年春运伊始,东航在上海虹桥国际机场率先升级推出"无接触、无纸化、无聚集"的智慧出行新模式,从"全自助服务"到倡导旅客"全自主乘机"。临近春节,东航聚焦技术升级,为智慧出行迎来"全新体验":首创扫描"东航Logo"即可获得小程序服务。借助"AR"(增强现实)技术,让航空公司品牌Logo与服务产品紧密融合,成功地将线下场景与线上服务无缝对接,形成"线上流程轻松办理,线下高效便捷出行"的新业态和新模式。旅客只要看到"东航Logo",随时随地打开微信"扫一扫"中的"识物"模块对准扫描,便可进入东航微信小程序,尽享从购票到登机的全流程自助服务。

东航周边"随心购",贵宾服务升级。东航继首款指定贵宾室无限进入"567随心享"之后,于春节前夕上线了首期"贵宾随心购"系列产品,推出"东航味道"和"东航文创"两款周边特色产品。旅客可在上海虹桥机场V21S、V23贵宾室,上海浦东机场国内旗舰贵宾室、S1卫星厅国内101贵宾室及浦东机场77贵宾室自由选购"美味"与"趣味",为远方的家人和朋友带回新春的祝福。首期"随心购"文创产品包含玩偶、盲盒、拼装玩具等多种产品,可以满足不同旅客的需求。特别推出的东航家族盲盒春节款系列手办:空勤家族和地勤家族点爆竹、写福字、送礼物……各个妙趣横生、年味十足,还有名叫"犇小康"的佤族小牛玩偶、多款机坪特种车辆拼装玩具等。"随心购"产品里特别准备了5款广受旅客好评的东航美心诚意之作:曲奇之恋、天合小燕、上海之恋、东方之恋、小核桃仁,每一款"甜蜜"都是一份美好祝福。

爱心专区走进卫星厅,爱心服务升级。春节前,东航再次联合上海浦东机场,在S1卫星厅开设了爱心服务区,这是东航在浦东机场首个禁区内爱心服务站。通过与浦东机场T1航站楼出发大厅的东航爱心服务区相互联动,将爱心服务从单个服务点覆盖至值机到登机的全流程,为特殊旅客出行提供从点到面更周全、更贴心的全方位服务。卫星厅内爱心服务区地理位置便利,位于S1卫星厅捷运电梯到达处。服务区的设立,大大加快了临时轮椅服务的响应速度,由原先从T1主楼出发的40分钟缩短至15分钟。同时,服务区也为需要帮助的旅客,特别是老年旅客提供专属休息空间,时时关怀,将爱心服务落在实处。除特殊旅客服务外,卫星厅爱心服务区还将兼顾航班问询、中转集合、票务改签及综合服务等功能,打破原来卫星厅此类服务的单一模式,缩短旅客获取相应服务的来回奔波等候的时间,以"全维度,零距离,一站式"的服务理念,为旅客出行提供便利。科技赋能实现后疫情时代"背对背"的"无接触、无纸化、无聚集"智慧出行;定制产品打造"面对面"的"有颜、有识、有趣"的雅致体验;爱心服务彰显"心连心"的"有广度、有态度、有温度"的人文关怀,这个春运,东航守护每一位旅客平安出行。

○ 问题思考

1. 东航为应对新冠肺炎疫情率先升级推出的智慧出行新模式是什么?东航为特殊旅客运送打造的"爱心服务"体现在哪里?

2. 从疫情防控和服务创新的角度,你认为东航旅客运送服务实现"三重升级"给予我们哪些思考?

任务一　一般旅客运送

一、旅客运送的基本流程

(一) 国内航班旅客离港服务

1　办理乘机手续

航空公司根据航班时刻表,为旅客安排登机准备,旅客到达机场离港大厅后,在航班信息显示屏上查询所乘坐航班对应的值机柜台或自动值机柜台,凭本人有效身份证件办理乘机和行李托运手续,领取登机牌或打印登机牌。办理值机手续的柜台一般在航班起飞前90分钟开始办理乘机手续,在飞机离站前30分钟停止办理乘机手续。

2　安全检查

安全检查时,安检工作人员要求乘客出示登机牌、有效身份证件等以便查验。为了旅行安全,旅客及其所有行李物品必须接受安全检查,随身行李物品要接受X光设备检查,旅客经过金属探测器门接受检查。

3　候机及登机

旅客根据登机牌上的登机口号码到相应的候机区候机,一般在航班起飞前30分钟开始登机,旅客应关注广播提示和航班信息显示,以防登机口变更或航班延误。

(二) 国际航班旅客离港服务

国际航班旅客离港服务和国内航班旅客离港服务基本一致,主要是海关的区别。一般情况下,旅客到达机场之后,要在国际及港澳台出发大厅先办理登机牌,待拿到登机牌后,按照机票上面的指示,到达国际出发处;接下来旅客需要通过安检,在这个步骤里,实际上相关程序跟国内登机是一样的,只是检查的旅客证件从身份证变成了护照;待通过安检之后,就要办理出境手续,这也是国际航班旅客离港服务和国内航班旅客离港服务的最大区别,因此需要预留充足的出境手续办理时间。办完出境手续之后旅客会经过很多免税店,到达登机口,在准备登机的环节,和国内航班登机也是一样的,按登机牌显示的航班所在登机口等待航班即可。需要注意的是,国际出发办理手续实际上所需的时间要比国内出发办理手续多半小时左右,这半小时就是过出境,因此,搭乘国际航班最好提前两小时到达机场,以便预留充足时间应对紧急情况。

(三)国内航班旅客到达服务

在飞机安全抵达目的地后,运输服务部门安排旅客下机,卸运行李;航空公司为旅客提供查询和领取行李服务。旅客到达目的地后,应确认航班号,到相应的行李传送带领取托运行李,行李多时可以用手推车。进入到达大厅后,可在大厅可换币。大厅接客处提供宾馆接待处、机场巴士售票处服务,出口处有出租车、公交巴士、站台、地铁等交通工具服务。

(四)国际航班旅客到达服务

国际航班旅客安全抵达目的地后,进入航站楼,依次进行检验检疫,通过边防检查,提取行李,通过海关检查及离开机场。

在检验检疫环节旅客需如实填写入境健康检疫申明卡。旅客在飞机内如果得到检疫所发的卫生健康卡,应填写必要事项并交到卫生检疫地点。来自黄热病区的旅客,要向检验检疫机关出示有效的黄热病预防接种证书。对于新冠肺炎疫情期间乘机回国的旅客,入境流程有新的要求,以上海为例:

(1)重点国家(地区)航班落地,停靠相对固定机位或廊桥后,海关实施登临检疫、体温筛查、信息查验等入境检疫流程。

(2)若发现发热或疑似新冠肺炎旅客,由机场通知现场等待的120救护车,直接从机坪转运至属地指定医疗机构就诊。

(3)未发现异常的旅客下机接受流行病学调查。

(4)旅客进入联检大厅,开始健康申明卡初筛、测温及正式递交监控申明卡。

(5)根据联检结果,若经海关检疫有发热症状的旅客将由专业部门、专用车辆转送至指定医疗点继续检测治疗;若无发热症状,也需转运至集散点再次进行筛查。

疫情期间首都机场处置专区还进行了改造和流程的优化调整:

一是重新调整布局。在处置专区三层设置了健康申明卡填报区、测温点及流调采样区;在二层设置了流调采样区及旅客休息区;在一层设置了边检入境手续办理区、海关监管区、旅客中转区及行李提取区。

二是补充区域资源。在处置专区三层原有的海关6个流调点位和6个采样点位基础上,在二层新开辟4000平方米的区域作为补充,并新增16个流调点位和20个采样点位,这样处置专区共有22个流调点位和26个采样点位,进一步提升对入境旅客的检疫排查能力。

三是改善旅客体验。除新开辟4000平方米区域、新增流调采样点位,减少旅客排队等候时间外,还在关键流程点增加了引导标识和服务人员,进行旅客引导和维持秩序。另外,在旅客行经路线上还增加了自助售卖机、饮水机等便捷服务设施,以满足旅客多样化需求。

面对复杂多变的国际疫情形势,首都机场作为"中国第一国门",将全面落实疫情防控的各项措施,坚决以最严格的标准守护旅客出行、把好航空关口、筑牢国门防线。

（五）中转登机流程

1 国内转国内

旅客下飞机后自行到行李转盘提取行李、携带行李至中转厅办理值机手续，即托运行李和换登机牌。然后，旅客再到出发大厅通过安检，安检后至登机口候机、登机；或者到达机场提取行李后到候机楼内按正常国内旅客的出发流程，在候机楼内办理中转航班的值机手续，然后过安检，安检后至登机口候机、登机。

2 国内转国际

国内旅客下飞机后自行到行李转盘提取行李，携带行李至中转厅或者候机楼内办理中转手续，即中转航班的值机手续，托运行李并换登机牌，然后旅客到候机楼出发大厅过海关、检验检疫、边防检查、安全检查，安检后至登机口候机、登机。

3 国际转国际

旅客下飞机后先通过检验检疫、边防检查，到行李转盘提取行李，然后携带行李至中转厅或候机楼办理中转手续，即通过入境海关检查、托运行李并换登机牌，然后通过安全检查，安检后至登机口候机、登机。

4 国际转国际

旅客下飞机后可经廊桥或摆渡车进入航站楼，按照检验检疫的相关规定如实填写入境健康检疫申明卡，来自黄热病区的旅客，要向检验检疫机关出示有效的黄热病预防接种证书。在边防检查环节，旅客须持有有效护照证件、签证、入境登记卡进行办理。边防检查后旅客可根据航班号对应的行李所在转盘提取行李。提取行李后办理中转手续，中转手续依次为入境海关检查、行李安全检查、托运行李及换登机牌。旅客办理完中转手续后，持登机牌、有效身份证件通过安全检查，安检后到相应的登机口候机、登机。

二、旅客运送的一般规定

（1）旅客必须在航空公司规定的时间内到达机场，凭本人有效证件办理客票查验、行李托运、换登机牌等乘机手续。

（2）旅客不能按时到达机场办理乘机手续，或未出示有效身份证件，或未做好旅行准备，航空公司为保证航班准时起飞，可取消旅客定妥的座位，且不承担旅客的损失和费用。

（3）一般情况下国内航班开始办理乘机手续的时间一般不迟于客票上列明的航班离站时间前90分钟。旅客应提前90分钟到达机场办理乘机手续，停止办理乘机手续的时间为航班离站时间前30分钟。航空公司会将上述时间以适当方式告知旅客。

（4）航空公司及地面服务代理人应按时开放乘机登记处，按规定接受旅客出具的客票,准确快速地办理乘机登记手续。

(5) 乘机前,旅客及其所有行李必须经过安全检查。

■ 知识链接

上海虹桥国际机场全自助航站楼

上海虹桥国际机场全自助航站楼全自助到什么地步?

虹桥机场 T1 航站楼在国内出港流程上,值机、托运、安检验证、登机验证,统统自助完成!

(一)自助值机

这里的自助值机设备,呈 W 形分布于值机大厅。旅客只要刷二代身份证等有效证件(共支持 7 种不同有效证件),就能自行办理值机,打印登机牌与行李条。

上海虹桥机场自助值机设备

(二)自助托运

自助托运设备呈一字排开,旅客只需要扫描身份证或护照及登机牌,就可以自助托运行李。

(三)自助安检

国内出发区域配备了自助安检验证闸机,代替原先的人工验证过程。旅客扫描身份证,进行人脸识别后就能自助完成安检验证,全程 15 秒都不到。

(四)自助登机

近机位及远机位登机口均配备了自助登机设备,旅客扫描身份证/登机牌进行人脸识别(再次验证旅客信息),就能自助完成登机手续,仅需 10 秒钟!顺利登机。

三、旅客载运限制

(一)拒绝运输

有下列情况之一时,承运人可以决定对旅客拒绝运送或拒绝续程运送(包括要求中途下机)或取消其已定妥的座位:

(1) 未保证安全。

(2) 未遵守我国法律、规定、行政命令。

(3) 旅客因行为、精神、健康状况等需要承运人给予特殊照顾，或对其他旅客造成不适或反感，或可能对其本人、其他旅客或财产造成危害或危险。

(4) 旅客不遵守承运人规定或不听从承运人安排和劝导。

(5) 有特殊恶臭、特殊怪癖或外形怪异，可能对其他旅客造成不良影响者。

(6) 患有传染性疾病者。

(7) 可能对其他旅客及其自身造成危害者。

（二）不予载运

飞机载重量或座位不足时，承运人有权根据自己合理的判断决定不予载运任何旅客、行李及其他物品。

（三）有条件载运

病残旅客、无成人陪伴儿童、孕妇、婴儿、醉酒旅客等特殊旅客，在符合承运人规定的运输条件下，经同意方可予以载运。

■ 知识关联

婴儿、儿童乘机和成人有哪些区别呢？

■ 行动指南

如何在网上申请无成人陪伴儿童乘机

一般情况下我们都会有大人陪同小孩坐飞机，但有些人没有办法陪同就只能申请无成人陪伴儿童乘机，无成人陪伴儿童乘机都有哪些程序呢？办理无成人陪伴儿童乘机手续如下：

1. 年龄要求

只要你的孩子年龄在5—12岁，那么就符合申请无成人陪伴儿童乘机服务的资格。5—12岁是免费的，12岁以上就要付费了。小于5岁的婴幼儿是不能申请无成人陪伴服务的。

2. 申请的时机

各航空公司的规定各不相同，但是一般要求至少提前一天甚至更长时间申请。申请的时候可直接联系民航在线客服提交资料。申请单上要写上孩子的姓名、年龄、性别、航班号、日期,以及接送人的姓名、电话、与孩子的关系,以及接机人的地址、身份证号等。乘机当天到机场填完之后,工作人员会把这些资料放进一个标志牌挂袋里,孩子乘机的全过程都要戴着这个挂袋,所有的乘机资料包括登机牌、身份证明等,也都会放在这个挂袋里。而有这个挂袋,也能让机场工作人员一看就知道,这是托给航空公司的无成人陪伴儿童。

3. 机场登记

到达机场之后,要去登记处办理登记,工作人员会核对信息,然后填写交接单,注明孩子携带的行李件数等,让家长签字。最后就完成交接了,到了登机的时间,工作人员会把孩子带上飞机。

4. 乘机过程

在孩子乘坐飞机的时候,将会有一名乘务员专门为孩子服务,一般孩子会被安排在某一个区域就座,方便乘务员为其服务。飞机到达之后,孩子会由乘务员统一带领下机,交给前来接待的目的地地勤人员,并由后者送至出港大厅,与前来迎接儿童的亲人交接。所以家长必须提前准确地填写联系人的地址和电话。

(四)载运限制的补偿

根据上述规定,被拒绝运送和拒绝续程运送(包括要求中途下机)或取消已定妥座位的任何旅客,承运人不给予该旅客赔偿,该旅客按非自愿退票规定办理退票。

由于座位超售而不予运送的旅客,承运人按照超售补偿规定予以经济补偿。

■ 知识链接

转运捐献器官全程绿色通道　民航:优先安检登机

2016年5月,国家卫生计生委(现国家卫健委)、公安部、交通运输部、中国民用航空局、中国铁路总公司(现中国国家铁路集团)、中国红十字会总会联合印发通知,建立人体捐献器官转运绿色通道。

通知中明确了由多部门建立人体捐献器官转运绿色通道的协调机制。公安部门负责依法保障运送人体捐献器官的救护车优先通行。交通运输部门负责保障便捷、快速通过收费公路收费站。民航部门负责保障运送人体捐献器官的人员优先安检、快速登机,协调承运人体捐献器官的航班班次,遇拥堵或流量控制时优先放行。铁路部门负责保障火车站安检快速过检、乘车,协调列车车次,必要时可先登车后补票等。

据介绍,5月以来,奥凯航空和春秋航空分别开通绿色通道,以最快速度帮助旅客转运人体捐献器官,挽救了患者生命。

(天津网讯　城市快报记者张珊珊)

任务二 特殊旅客运送

一、特殊旅客的概述

（一）特殊旅客的定义和分类

特殊旅客是指给予特殊礼遇和照顾，或由于健康用药和精神状况，在旅途中需要特殊照顾，并符合一定运输条件的旅客。

特殊旅客可以分为重要旅客和一般特殊旅客两大类。一般特殊旅客主要包括无成人陪伴儿童、病残旅客、孕妇、醉酒旅客、犯罪嫌疑人、特殊餐食旅客等。

（二）特殊旅客服务的一般规定

（1）为了保证安全，遵守国家法律法规和命令，或旅客因其行为、年龄、精神或健康情况不适合航空旅行，或旅客使其他旅客感到不舒适或反感，或可能对本人或其他旅客或财产造成危害或损失，航空公司根据自己的合理判断，有权拒绝运送这类已持有客票的民航特殊旅客及其行李。

（2）特殊旅客运送是由各航空公司自行制定的。接受特殊旅客运送之前，必须事先取得相关承运人的同意。特殊旅客的客票销售权仅限航空公司直属售票处或其授权代理人。接受特殊旅客订座均需在 PNR 的 RMK 或 OSI 项内注明给予照顾的内容。

（3）重要旅客、特殊旅客只有在符合中国民航局有关旅客运输规则，并征得承运人同意的情况下，方可载运。

（4）由于特殊旅客需要特殊的照顾和服务，可能会影响对同一航班其他旅客的服务，因此每一航班接收的特殊旅客（重要旅客除外）应有数量限制，对特殊旅客接收人数的控制工作，由航班的控制部门负责。

（5）航班控制部门要在航班起飞前一天下午 4 点前将所有的特殊旅客情况，包括旅客的姓名、职务、随行人数、乘机日期、航班起飞时间、订座舱位、PNR 订座记录编码、目的地特殊服务要求和需要的特殊设备（轮椅、担架及医药援助等），通知航空公司的航班生产调度或运行管理部门或始发站当地航班运行管理部门。

■ 知识链接

中国南方航空特殊旅客规定

（1）特殊旅客是指需要采取措施给予特殊礼遇或照顾，或由于其身体和精神状况需要给予特殊照料，或在一定条件下才能运输的旅客。

（2）特殊旅客的情况比较复杂，不可能把所有运输的条件、手续和注意事项一一列举，因此建议旅客购票前致电中国南方航空客服电话咨询。

（3）关于特殊旅客的运输办法，在航空运输中是由各承运人自行规定的。因此，凡是接受需要与其他承运人联程运输的特殊旅客，必须事先取得该承运人的同意，并按照各承运人提出的要求办理。我公司特殊旅客的接收仅限南航售票处或其授权代理人。

（4）旅客的行为、年龄、身体和精神状况不适合航空旅行，或使其他旅客感到不舒适或反感，或对其自身、其他人员、财产可能造成任何危险或伤害，南航可以根据自己合理的判断，拒绝运输这类旅客及其行李。

（5）限制运输的旅客。

病残旅客、婴儿及有成人陪伴儿童、无成人陪伴儿童/无成人陪伴青少年、孕妇、特殊老年旅客、犯罪嫌疑人/遣返人员等特殊旅客，必须在订座时提出申请，只有在符合南航规定的条件下，经南航预先同意并在必要时做出安排后方可接受乘机。

（6）由于特殊旅客需要特殊的照顾和服务，可能会影响对同一航班的其他旅客服务，因此每一航班对接收的各类特殊旅客（除重要旅客外）应有数量限制。

温馨提示：

各类特色值机业务（含网上办理值机、短信办理值机、自助办理值机）暂不受理特殊旅客及加验其他乘机证明方可运输的旅客（包括重要旅客、伤病旅客、残疾旅客、革命伤残军人和警察、孕妇、无人陪伴老人和儿童、需要特殊餐食的旅客等），请您持购票时提供的有效身份证件及其他必需的证明直接到机场南航值机柜台办理。

二、重要旅客的运送

重要旅客是民航旅客运输保证的重点，认真做好重要旅客运输服务工作是民航运输部门的一项重要任务。

（一）重要旅客的范围

省部级（含副职）以上的负责人；各大军区级（含副职）以上的负责人；公使、大使级外交使节；由各部委以上单位或我国驻外使领馆提出要求重新按重要旅客接待的客人；承运人认为需要给予此种礼遇的旅客。

（二）重要旅客的种类

重要旅客一般分为三类：最重要旅客（VVIP）、一般重要旅客（VIP）、工商界重要旅客（CIP）。

1 最重要旅客

最重要旅客包括：党和国家领导人、外国国家元首和政府首脑、外国国民议会议长和副议长、联合国秘书长等。

② 一般重要旅客

一般重要旅客包括：政府部长，省、自治区、直辖市人大常委会主任，省长、自治区人民政府主席、直辖市市长或相当于这一级的党政军负责人；外国政府部长；我国和外国政府副部长或相当于这一级别的党政军负责人；我国大使和外国大使；国际组织（包括联合国、国际民航组织）负责人；我国和外国全国性重要群众团体负责人；两院院士等。

③ 工商界重要旅客

工商界重要旅客包括：工商业、经济和金融界重要的、有影响的人士；重要的旅游业领导人；国际空运企业组织、重要的空运企业负责人和承运人邀请的外国空运企业负责人等。

（三）重要旅客运送服务

① 为重要旅客订座、购票

重要旅客订座、购票，应给予优先保证；接受重要旅客订座时，应请经办人详细填写旅客订座单，了解要客的职务（级别）和需要提供的特殊服务；重要旅客需预定联程、回程座位时，接受订座单位应及时向联程、回程站拍发订座电报，并在 OSI 项中注明"VIP"字样、职务（级别）和特殊服务的要求；联程回程站接到重要旅客订座电报后，应保证座位并及时拍发答复电报；凡有重要旅客订座购票的航班，不应随意取消或变更，如有变更应尽早通知重要旅客的购票单位，并做出妥善安排。

② 为重要旅客办理乘机手续

为重要旅客设置专柜，方便重要旅客办理乘机手续；值机部门应优先为重要旅客办理乘机、行李托运、联运等手续，一般发放前排座位，在未设头等舱的航班上，应尽可能将较舒适的座位提供给重要旅客；在重要旅客登机牌上注明"VVIP""VIP""CIP"字样，便于做好服务工作；优先办理重要旅客的行李收运手续，检查行李是否完好后，贴挂 VIP 行李标志牌和"小心轻放"的标签，并与行李分拣员交接签收，如发现行李有破损的地方，应拴挂免除责任行李牌，并请托运人签字，始发站和经停站在把行李装机时，应将重要旅客的托运行李装在靠近货舱舱门口的位置，以便到达站优先卸机交付。

③ 重要旅客的迎送工作

始发站经停站和到达站的运输业务部门应亲自迎送重要旅客，如停机坪离后机楼较远，必要时安排车辆接送。将重要旅客安排在贵宾厅休息并提供适当饮料和点心，由承运人接待的重要旅客，其费用由承运人负担，由其他单位接待的重要旅客根据接待部门的要求提供的贵宾室饮料、点心及其他服务的费用，应向有关接待部门结算，做好重要旅客的安全保密工作，重要旅客有迎接送仪式或其他安排的当地运输业务部门，应按照负责接待或迎送单位的要求配合做好有关迎送工作，重要旅客上下飞机的次序先后原则上按后上先下，但要考虑到重要旅客的迎送仪式。必要时，当地运输业务部门要指定服务员，引导其他旅客上机或下机进入候机室，不愿公开身份的重要旅客，乘坐承运人飞机时可免去迎送工作，按旅客要求办理。

4 航班延误时的工作要求

航班延误时,对于未到达机场的重要旅客,及时通知接待单位或重要旅客本人,并及时将航班延误情况告知各有关经停站和到达站要客服务部门,要客服务部门应及时报告驻机场各有关单位领导和各有关业务部门及接待单位;对于已到达机场办理乘机手续的重要旅客,运输业务部门或本公司驻当地营业部应组织人力对重要旅客进行重点照料;如果延误时间过长,运输业务部门还应配合接待部门做好必要的安排。

5 重要旅客运输其他规定

重要旅客航班的载运限制:在国务委员、副总理以上重要旅客乘坐的航班上,严禁押送犯人和接受精神异常者乘坐,值机部门要严格把关并通知货运部门,严禁在该航班上装载危险物品;在接受婴儿、儿童及无成人陪伴儿童时,应严格按照规定安排座位,不得超售;报载时需特别说明:重要旅客姓名、职务、座位号、目的地、行李件数或重量、随行人数;始发站的值机部门在航班起飞后,应在五分钟内拍发电报,通知各有关中途站和到达站的要客服务部门,要客电报应包括航班日期、飞机号、要客姓名、职务、人数、行李件数和舱位等内容。

■ 知识关联

琳琅满目的机场贵宾厅

■ 知识链接

机场贵宾厅提供哪些服务?

随着我国对外政治经济交往的日趋频繁,来访的国内外政府和商务要客人数也在不断上升,如何与国际接轨,强化机场的延伸服务就成了一个崭新的课题。机场贵宾厅如何为会员提供在机场地面的一条龙接待服务呢?

一、机场贵宾厅的种类

一般机场有三种贵宾厅:

(1) 各大航空公司自营的贵宾厅,一般提供给该航空公司的两舱乘客或者精英会员。不是所有机场,所有航司都有自营贵宾厅,通常是比较大的航空公司,航线较多比较繁忙的机场(比如上海、北京、广州等地的机场)有航空公司自运营的贵宾厅,这部分贵宾厅通常在安检内。

(2) 机场自营的贵宾厅,一般为那些没有自营贵宾厅、航班线路较少的航空公司的两舱提供,这部分贵宾厅通常在安检内。

(3) 一些银行或公司等第三方运营的贵宾厅,一般是第三方在机场租赁一块地方自己运营,主要提供给自己公司的 VIP 使用,这部分贵宾厅通常在安检外。

二、机场贵宾厅的服务

不同机场、不同种类的贵宾厅提供的服务是不一样的,但基本配套包括:沙发、桌椅、饮料、小点心、免费网络等。条件更好的还会提供按摩椅、正餐、淋浴设施和电脑等。

以南航为例,其在北京首都国际机场 2 号航站楼设有头等舱、公务舱休息室,明珠金、银卡会员休息室,A380 休息室。休息室内设公共休息区、餐饮酒水区、商务上网区、行李寄存区、影音娱乐区、休闲按摩区、儿童区、睡眠房、小憩室、淋浴间等功能区域,为头等舱、公务舱、明珠金、银卡会员等南航客户提供登机提醒、航班信息查询、客票改签、会员服务、商务功能、行李寄存、自助餐饮、无线上网、手机充电等服务。

南方航空公司机场贵宾厅

三、特殊旅客的运送

(一) 孕妇、无成人陪伴儿童及婴儿旅客运送

1 孕妇旅客运送

由于在高空中飞行,即使飞机有增压舱,空气中氧气成分相对地面减少,气压降低,因此孕妇运输有一定的限制条件。

1) 孕妇旅客的范围

怀孕不足 32 周的孕妇乘机,除医生诊断不适应乘机者外,按一般旅客运输。怀孕超过 32 周不足 35 周的孕妇乘机,应办理乘机医疗许可,该乘机医疗许可应在乘机前 7 天内签发有效。

2) 孕妇旅客的运输条件

怀孕 32 周或不足 32 周的孕妇乘机除医生诊断不适宜乘机者外,可按一般旅客运输;

怀孕超过32周的孕妇乘机，一般情况不予接收，如有特殊情况怀孕超过32周不足36周的孕妇乘机应提供医生诊断证明，包括旅客姓名、年龄、怀孕时间、旅行的旅航程和日期、是否适宜于乘机、在机上是否需要特殊照料等事项，上述诊断证明书应在旅客乘机前72小时内填开，并经县级以上的医院盖章和该院医生签字方能生效，预产期在4周以内或预产期不确定，但已知为多胎分娩，预计有分娩并发症者不予运输。

3）孕妇旅客值机服务流程

航空公司及机场地面服务人员在接到有关特殊旅客运输（孕妇）电话通知后，应按通知中所述旅客要求的服务事项，做相应的安排。办理乘机手续时，检查必备文件，如诊断证明书和特殊旅客服务需求单等是否齐备和符合要求，值机人员应尽可能为孕妇旅客提供方便出入和服务的座位。如孕妇不能提供有效的医院证明，为确保孕妇及胎儿安全，航空公司不予载运。

2 无成人陪伴儿童旅客运送

无成人陪伴儿童是指年龄在5周岁至12周岁的无成人陪伴、单独乘机的儿童。年龄在5周岁以下的无成人陪伴儿童不予承运。年龄若在12周岁以上15周岁以下的儿童，若其父母申请，也可按无成人陪伴的儿童办理无成人陪伴儿童的服务，代码为UM，适合舱位（Y舱），票价为正常票价的50%购票，占有座位并享有所持客票座位等级规定的免费行李额。

1）接受无陪儿童运输的条件

（1）在一般情况下，国内航班每个航班最多只能办理5个无成人陪伴儿童，但各个公司的规定不同，且机型不同数量也有变化。表6-1为南航针对不同机型制定的无成人陪伴儿童人数要求。

表6-1 南航不同机型无成人陪伴儿童接收人数限制

机　型	限制人数	机　型	限制人数
B777A	8	A300	8
B777B	6	A330	6
B737/757	5	A321/320/319	5
ERJ190-100LR	3	A380	8
ATR-72/EMB145	1	MD-82/90	5

注：只有经济舱接收无成人陪伴儿童运输，头等舱、公务舱、高端经济舱不接收。

（2）无成人陪伴儿童乘坐国内航班一般需在航班起飞前48小时提出申请，并在航空公司指定的售票处购票，需填写无成人陪伴儿童乘机申请书，国际航班需提前一周申请。但是，各个航空公司对无陪儿童的申请时间不尽相同。随着民航信息化的发展，无成人陪伴儿童的运输申请也可以在相应航空公司的网上填写，如图6-1所示。

（3）无成人陪伴儿童必须由儿童的父母或监护人陪送到上机地点，并在儿童的下机地点安排人员接机。

（4）航空公司往往仅接受不换机的情况下的无成人陪伴儿童的运输，如果运输的全航程中包括两个以上的航班时，一定要获得有关承运人的同意。由儿童的父母或监护人安排人员在中转地接送或照料，并将接送人的姓名、电话号码和地址提供给承运人。

（5）如果儿童的父母或监护人在航班的中转站安排人员接送或照料有困难，要求由承运人在当地照料儿童时，应预先提出并经承运人同意后才可以。

图 6-1　无成人陪伴儿童乘机网上申请

（6）办理无成人陪伴儿童手续时，应由儿童的父母或监护人填写无成人陪伴儿童乘机申请，内容包括儿童姓名、年龄、始发地、目的地、航班号、日期，以及送站人和接站人姓名、电话、地址等项目。值机员接受申请并核实无误后方可办理乘机手续，当然不同机场的服务程序可能略有不同。

2）无成人陪伴儿童的值机程序

（1）检查无成人陪伴儿童运输申请书的内容及经停站和到达站迎接儿童的指定接送人是否已证实。

（2）办理值机手续，座位安排尽量靠近乘务员工作区的走道位，飞机起飞前 30 分钟停止办理无成人陪伴儿童特殊服务。无成人陪伴儿童的座位安排应符合以下原则：

安排在随机服务员或乘务员便于照料的位置；靠近机上厨房，最好是过道座位；若有可能，尽量与其他旅客的座位分开；若座位满座应安排与女乘客一起的座位；不得安排在应急出口的座位。

3）无成人陪伴儿童的服务程序

（1）旅客在购票时应提出申请并填写申请单，服务员在接到无成人陪伴儿童通知后，首先请旅客出示机票，填写无成人陪伴儿童交接单。

（2）填写内容包括儿童姓名、所乘航班号、目的地、送行，以及接站家长姓名、电话，如有行李托运，还应填写行李件数及行李牌号码。如旅客有特殊要求，还应在交接单上注明，如晕机等。

（3）填写无成人陪伴儿童登机本和服务卡，并把服务卡挂至儿童胸前。

（4）通知内场服务员，内场服务员应检查无成人陪伴儿童文件袋中装有无陪伴儿童的有效旅行证件、无成人陪伴儿童乘机申请书，以及收费单等文件和资料。较传统的"无成人陪伴儿童文件袋"是由牛皮纸制作而成，为了更好地服务儿童，服务卡往往印有明显的无成人陪伴儿童的标识（见图6-2）。文件袋检查无误后，引导无成人陪伴儿童办理乘机手续，进行安全检查，送至特殊旅客休息室休息，等候上机。

图6-2　无成人陪伴儿童标识

（5）内场服务员接到上客通知后，先将无成人陪伴儿童送上飞机，与空乘进行交接，递交接单的机组联。

（6）外场服务员接到乘务员转交的无成人陪伴儿童后，将其送到大厅出口交给接机人，并请接机人在交接单上签字，如接机人未到，服务员可将儿童带到问询处休息，并通知广播室及时广播寻找接机人。

3　婴儿旅客运送

婴儿旅客是指乘机人年龄未满2周岁，其服务代码为INF，由于新生儿的抵抗力差，呼吸功能不完善，飞机升降时气压变化大，对身体刺激大，因此对婴儿乘坐飞机要有一定的限制条件，一般航空公司不予承运出生不足14天的婴儿和出生不足90天的早产婴儿。

1）婴儿旅客购票及乘机规定

婴儿不单独占用座位，票价按适用成人正常票价的10%计收。按成人正常票价10%付费的婴儿无免费行李额，仅可免费携带一摇篮或可折叠婴儿车。每一位成人只能携带一名婴儿享受这种票价，超过限额的婴儿应按相应的儿童票价计收，可单独占座，享有所持客票等级规定的免费行李额。

2) 婴儿旅客值机规定

航空公司及机场值机服务部门应优先为携带婴儿的旅客办理乘机手续,在办理乘机手续时应索取婴儿的出生证明,以便核实其年龄。应将携带婴儿的旅客安排在婴儿座位排(飞机上多提供一个氧气面罩的座位排),也可安排在安装有婴儿摇篮的座位,切忌安排在飞机的应急出口位置。为婴儿发放无座位号的婴儿登机牌。

3) 婴儿旅客接收数量及座位安排

为了保证航空公司的客舱服务质量,航空公司会对航班接收婴儿旅客的数量加以限制,原则上要求每一航班接受婴儿的数量应少于该航班机型的总排数,每排旅客座位只允许安排一位婴儿,并且必须确保可以为每一位婴儿提供独立的氧气装置。具体的座位安排,原则上要求安排携带婴儿旅客远离机上头等舱和公务舱座位区域,以免飞行中婴儿的哭闹会影响高端舱位旅客的乘机体验。

(二) 病残旅客运送

在精神或身体上有缺陷或因疾病而无自理能力,或其行动需要他人照料的人,称为病残旅客。如果是一名年事甚高的旅客,即使该旅客没有疾病,也应作为特殊旅客处理,给予特殊服务。

身体患病、精神患病、肢体伤残均视为病残旅客。年迈的老人虽然身体并未患病,但在航空旅行中显然需要他人帮助时亦应视为病残旅客给予适当的照顾。带有先天残疾但已习惯自己生活的人如聋哑人等,不应视为病残旅客。

1 病残旅客的分类

依据病残的性质及程度,病残旅客可以分为以下几种:

(1) 疾病旅客,指身体患病或精神病患者。

(2) 肢体伤残旅客,指肢体受伤致残的旅客。

(3) 失明旅客,指患有眼疾而导致失明的旅客。

(4) 担架旅客,指在飞机上无法在客舱座位上就座,必须处于水平状态的旅客。

(5) 轮椅旅客,需要轮椅的病人或伤残旅客,又可分为以下三种:

①客舱轮椅旅客(WCHC,这里的C指客舱座位)。此类旅客完全不能自己行动,需要别人搀扶或抬着才能到机舱内的座位上,前往或离开飞机休息室时也需要轮椅,在上下客梯和进出客舱座位时需要背扶。

②客梯轮椅旅客(WCHS,这里的S指客梯)。此类旅客在机舱内可以进出客舱座位,但上下客梯时需要背扶,前往距离较远或离开飞机、休息室时需要轮椅。

③机坪轮椅旅客(WCHR,这里的R指机坪)。此类旅客能够自行上下客梯,并在机舱内可以走到自己的座位上,但前往距离较远或离开飞机时,如穿越停机坪、站台或前往休息室需要轮椅。

2 承运病残旅客的条件

有些旅客患有的疾病或身体状况不佳,会对其他旅客和机组成员产生不良影响,且各航空公司对载运病残旅客都有自己的规定,接受病残旅客乘机必须谨慎。

1) 诊断证明书

病残旅客乘机需有医生认可,同时交验诊断证明书(一式三份)。医生诊断证明书应由县市级或相当于这一级的医疗单位填写,并由医生签字,医疗单位盖章。如需使用机上氧气瓶,还需注明旅客所需氧气的流量。诊断证明书在航班起飞前 96 小时内填开有效,病情严重的旅客诊断证明书,在航班起飞前 48 小时内填开有效。

2) 病残旅客乘机申请书

病残旅客乘坐航班需填写特殊(病残)旅客乘机申请书(一式三份),以表明如果旅客在旅途中病情加重或死亡或给其他人造成伤害时,由申请人承担全部责任。病残旅客乘机申请书应由旅客本人签字,如本人书写有困难,也可由其家属或其监护人代签。如有特殊要求,如需在飞机上输液等,请在特殊旅客乘机申请书上注明。病残旅客乘机原则上应由医生或护理人员陪同,以便旅途中照料旅客,除精神病人外,符合条件的可单独旅行。

3 不予承运的病残旅客

不予承运的病残旅客主要有:

(1) 因患甲类传染性疾病,如鼠疫、霍乱、天花等,或可能对其他旅客造成不便的。

(2) 精神病患者,因其易于发狂,可能对其他旅客或自身造成危害。

(3) 面部损伤严重,有特殊气味如恶臭或有特殊怪癖,可能引起其他旅客的厌恶和反感者。

(4) 可能对旅客自身或其他旅客和财务造成不必要的损害者。

(5) 旅客身体或医疗状况(包括神经或精神状况)使他们在旅行中没有专业协助而无法自理者。

患有下列疾病的旅客除为挽救生命,经承运人同意进行特别安排者外,不予承运。

(1) 处于极严重或危急状况的病患者,如严重的心力衰竭,出现发绀或心肌梗死者(在旅客登机前六周内曾发生过梗死者)。

(2) 近期患有自发性气胸的病人或近期做过气胸造型类手术的精神系统病症的患者。

(3) 大纵隔瘤,特大疝肿和肠梗阻的病人;头部损伤,颅内压增高及颅骨骨折者;下颌骨骨折,最近使用金属线连接者。

(4) 严重的中耳炎,伴随有耳咽管阻塞症的患者。

(5) 在过去 30 天内患过脊髓灰质炎的病人;延髓型脊髓灰质炎病人。

(6) 带有严重咳血、咯血、吐血、出血、呕吐及呻吟症状的病人。

(7) 近期进行过外科手术,伤口尚未完全愈合者。

(8) 酒精或其他毒品中毒患者。

(9) 血色素量在 50% 以下的贫血病人。

(10) 癌症中晚期患者。

(11) 患有严重的心脏病者。

4 病残旅客的运输

详细了解旅客的身体及精神状况,必要时可请机场急救(医护)中心进一步确诊。报载时需特别说明,对不能承运的旅客做好解释工作。

(1) 做好相应的准备工作。

(2) 座位应安排在便于行动及乘务员照顾到的位置(应急出口除外);地面服务人员应在座位布局表上标明病残旅客座位号,并向当班乘务员做简要交代,安排病残旅客提前登机,以免影响到其他旅客的登机。担架旅客必须安排在指定的座位,陪伴人员应与病残旅客同时办理乘机手续。

(3) 轮椅旅客乘机,其携带的轮椅必须托运。

(4) 每一航班(支线航班拒运)的每一航段上限载一名担架旅客或两名轮椅旅客(WCHS、WCHC)。

(5) 客舱一般不准携带氧气袋,如患病旅客需要随身携带急救氧气袋,应持医生证明,并在特殊旅客乘机申请书上注明,经承运人同意后方可携带1至2袋。

(6) 联程运输时,病残旅客(原则上不含担架旅客)在航班衔接地地面停留时间不应少于150分钟。

5 精神病患者的运输

航空公司原则上不运送精神病患者,特别是在发病期间的患者,如病情严重或影响其他旅客的安全,应拒绝其购票登机。

精神病患者家属向航空公司提出运输申请时,必须满足以下条件:

(1) 必须经过航空公司主管安全的经理批准;在公司认可的医院或医务人员认为精神病患者病情稳定且在采取一定医疗措施后,宜乘机旅行的情况下,精神病患者方可乘坐航班。

(2) 必须要有能控制病人的人员(3倍于病人数量)陪同。

(3) 如精神病患者需在起飞前服用镇静剂,航班必须在镇静剂作用有效期内完成。

(4) 每个航班可同机承运3名(含3名)以下的精神病患者。

(5) 精神病患者不得与重要旅客同乘一个航班。

(6) 航空公司在运送精神病患者的航班上安排两名安全员执行任务,并由机组指派专人负责服务。

6 聋哑旅客运送

聋哑旅客是指因双耳听力缺陷不能说话的旅客,而不是指有耳病或听力弱的旅客。年满16周岁的聋哑旅客乘机,航空公司将按一般旅客运输。无成人陪伴的聋哑旅客可携带助听犬,按照导盲犬运输,但必须在申请订座时提出,同时提供必要的检疫注射证明和检疫证明书,并经过航空公司同意后,方可携带。

7 盲人旅客运送

盲人旅客是指双目失明的旅客,而不是指眼睛有疾病的旅客。对于眼睛有疾病的旅客按照病残旅客办理,航空公司通常把失明旅客分为有导盲犬引路的盲人旅客和无成人陪伴的盲人旅客,而有成人陪伴旅行的失明旅客航空公司一般视为正常旅客运输。

失明旅客运输必须具备以下条件:

1) 携带导盲犬盲人的运输条件

经承运人同意携带的导盲犬或者助听犬连同其容器和食物,可以免费运输,而不计算在免费行李额内。带进客舱的导盲犬或者助听犬必须在上航空器前为其戴上口套和系上牵引绳索,并不得占用座位和让其任意跑动;在中途不降停的长距离飞行航班上,或者在某种型号的航空器上,不适宜运输导盲犬或者助听犬的,承运人可以拒绝运输;必须具备中华人民共和国和运输过程中有关国家运输小动物出境入境和过境所需要的有效证件;旅客应当对导盲犬或助听犬承担全部责任,非航空公司原因造成的导盲犬或助听犬丢失、受伤、患病或者死亡等,承运人不承担责任;导盲犬或助听犬运输不办理声明价值;导盲犬或助听犬运输应填写特殊行李通知单,通知机长和配载部门,导盲犬或助听犬的收运情况必须告知经停站和到达站。

2) 无人陪伴盲人旅客的运输条件

无人陪伴盲人旅客必须自己能够走动,有照料自己的能力,用餐时不需他人帮助。始发站应由其照料人陪同送到上机地点,在到达站应由其照料人在下机地点迎接。

■ 知识链接

服务犬乘飞机相关规定

中国民用航空局《残疾人航空运输办法(试行)》规定:

具备乘机条件的残疾人需要携带服务犬进入客舱时,应在订座时提出,最迟不能晚于航班离站时间前72小时。承运人应通过订座系统或其他手段,确保该需求被记录,并及时传递到相关人员。

具备乘机条件的残疾人应向相关部门提供服务犬的身份证明和检疫证明。

带进客舱的服务犬,应在登机前为其系上牵引绳索,并不得占用座位和让其任意跑动。承运人在征得服务犬机上活动范围内相关旅客同意的情况下,可不要求残疾人为服务犬戴口套。

除阻塞紧急撤离的过道或区域的情况外,服务犬应在残疾人的座位处陪伴。具备乘机条件的残疾人的座位处不能容纳服务犬的,承运人应向残疾人提供一个座位,该座位处可容纳其服务犬。

当由于航班取消或不能提供残疾人所要求设备而被迫转到其他承运人的航班时,由该承运人提供残疾人向原承运人所要求的服务,原承运人应予以协助。

国航的运输总条件规定:

导盲犬、助听犬的运输须事先提出,符合运输条件并经同意后,可由盲人旅客或聋哑人旅客本人带入客舱运输。导盲犬、助听犬可免费运输,不计入免费行李额。

旅客本人对携带的导盲犬、助听犬可能对其他旅客或航空公司造成的所有损害或伤害负全部责任。

8 担架旅客运送

1) 订座、购票

担架旅客的订座不得迟于航班起飞前72小时。如在72小时内申请,需在主管部门答复后方可接受,应向主管部门询问担任旅客所申请航班任务的飞机能否拆座,未得到肯定答复时不得对旅客做出任何承诺。

担架旅客的票价由担架旅客的个人票价和担架附加票价两部分组成。个人票价按一个经济舱公布的普通票价计收,不得使用特种票价或折扣票价,单价附加票价不论安放担架需占用的座位数是多少,对旅客使用担架的航段加收 5 至 6 个成人单程经济舱普通票价。每一陪伴人员根据实际乘坐的座位等级计收票价。一般担架旅客的免费行李额为 120 千克,各航空公司接受担架旅客规定略有不同。

2)值机

当接到有担架旅客登机通知后,机场值机部门办理登机手续时,应做好以下安排:

(1) 提早了解预留拆座的座位数等有关信息。

(2) 安排值机人员协助旅客及其家属办理乘机手续。

(3) 通知有关单位准备所需的车辆、人员到场。

(4) 落实拆座情况,必要时值机人员需上机检查。

(5) 拆座位必须以避免影响机舱门的使用和乘务人员的服务。

(6) 担架旅客应先安排登机,最后下机。

(7) 飞机起飞后,应告知本站各有关单位及各中途站、到达站等相关部门。

3)运输

担架旅客只能安排在经济舱载运,担架附近空余座位,如相邻一排或一列,锁定不再销售。在每一航班的每一航段上,只限载运一名担架旅客。担架旅客必须至少由一名医生或护理人员陪同旅行,经医生证明病人在旅行途中不需要医护护理时,也可由其家属或监护人员陪同旅行。

■ 行动指南

青岛机场开辟绿色通道　患病旅客躺着上飞机

2016 年 6 月,从韩国来青岛治病的一名男性乘客 15 日准备从青岛乘飞机返回韩国,由于病情需要,他必须躺着乘飞机。青岛机场和航空公司开辟绿色通道,帮助这名旅客及其家人顺利离开青岛返回韩国仁川。

14 日,青岛机场国际服务部的工作人员接到一则来自大韩航空的求助信息:15 日,一名乘坐青岛—仁川 KE846 航班的旅客因为脑出血、高血压、右侧偏瘫等状况需要担架服务。青岛机场国际客运部服务主任刘雅静提前与大韩航空的工作人员进行了沟通,双方确定好运送旅客的相关流程后,刘雅静安排了四名年轻力壮的小伙子抬担架。

15 日 8 时 30 分,刘雅静带领国际服务班班长张正方和其他三名工作人员等候在机场 2 号道口处。医院救护车将旅客送到并转移至机场救护车后,机场救护车驶入停机坪等待飞机落地。9 时 10 分,飞机落地、停靠廊桥。待旅客下机后,张正方和三名同事将旅客小心翼翼地从机场救护车上转移到提前联系好的残障平台车内。随着残障平台车车厢的缓缓上升至飞机的另一侧,张正方与三名同事一起将担架上的旅客送进了机舱。"因为机舱过道的空间比较狭小,为了不让担架上的旅客出现其他状况,我们都是提前询问好他身体的哪里不舒服,哪里不能碰。"张正方告诉记者。随着张正方和三名同事在步伐、速度上的配合,10 分钟后旅客被安置在带有安全带的"小床"上(考虑到这位旅客的病情无法像正常旅客一样坐在座位上,特意在这位旅客乘坐的航班上为其将经济舱右侧的前三排座椅改装成一张"小床"用以安置),为给旅客营造一个安静的环境,"小床"还带有一圈布帘,同时陪同这位旅客的一名家属也被安排在附近座位上。就在张正方和同事们安置旅客的同时,海关、边防等单位也在飞机上为该名旅客及其家属办理好了出境手续,整个服务保障过程快捷、顺利。陪同家属目睹了整个转运过程后,非常感动,对在场的工作人员表示感谢,大韩航空公司的工作人员也竖起了大拇指表示称赞。

(三)其他特殊旅客运送

1 老年旅客运送

1) 老年旅客登机一般规定

原则上老年旅客是指年龄超过70周岁,需要一定特殊照顾的旅客。对于在空中需要特殊照顾和陪护,但行动方便,不需要借助轮椅或担架的特殊老年旅客,可以参照无成人陪伴儿童的运输程序予以承运,但应与无成人陪伴儿童合计数量,在每个航班承运数量上满足航空公司各机型无成人陪伴儿童数量限制;对于需要地面接送,而在客舱不需要特殊照顾和陪护的特殊老年旅客,其承运数量不受限制;地面服务人员应做好地面引导和接送工作,并在需要时与客舱乘务员进行交接;在飞行过程中不需要为此类旅客提供特殊照顾和陪护,不承担正常旅客以外的任何责任,但对于需要与客舱乘务员交接的特殊老年旅客,应完成与客舱乘务员的交接手续和工作。

2) 老年旅客值机服务

首先应向其家属了解老年旅客的身体状况,有无心脏病或其他不适合乘机的病况,是否能够自行走动等;通知候机室服务员准备好轮椅,联系安全检查部门,快速准确地为特殊老年旅客办理乘机手续,座位发放要选择便于乘务员服务的座位;航班上客时查看特殊老年旅客是否登机,同时向乘务组交代老年旅客的情况、座位号、到达站和需要特殊服务情况,航班起飞后拍发特殊旅客通知电报。

■ 知识链接

哈尔滨机场推出老年顺畅出行服务

生活报讯 (记者栾德谦)2021年春运将近,为解决老年旅客的出行难题,哈尔滨机场推出了优先服务、便利服务、爱心服务等三类九项服务举措,确保老年人安全顺利出行。

据了解,哈尔滨机场在办理乘机手续环节,设置老年人服务柜台,老年旅客可优先选择自己喜欢的座位,自助值机设备区域配有引导服务人员,为老年人提供帮助;在安全检查环节,设置老年人等特殊旅客的爱心绿色通道,老年人等重点旅客可优先过检;在登机环节,设有老年旅客优先标牌,引导旅客关爱、礼让老年人。

与此同时,哈尔滨机场航站楼的出入口及进出港疫控验码区域也设置单独通道和人工登记服务台,方便没有智能手机的老年人出行;候机区设置爱心座椅,在摆渡车上设置老、弱、病、残、孕专席;机场内所有餐饮、零售店面全部支持现金消费,备足找零现金。老年旅

老年人专用通道

客在哈尔滨机场餐饮店面用餐后,如有需要,店面服务人员均可免费帮助送至安检口或登机口。

哈尔滨机场还安排专人为 70 周岁以上老年人提供"一站式"乘机服务;65 周岁以上老年旅客凭身份证享有免费 15 天的冬衣寄存服务;航班延误期间,机场工作人员将协助老年人优先办理签转手续,优先安排后续食宿等服务。

② 初次乘机旅客运送

初次乘机旅客是指第一次乘坐飞机或第一次乘坐某种机型的旅客。初次乘机旅客一方面有强烈的好奇感,另一方面缺乏乘机相关知识,比较紧张。面对初次乘机的旅客,民航服务人员应该主动为其介绍机场的一些设备和环境;应该主动给他们介绍本次航班的机型、目前的飞行高度等,以满足乘机旅客的新奇感。对于初次乘机旅客的紧张感,首先服务人员不能嘲笑和指责他们,要注意语气,要给予旅客充分的尊重。

■ 行动指南

> 如何做好初次乘机旅客的服务呢?

旅客陈某到达机场后接连询问了两三位排着队的旅客:"师傅,我去重庆,是在这里等吗?"得到的答案都是摇头,"焦急"两个字清晰地写在他布满皱纹的脸上。这时,正值巡视岗位的厦航工作人员小孙发现了在人群中四处碰壁的这位旅客,赶忙迎上前去。

小孙:"先生,您知道您坐的是几点钟的飞机吗?""八点,我回重庆,你帮我看一下吧!我儿子给我买的票,让我带着身份证就可以了。"陈某说。

小孙接过旅客的身份证,耐心地对旅客说:"陈先生,您先别急,我马上帮您查查。"经过系统确认,旅客陈某的名字果然在 MF8471 的旅客名单中。当时距离起飞还有一个小时的时间,小孙引导旅客陈某来到该航空公司等候值机的队伍中排队,由于旅客携带了两大包行李,柜台值机人员耐心地向该名旅客解释托运行李及随身上机行李的区别,小孙也补充说明了禁止携带上机的物品种类,并说服旅客将超规格的行李包办理了托运。考虑到陈某初次乘机,找登机口确实有点困难,小孙耐心地将旅客送到了到登机口,并一路叮嘱着一些乘机须知,让旅客放心乘机。

3 肥胖旅客或额外占座旅客运送

作为特殊旅客的肥胖旅客,不是指普通意义上的肥胖者,而是指需要占两个座位的肥胖旅客。需要占两个座位的肥胖旅客乘机必须预先向航空公司售票处提出申请,经座位控制部门与航卫处、生产调度部门确认,确认可以承运后,方可办理售票手续,票价应按相应舱位等级全票价的两倍收取。售票手续办理完后,座控部门在航班起飞前一天下午4点前拍发特殊旅客(肥胖)旅客运输通知电报给始发站的生产调度和航班运行管理部门,生产调度和航班运行管理部门应提前安排上机拆除座位扶手,改装加长安全带。

额外占座旅客指为了个人舒适而要求占用两个或两个以上座位的旅客。旅客额外占座,应在订座时提出申请,经承运人同意后方可运输。办理乘机手续时,为旅客发放一个登机牌,在登机牌上注明旅客占用的全部座位号码,旅客的座位应根据旅客本人的情况安排,如属于特殊旅客,应遵守有关特殊旅客座位安排的规定,额外占座旅客的免费行李额,按其所购客票票价等级和所占座位数决定。

4 特殊餐食旅客运送

为了满足不同宗教信仰和民族的特殊饮食需要,为有特殊餐食需要的旅客提供个性化服务,航空公司会提供特殊餐食服务。

特殊餐食服务工作流程及服务要求如下:

旅客申请特殊餐食时,必须在购票或订座时提前预订,根据航空公司规定,有特殊餐食要求的旅客可以在航班起飞前24小时,在售票点或售票网站申请预定特殊餐食;旅客在机场临时申请特殊餐食时,必须符合航班始发地或经停点的配餐最短时间规定,每位旅客在一个航段只能申请一人份特殊餐食,也不能临时更改特殊餐食品种;个别餐食不接受临时申请,须在航班起飞前48小时(含48小时)提出预订请求;值机人员在航班开始办理前,通过计算机系统或商务调度了解特殊餐食接受预定情况;值机人员在接收每位旅客时,应查看计算机中有无特殊餐食信息(控制室预先输入),并当面与旅客进行情况核实;及时报生产调度部门,并填写特殊服务通知单,一式三份,一份存档,两份放在业务包内送上飞机与乘务长交接,如果遇到航班延误、取消或调配,预定的餐食可能会受到影响;航班关闭后与生产调度部门核对该航班的所有特殊餐食信息;航班结束后无须拍发电报。

5 醉酒旅客运送

旅客是否属于醉酒旅客,承运人有权根据旅客的表情、言谈、举止自行判断决定;在旅客登机点,航空公司有权拒绝醉酒旅客乘机;在飞行途中如果发现旅客处于醉态,不适于旅行或妨碍其他旅客时,机长有权令其在下一个经停点下机。上述醉酒旅客被拒绝乘机需要退票时,按自愿退票处理。

6 遣返旅客运送

遣返旅客是指由于旅客违反入境国家政府或有关当局规定而拒绝或命令其离境的旅客。遣返旅客包括两种：拒绝入境的旅客和离境旅客。运输相关规定如下：

根据规定，旅客应自行办妥遣返目的地国家的入境手续，除非完全由承运人承担过失和责任，否则承运人不负遣返责任；多数国家政府规定原入境承运人必须把其载运的非法入境旅客载运出境，因此如果是承运人责任，则承运人应承担遣返旅客运输的责任。

遇有上述情况发生，承运人应首先了解旅客被遣返的原因，及时妥善处理，如有可能向有关当局索取遣返出境书面命令；根据空运企业间的惯例，如果该承运人是遣返旅客遣返目的地承运人，又是该旅客原入境航班的交运承运人，旅客的付款方式是运费到付，则该承运人应负责向遣返旅客收取遣返航程的票款和其他地面费用；航班关闭后，给有关航站拍发电报。

7 犯罪嫌疑人运送

由于犯罪嫌疑人是受到国家现行法律管束的，在处理犯罪嫌疑人运输时，必须与有关公安部门以及通过外交途径与有关外交部门取得密切联系，并要注意符合我国有关法律法规和对外政策及有关国家的法律。

1）接受犯罪嫌疑人运输的批准权限

运送犯罪嫌疑人必须由运输始发地最高一级的运输业务部门负责人根据有关规定负责审核批准，如运输始发地没有上述运输业务部门，应由始发站负责人批准。在国外由办事处负责人批准，如果需要通过外交途径与有关国家外交部门取得联系和配合时，必须事先请示民航局，遵照民航局指示办理。

2）接受犯罪嫌疑人运输的限制条件

执行押解犯罪嫌疑人任务实行"谁押解谁负责"的原则，押送人员在运输的全航程中，对所押送的犯罪嫌疑人负全部责任。公安机关押解犯罪嫌疑人一般不准乘坐民航班机，确实需要乘坐民航班机押解犯罪嫌疑人的，必须报经押解单位所在地或押解出发地省、自治区、直辖市公安厅/局批准；押解警力应三倍于犯罪嫌疑人，必须落实各项安全防范措施，可以使用必要的械具，防止失控；运输犯罪嫌疑人只限在运输始发地申请办理订座、售票手续；每个航班最多可同机押解三名（含三名）犯罪嫌疑人；有警卫对象、重要旅客乘坐的民航班机，禁止押解犯罪嫌疑人。

3）值机工作要求

值机人员需查验旅客的押运证明，同时核查押运犯罪嫌疑人是否已向航空公司申请并获得批准；押解人员和犯罪嫌疑人必须提前登机，安排押解人员和犯罪嫌疑人坐在客舱尾部的三人坐，让被押解人员坐中间座位，他们的座位不能靠近或正对任何出口，不能在机翼上方的悬窗出口旁，他们要到达目的地后最后下机；押解人员乘机时不得携带武器，在进入机舱前以及整个飞行途中，将犯罪嫌疑人戴上手铐，并尽可能适当伪装，以免影响其他旅客；值机人员应将航班有犯罪嫌疑人信息报航班乘务员，并做好交接记录，提醒机组注意不要给犯罪嫌疑人和押解人员提供可能造成危害的物品，例如，不能给犯罪嫌疑人、押解人员提供含酒精的饮料，不得给犯罪嫌疑人提供刀叉等可能造成伤害的餐具；在任何情况下，不得将犯罪嫌疑人铐在机舱座位或航空器内其他无生命的物体上；拍发电报通知各经停站和到达站。

任务三　旅客运送的特殊情况

旅客运送的特殊情况主要是指客票售出后或因客票填开时的差错,或因客运人员的工作差错,或因航班飞行过程中出现的特殊情况,或因旅客乘机过程中的种种原因,未能如期完成客票上所列行程的旅行,主要包括误机、漏乘、错乘等情况。

出现旅客运送的特殊情况时,民航服务人员要主动、热心、耐心、细致、及时地帮助旅客解决问题,尽力为他们的旅行提供便利。在服务态度上,对所有旅客一视同仁、热情主动,不与旅客发生争吵和不做出不礼貌、不文明的言行。

一、旅客误机的服务

（一）旅客误机的定义

在中国民航总局(现中国民用航空局)颁布的《中国民用航空旅客、行李国内运输规则》中,旅客误机是指旅客未按照规定的时间办妥乘机手续,或因旅行证件不符合规定而未能搭乘指定的航班。由此可见,误机是因旅客不能按规定的时间到达机场,以致飞机起飞前未能办妥乘机手续,又或者是因旅客乘机手续不全而未能登机,以及因为忘记带身份证明而不能乘机等多种情况。

（二）旅客误机的原因

旅客乘坐航班飞行,首先必须购买机票,旅客应按照机票规定的时间到达机场办理乘机手续。航空公司租用机场的场地和柜台办理乘机手续,其与机场之间存在场地租赁的合同关系。在整个旅客出行的过程中,主要涉及旅客自身、航空公司及机场三方,所以旅客误机的原因主要有以下几个方面:

1　旅客自身原因导致误机

旅客出行的目的及自身的生活背景不一,导致旅客误机的原因也有所不同。

2　机场的原因导致旅客误机

机场是航空器的驿站,航空器在机场起降、驻留、上下旅客、装卸货物、接受地面服务。机场与航空器、通信导航设施共同构成了民用航空运输系统的硬件。机场的主要功能包括保证航空器的安全起降及地面滑行、保障旅客安全、舒适准时上下飞机,除此之外,机场还为旅客运输和货物运输提供便利的地面交通运输。旅客及时到达机场,避免误机情况的发生,就要借助于机场地面交通系统。旅客到达机场的方式多种多样,如机场班车、公共汽车、地铁、私家车、出租车等。每种方式都各有特点,都需要相应的设施,良好的地面交通运输也是保证旅客及时到达机场的必要条件。

（三）误机旅客的处理方法

根据中国民用航空旅客行李国内运输相关规则，旅客误机按下列规定处理：

（1）旅客如发生误机，应到乘机机场或原购票地点办理改签或退票手续。

（2）旅客误机后，如要求继续履行，在后续航班有空余座位的情况下予以办理，并根据规定收取相应费用。

（3）旅客误机后，如要求退票，承运人根据客票的适用条件规定收取误机费；持特种票价客票的旅客误机按该客票适用条件的有关规定办理。

（4）由于航空公司原因造成旅客误机，如客票上的日期、起飞时间填写错误及航班提前起飞等，应向旅客表示歉意，安排其乘坐后续航班出行，或按非自愿退票办理，退还全部票款。

■ 知识关联

如何避免误机，关键几点要记牢

（四）退票的处理

由于承运人或旅客的原因，旅客不能在客票有效期内完成部分或全部航程，可以在客票有效期内要求退票，旅客要求退票，应凭客票和客票未使用部分的乘机联和旅客联办理。

退票可在出票地、航班始发地、终止旅行地的承运人或其销售代理人售票处办理。退票款只能退给客票上列明的旅客本人或客票的付款人。以东航为例，如购票人在线提出退款申请，东航在审核无误后，退票款将在7个工作日内（各家银行处理速度不同，到账时间以各银行处理时间为准；不可抗拒因素无法准时到账除外）划拨至用户银行支付账户中。

退票分为自愿退票和非自愿退票两种。自愿退票是指由于旅客原因造成购票后提出退票要求。非自愿退票是指由于承运人原因、天气原因，以及其他不可抗力原因造成旅客购票后提出退票要求。其中，承运人原因包括因机务维护不善、航班调配不当、商务或机组失职等可预见、可克服且可避免的原因。

除承运人原因外，导致旅客误机的退票过程中按照自愿退票收取误机费。以东航为例，特殊情况退票的处理方式如下：

1 特殊旅客购票

（1）革命伤残军人、因公致残人民警察凭中华人民共和国革命伤残军人证和中华人民共和国人民警察伤残抚恤证，按适用成人普通票价（U/F/J/W/Y）的50%计算。自愿变更及办理退票时,免收手续费。

(2) 儿童按适用成人普通票价(U/F/J/W/Y)的 50% 计算。自愿变更及办理退票时,按照 U/F/J/W/Y 舱位的成人客票规定执行。

(3) 不占座婴儿按适用成人普通票价(U/F/J/W/Y)的 10% 计算。自愿变更及办理退票时,免收手续费。

(4) 如旅客自愿放弃上述折扣,购买其他舱位及票价的客票,须按照对应舱位及票价使用条件执行。

2 重复购票

重复购票指单一旅客因人为失误等原因而使用同一证件在相同日期的相同航班上购买了两张客票。

重复购票的退票操作:旅客最迟在第二张客票出票后的 24 小时内,且在航班起飞 24 小时以前向出票人或出票单位申请重复购票的退票。出票人或出票单位应为旅客保留最高票价的机票及其订座记录供旅客旅行,并在航班起飞 24 小时以前取消其他重复购票的订座记录。待旅客完成全部旅行后,完全未使用的、重复购票的机票可以由出票人或出票单位办理全额退票,将已使用高票价票号及票面使用影像作为重复票的退票附件,免收手续费。

3 因病(或身故)旅客的退票

旅客因健康原因不宜乘机而申请退票,需在航班起飞前提出退票申请,并提供由国内二级甲等以上医院填写或由国外诊所或医院(医疗中心)出具的下列两类文件之一:

(1) 在飞行期间不适宜乘机且盖章的诊断证明书。

(2) 能够证明旅客在客票列明的航班飞行期间不适宜乘机的真实有效的诊疗证明原件及复印件(如诊断书、病历、住院证明等)和医疗机构收费票据及复印件(如挂号、门急诊、住院)。

患病旅客按自愿退票办理,免收退票手续费;若其同行旅客(最多限两位)同时申请退票,须附患病旅客的客票(或行程单)复印件及相关证明复印件,按自愿退票办理,免收退票手续费。

申请身故旅客的客票退票,需要出示身故旅客死亡证明复印件,按自愿退票办理,免收退票手续费;若其同行旅客(最多两位)同时申请退票,按自愿退票办理,免收退票手续费。

若上述特殊旅客(包括同行旅客)持不得退票的客票退票,由东航直属售票处按可退客票的自愿退票规定办理,免收退票手续费。

近年来,各航空公司退票改签费的标准也有新的变化,航空公司普遍将退票改签费设置了阶梯费率,总体上是有利于消费者的。以东航为例,根据距离起飞 7 天、2 天、4 小时三个时间分界点设置了四个档次的费率,以上按天算的都精确到分钟。从下表中能看出东航对低价票是相当友好的,各种特价舱位退票费的收取比例较之前更低。

其自愿变更和自愿退票的收费标准如表 6-2 所示。2019 年 10 月 27 日(含)以后销售,2019 年 10 月 27 日(含)以后开始旅行的国内客票按以下标准执行,规则自 2019 年 10 月 27 日起生效。

表 6-2 自愿变更舱位和自愿退票收费标准

舱位等级	OPEN	自愿签转	自愿变更				自愿退票				客票有效期
			航班规定离站时间 7 天之前	航班规定离站时间前 7 天（含）至航班规定离站时间前 48 小时	航班规定离站时间前 48 小时（含）至航班规定离站时间前 4 小时	航班规定离站时间前 4 小时（含）至航班起飞后	航班规定离站时间 7 天之前	航班规定离站时间前 7 天（含）至航班规定离站时间前 48 小时	航班规定离站时间前 48 小时（含）至航班规定离站时间前 4 小时	航班规定离站时间前 4 小时（含）至航班起飞后	
F	允许	允许	免费	5%	5%	10%	5%	5%	5%	10%	除客票另有规定外，客票有效期自旅行开始之日起，一年内运输有效；如果客票全部未使用，则从填开之日起，一年内运输有效
U	允许	允许	免费	5%	5%	10%	5%	5%	5%	10%	
J	允许	允许	免费	5%	5%	10%	5%	5%	5%	10%	
C	不允许	不允许	5%	10%	20%	25%	5%	10%	25%	30%	
D			5%	10%	20%	25%	5%	10%	25%	30%	
Q			5%	10%	20%	25%	5%	10%	25%	30%	
I			5%	10%	20%	25%	5%	10%	25%	30%	
W	允许	允许	免费	5%	5%	10%	5%	5%	10%	20%	
P	不允许	不允许	5%	10%	25%	35%	10%	15%	30%	40%	
Y	允许	允许	免费	5%	5%	10%	5%	5%	10%	20%	
B	不允许	不允许	免费	5%	5%	10%	5%	5%	10%	20%	
M			5%	10%	25%	35%	10%	15%	30%	40%	
E			5%	10%	25%	35%	10%	15%	30%	40%	
K			5%	15%	30%	40%	10%	20%	40%	50%	
L			5%	15%	30%	40%	10%	20%	40%	50%	
N			5%	15%	30%	40%	10%	20%	40%	50%	
R			10%	20%	50%	70%	20%	30%	70%	90%	
S			10%	20%	50%	70%	20%	30%	70%	90%	
V			20%	30%	50%	70%	40%	60%	90%	100%	
T			20%	30%	50%	70%	40%	60%	90%	100%	
Z			20%	30%	50%	70%	40%	60%	90%	100%	
H			20%	30%	50%	70%	40%	60%	90%	100%	

注意事项：

(1) 本表适用于 2019 年 10 月 27 日（含）以后销售的 2019 年 10 月 27 日（含）以后开始旅行的客票。

(2) 除客票明确标注其他限制条件外，一律按照本表规则执行。

(3) "航班规定离站时间前 7 天"为 7×24 小时，即 168 小时。"航班规定离站时间前天""航班规定离站时间前 48 小时"和"航班规定离站时间前 4 小时"均精确到分钟。例如,计划于 2019 年 11 月 8 日 12:10 起飞的航班,其"航班规定离站时间前 7 天"对应的时间节点是 2019 年 11 月 1 日 12:10;"航班规定离站时间前 48 小时"对应的时间节点是 2019 年 11 月 6 日 12:10;"航班规定离站时间前 4 小时"对应的时间节点是 2019 年 11 月 8 日 8:10。

(4) 东航对 1.5 折(含)以下客票保留设置"不得签转、不得改期、不得退票"规定的权力。

目前很多网络销售的特价机票注明"不得签转改期退票",即不能更改航空公司,不能改日期时间,也不能退票。但在实际操作中,也有少量航空公司在舱位允许的情况下,收取一定费用而允许改签一次。

此外,原来误机的机票是一年内有效,如果误机后第一时间购买了另一航空公司的机票,原机票也没有退的话,乘客可以留待以后再改签,但票面注明"不得改签、退票"的打折机票不在此情况内。

二、旅客漏乘的服务

(一) 旅客漏乘的定义

在《中国民用航空旅客、行李国内运输规则》中,漏乘是指旅客在航班始发站办理乘机手续后或在经停站过站时,未搭乘上指定的航班。漏乘的旅客,包括两个类别:第一类是办理完乘机手续之后的始发旅客,第二类是过站经停的旅客。

(二) 旅客漏乘的原因

几乎每天都有漏乘的旅客,其中有过站旅客也有始发旅客,通过对旅客漏乘的资料进行整理,可以总结出旅客漏乘的原因:

1 过站旅客漏乘

过站旅客到达经停站后,以为到了目的地,下飞机之后没有注意机场的标识标牌以及工作人员的提醒,直接走出候机楼,因而漏乘。

过站旅客知道自己是到了经停站,也换取了工作人员发放的过站登机牌,但是在候机隔离厅购物、上洗手间、看书报、打盹等,没有注意登机广播,导致漏乘。

2 始发旅客漏乘

旅客办理完登机牌,进入隔离厅之后,在错误的登机口休息等待,没有注意登机口的广播,或者在聊天、用餐、打盹等导致漏乘。

旅客本身到机场时间就很晚,登机口已经结束办理登机手续,机场工作人员为了给旅客提供方便还是给予办理,但该旅客在过安全检查和到达登机口的过程中花费了过多的时间,最后无法登机,造成漏乘。

旅客办理完手续进入隔离厅后，登机牌丢失，需要重新补办，导致错过了最后的登机时间，故而无法登机，造成漏乘。

机场登机口更改，广播通知了更改登机口，旅客没有注意到通知，也没有注意听登机广播，导致漏乘。

由于机场设施原因，比如电力系统、离岗系统、安检仪器、广播系统等导致旅客不能够办理登机牌或者不能进行安全检查，也没有听到登机广播，造成漏乘。

航空公司对于登机关闭舱门时间有特殊规定，而旅客按照计划起飞来登机，造成航班已走，旅客未能够登机成行，造成漏乘。

以上都是机场经常遇到的过站旅客和始发旅客漏乘的情况，当然每个机场都有各自的特殊情况，漏乘原因五花八门。

（三）旅客漏乘的处理

根据《中国民用航空旅客、行李国内运输规则》的相关规定，旅客漏乘按下列规定处理：

（1）由于旅客原因发生漏乘，旅客要求退票，应到原购票地点办理退票手续，承运人可以收取适当的误机费。

（2）由于承运人原因造成旅客漏乘，承运人应尽早安排旅客乘坐后续航班成行，如旅客要求退票，则按本规则第23条规定办理：航班取消、提前、延误、航程改变或承运人不能提供原订的座位时，旅客要求退票，始发站应退还全部票款，经停地应退还未使用航段的全部票款，均不收取退票费。

根据以上规定，结合机场的旅客漏乘统计资料可以看出，如果因为承运人原因导致旅客漏乘，旅客不需付额外的机票成本，只是在时间安排及行程方面受到损失。这其中，承运人原因造成的漏乘占极少数，所造成的漏乘由于承运人的快速反应，及时疏导，事情往往可以比较圆满地解决。旅客自身原因造成的漏乘，则需要支付机票改签或退票方面的费用，以及时间安排和行程耽误造成的一系列损失。

三、旅客错乘的服务

（一）旅客错乘的定义

根据《中国民用航空旅客、行李国内运输规则》的相关规定，错乘是指旅客乘坐了不是客票上列明的航班。

（二）旅客错乘的处理

（1）由于旅客错乘航班，在始发地发现错乘，承运人应安排错乘旅客搭乘飞往旅客客票上目的地的最早航班，票款不补不退；若在中途站发现错乘，应中止其旅行，承运人应安排错乘旅客搭乘飞往旅客客票上列明的目的地的直达航班，票款不补不退。

（2）由于承运人的原因导致旅客错乘，在始发地发现错乘，承运人应安排旅客搭乘飞往目的地的最早航班,如旅客要求退票,则按非自愿退票处理。若在中途站发现旅客错乘,应终止其旅行,承运人应尽可能安排错乘旅客搭乘飞往旅客客票上列明的目的地的直达航班,如旅客要求退票,则按非自愿退票处理,退还从登机地点至旅客客票上列明的目的地的票款,但是任何情况下退款都不得超过旅客实付款。承运人要及时向旅客赔礼道歉,并免费安排食宿。

四、旅客拒绝登机的处理

旅客拒绝登机指旅客在办理乘机手续后至航班开始登机时,或在旅客本人登机后拒绝乘机,自愿取消旅行。

在登机前拒绝登机,应取出旅客的客票乘机联;找出并退还旅客的托运行李,收回行李牌识别联;修改旅客登记记录和随机业务文件,放行飞机;旅客客票按旅客自愿退票办理。

在登机后拒绝乘机;应找出并退还旅客的托运行李,收回行李牌识别联;修改旅客登机记录和随机业务文件;根据情况或机组要求,由有关部门对飞机客舱进行安全清舱后放行飞机;旅客按自动终止旅行处理,其客票乘机联不退还旅客,随航班乘机联送交结算部门;如未造成延误,也可按旅客自愿退票办理。

过站旅客拒绝登机,按旅客自动终止旅行处理,未使用航段的票款不退。

除以上情况外,旅客运输的特殊情况还有航班不正常造成的旅客运送服务。比如航班延误、取消、中断、返航等情况。

项目训练

1. 某航班无成人陪伴儿童王某到达机场,民航服务人员应如何做好出港引导服务?
2. 旅客张某需要担架才能乘机,民航服务人员该如何提供相应服务?
3. 旅客赵某靠导盲犬指引乘机,他必须符合哪些运输条件?

项目七　航班运行服务

知识目标

1. 熟悉不正常航班的分类。
2. 掌握不正常航班的定义及处理程序（如航班延误、取消、中断、补班、返航等）。
3. 明确航班不正常情况下的责任认定及相关处理规定。

能力目标

通过对航班运行服务知识的学习，能根据不同航班运行过程中的实际情况，掌握其运行服务的工作重点及处理程序，能依照责任划分结果及运行规则进行不正常航班业务的处理，完成航班运行服务工作。

素质（思政）

1. 掌握航班运行服务的规定及要求，提高服务技能和职业素养。
2. 注重全局意识和系统思维，发扬团结协作的工作作风，做好不正常航班时的旅客服务衔接工作。
3. 关注航班动态，为旅客做好解释说明工作，关爱特殊旅客或特殊人群，协助安排或提供旅客的餐食及住宿服务。

知识框架

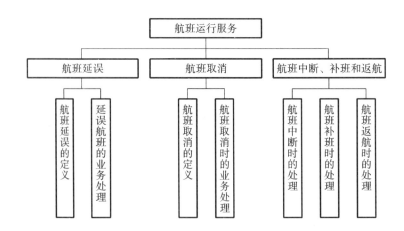

 项目引入

　　7月18日,因航班延误大量旅客滞留某地机场,长时间得不到妥善安排,旅客纷纷打电话投诉。经调查,该航班晚点近8小时,航空公司对此未及时向旅客做出解释,也没有及时安排旅客入住酒店休息,引起了旅客的不满,他们情绪十分激动。经调解,由航空公司赔偿每位旅客人民币200元,并及时安排其他航班将旅客送往目的地。

○ **问题思考**
　　1. 你认为航空公司是否需要提供航班延误时的旅客服务和赔偿?
　　2. 你认为从安全意识和操作规范的角度,这件事情的处理给我们带来哪些思考?

○ **案例解析**
　　航班延误时,《中国民用航空旅客、行李国内运输规则》第六十条规定:航班延误或取消时,承运人应迅速及时将航班延误或取消等信息通知旅客,做好解释工作。该航班晚点近8小时,航空公司却未及时与旅客沟通,不符合规定。《中国民用航空旅客、行李国内运输规则》第五十七条规定:由于机务维护、航班调配、商务、机组等原因,造成航班在始发地延误或取消,承运人应当向旅客提供餐食或住宿等服务。第五十八条规定:由于天气、突发事件、空中交通管制、安检以及旅客等非承运人原因,造成航班在始发地延误或取消,承运人应协助旅客安排餐食和住宿,费用可由旅客自理。航空公司应根据航班延误的原因做好旅客的餐食和住宿等服务工作。《中国民用航空旅客、行李国内运输规则》第十九条规定:航班取消、提前、延误、航程改变或不能提供原订的座位时,承运人应优先安排旅客乘坐后续航班或签转其他承运人的航班。

任务一　航班延误

　　《航班正常管理规定》是为提高航班正常率,有效处置航班延误,提升民航服务质量,维护消费者合法权益和航空运输秩序,根据《中华人民共和国民用航空法》《中华人民共和国消费者权益保护法》《民用机场管理条例》等有关法律、法规制定的,自2017年1月1日起施行。

一、航班延误的定义

(一)航班延误

　　航班延误是指由于各种原因,飞机不能按照公布的时间起飞而造成延误。航班延误主要分为航班到港延误和航班出港延误,即航班实际到港挡轮挡时间晚于计划到港时间超过15分钟的情况和航班实际出港撤轮挡时间晚于计划出港时间超过15分钟的情况。

(二)大面积延误

航班大面积延误是指因为天气、机场设施、突发事件等原因造成机场在某一时段内一定数量的进、出港航班出现较多、较长延误或者取消的情况。航班大面积延误,会造成旅客大批滞留的情况,给航空公司的运行和效益带来很大影响。

二、延误航班的业务处理

(一)航班延误时的工作程序

发生航班延误时的工作程序如下:

(1)如在航班正常起飞时间以前接到航班延误的信息,应将该信息以通告的形式张贴在值机柜台上,并以广播通知,让旅客了解情况。

(2)如在航班正常起飞时间以前接到航班延误的信息,应仍按航班正常起飞时间为旅客办理乘机手续。

(3)按旅客要求为旅客办理航班改签手续或办理退票手续,必要时为旅客出具航班延误证明。

(4)为已办理乘机手续后要求改签或退票的旅客取出已托运的行李。

(5)和生产调度室及总调度室保持联系,了解航班起飞信息,并通知旅客。

(6)如其他公司代理的航班发生延误,应及时与该公司的驻机场代表取得联系,征询航班信息,并根据被代理公司的意见,安排旅客转签航班或做其他处置。

(7)延误航班起飞时间确定后,应再次核对旅客人数和托运行李件数重量,并报载重平衡室和生产调度室。

(二)航班延误时的服务工作

航班延误时的服务工作如下:

(1)服务室工作人员在接到航班延误的通知后,应了解航班延误或取消的原因,航班飞机号及预计起飞时间或补班情况、不正常航班上的旅客人数等。

(2)广播通知并引导旅客前往不正常航班旅客休息大厅休息,并耐心做好解释工作。每隔半小时广播一次最新航班动态信息。

(3)航班延误超过2小时以后,向旅客提供饮料。

(4)如航班延误正值用餐时间,应安排旅客用餐。

(5)出港航班9:30为早餐时间,11:00—13:30为午餐时间,17:00—18:30为晚餐时间。

(6)航班延误时间超过4小时以后应安排专车送旅客前往指定的宾馆休息(持折扣票的旅客除外)。

(7)旅客因航班延误而在宾馆休息至第二天,当日的值班人员应陪同在宾馆住宿并与翌日的值班人员交接延误航班号、旅客人数等情况。

(8)待延误航班的准确起飞时间确定后,应派专车将旅客接入机场,安排登机并做好交接工作。

■ 知识关联

航班延误怎么办?这份攻略帮助你!

■ 行动指南

航班大面积延误时怎么做

2016年3月20日,春分时节拉开了华南雷雨季的序幕,在这次天公用雷雨考验广深机场出港旅客忍耐能力和民航人实战能力的过程中,广州机场和深圳机场分别启动了航班大面积延误预警,南航、深航、海航等基地航司实操了各自的航班延误处置预案,我们主要从哪些方面来开展航班大面积延误时的服务工作呢?

1. 航班信息及时通报

在航班大面积延误的情况下,航班信息通报不及时和欠准确往往是旅客最大的痛点。在本次广深大面积延误情况下,广州白云国际机场与深圳宝安国际机场均做了充分的保障,比如白云国际机场航站楼一层的19—20、28—29号门内分别设立了2个服务区,共有旅客休息座椅400多个。区域内有航班延误服务系统,还安装了延误航班信息显示屏,旅客可根据屏幕公布的最新情况及时了解航班动态信息。

2. 强化了大面积航延联动和协调机制,做好旅客疏散和住宿保障等工作

航班大面积延误时,机场对于旅客的休息以及餐饮保障的优异表现在一定程度上缓解了旅客的情绪。地面交通方面,空港快线投入运力协助做好滞留旅客疏导,调派了约20辆大巴专门为滞留旅客服务,共计发车30趟次运输旅客近1500人次;还协调了保障车辆40余台,机场方面调配巴士50余台,共同为旅客提供地面运输服务。初步统计,仅3月20日当天,深圳宝安国际机场及深航、南航已累计安排住宿旅客8000余人。

■ 知识链接

购买航班延误险的注意事项

航班延误险,是指投保人(旅客)根据航班延误保险合同规定,向保险人(保险公司)支付保险费,当合同约定的航班延误情况发生时,保险人(保险公司)依约给付保险金的商业保险行为。

选择保障航班延误的旅行保险应注意哪些事项?

(1) 一些航班延误险规定,恶劣天气导致整个机场关闭的,属于除外责任,保险公司将不负责赔偿。

(2) 不同的境外旅行险产品,对于航班延误超过多少小时以上才能获得赔偿,有不同的规定。

(3) 如果航班无限期延迟,境外旅行险中航班延误责任的赔偿金额并非相应地无限增加,而是会规定一个上限金额,条款中就会有明确约定。

(4) 对于哪些原因导致的航班延误,才能获得保险理赔,主要看条款中的约定。

任务二 航班取消

一、航班取消的定义

航班取消是指由运力、市场等原因而决定的航班停止飞行,取消不补。

■ 知识链接

承运人原因与非承运人原因

在航班发生不正常情况时,现场工作人员首先应了解航班不正常的原因,分清承运人和非承运人原因。那么,哪些是承运人原因?哪些属于非承运人原因呢?

承运人原因主要是指由于机务维护、航班调配、机组等航空公司自身原因,非承运人原因是指由于天气、突发事件、空中交通管制、安检以及旅客等原因。但不论是哪种原因,都应及时向旅客通告航班信息,做好解释工作,为旅客办理航班改签或退票手续,协助或为旅客安排食宿,解决旅客的实际困难,尽量满足旅客的合理要求。

民航局最新规定,自 2021 年 9 月 1 日起,旅客非自愿退票不收退票费。《公共航空运输旅客服务管理规定》(以下简称"新的规定")对 1996 年和 1997 年颁布的《中国民用航空旅客、行李国内运输规则》和《中国民用航空旅客、行李国际运输规则》进行统筹修订,进一步规范了国内、国际旅客运输秩序,保障了旅客合法权益。一些主要变化有:

投诉需在 10 个工作日内处理完毕,7 个工作日内办理完成退款手续。针对机票退改签的痛点问题,为保护旅客合法权益,新的规定按照旅客"自愿"和"非自愿"两种情况,明确旅客非自愿退票和因承运人原因导致旅客非自愿变更客票的,不得收取退票费和变更费。在票务服务方面,为解决民航退票速度慢的问题,要求航空公司和航空销售代理人在 7 个工作日内办理完成退款手续。在乘机服务方面,新的规定要求航空公司和机场管理机构制定针对旅客突发疾病、意外伤害等情形的应急处置预案。在投诉处理方面,新的规定明确所有被投诉企业必须在10个工作日内处理完毕。

　　为提高航班不正常情况下的补偿效率，吉祥航空上线的"易赔付"不正常航班自助赔付申领服务，旅客只需使用智能手机现场扫码，即可自助完成不正常航班补偿赔付领取。此举是吉祥航空进一步推进数字化转型、提升旅客服务效率的重要成果，实现旅客从购票到行程结束的全流程自助服务及无现金操作流程建设，在疫情防控常态化大背景下亦可减少直接接触、降低交叉感染风险。

　　"易赔付"自助服务包含吉祥航空运行中出现的航班延误、超售、不正常行李、客舱等相应补偿，涵盖了航空公司与旅客之间发生的常见补偿服务场景。当旅客遇到上述航班不正常情况时，只需使用智能手机现场扫码，并选择第三方支付平台或本人银行卡信息即可完成赔付金额实时在线领取；旅客亦可在离开机场后，使用吉祥航空App进行赔付申领。此举使得吉祥航空实现了旅客从购票到行程结束的全流程自助服务及无现金操作，兼具安全性与便利性。

　　以往航班发生不正常情况时，航空公司需在机场现场完成航班信息确认、旅客信息收集、现金赔付发放等流程，同时后台各相关部门需对各类数据与金额进行线下复核，耗时费力；旅客体验亦不尽如人意。吉祥航空在2018年末启动"旅客服务信息系统"项目后，包括"易赔付"在内的各项服务均转为线上处理的方式，取消原先的纸质化交接，所有服务步骤全部实行电子化、信息化、自动化、自助化。目前"易赔付"服务已实现补偿电子化、标准线上化、审批信息化、监控可视化的整合，旅客服务效率大幅提高。

吉祥航空App"易赔付"服务界面及售后服务界面

根据现有运行航站情况,吉祥航空"易赔付"服务第一阶段已在上海虹桥、上海浦东、南京禄口三大吉祥航空主基地,以及三亚、大连、天津等共计56个国内机场开通;服务上线两周,累计已有近3000人次旅客通过"易赔付"服务自助实时申领相关赔付,服务质量获得一致好评和赞誉。未来,吉祥航空将及时推进剩余国内机场与国外运行目的地的"易赔付"自助服务覆盖,并将补偿范围进一步扩大至取消、备降、投诉等更多业务。

二、航班取消时的业务处理

(一)航班取消时的工作程序

航班取消时的工作程序如下:

(1)如在航班正常关闭时间以前接到航班取消的信息,应将该信息以通告形式张贴在值机柜台上,并以广播通知,让旅客了解情况。

(2)如在航班开始办理乘机手续以前接到航班取消的信息,且补班时间基本确定,可根据旅客要求和具体情况,为旅客办理行李托运手续,减轻旅客过夜时的负担,但可以不发放登机牌。

(3)按旅客要求为旅客办理航班改签手续或办理退票手续,必要时为旅客出具航班取消证明。

(4)为已办理乘机手续后要求改签或退票的旅客取出已托运的行李。

(5)如为其他公司代理的航班取消,应及时与该公司的驻机场代表取得联系,征询航班信息,并根据被代理公司的意见,安排旅客转签、合并航班或做其他处置。

(6)通知服务室工作人员根据具体情况和取消原因,提供必要的服务。

(二)航班取消时的服务工作

航班取消时的服务工作如下:

(1)接到生产调度室关于航班取消通知后,应了解航班取消后合并或补班的预计起飞时间及具体安排。

(2)广播通知航班取消消息,向旅客做好解释说明工作。

(3)向旅客发放和回收致歉卡,根据旅客要求为旅客提供服务。

(4)如航班因承运人(或代理航班承运人公司)原因而取消,服务人员应安排专车送旅客前往指定的宾馆休息(持折扣票的旅客除外)。如航班是因非承运人原因而取消,工作人员应协助旅客安排食宿,尽可能为旅客提供方便,食宿费用由旅客自理。

(5)旅客因航班取消而在宾馆休息至第二天,当日值班人员应陪同旅客在宾馆住宿,并与翌日值班人员交接旅客人数等情况。

(6)待取消航班的准确起飞时间确定后,应派专车将旅客接入机场,另派专人在候机楼门口迎接并引导旅客到柜台重新办理乘机手续,安排登机并做好交接工作。

■ 知识关联

航班不正常时,航空公司在做什么?

■ 行动指南

旅客吴某5月16日乘坐HU7213广州—南京最早一班机去办事,结果收到短信和电话说机械故障导致航班取消,那么接下来吴某应该怎么办?

(1) 致电客服了解可签转到哪个航空公司。本案例中由于机械故障造成的航班取消是属于航空公司的原因,即承运人原因。在这种情况下,航空公司将会为旅客办理免费的改签,必要时航空公司应当向旅客提供餐食或住宿等服务。但需要旅客尽快联系柜台,在有可利用位子的前提下尽量满足旅客的变更需求。不同航空公司之间往往有签转协议,会改签到相应的航空公司航班。

(2) 若不满意所改签的航班,可以再申请免费改签至前后7天的同航线的航班或者全额退款。

(3) 通过航空公司官网等渠道了解该公司相应的补偿标准,不同航空公司在航班取消时的补偿标准不尽相同。

任务三　航班中断、补班和返航

一、航班中断时的处理

航班中断较常见的情况是航班在经停站取消或在非经停站或目的站备降。

(一) 航班中断时的工作程序

航班中断时的工作程序如下:

(1) 及时向生产调度室了解航班备降的原因、备降航班的飞机号、旅客人数和预计起飞时间等信息。

(2)组织旅客下飞机。旅客下飞机以后广播通知并引导其前往不正常航班旅客休息大厅休息,并耐心做好解释工作。

(二)航班中断时的服务工作

航班中断时的服务工作如下:

(1)每隔半小时广播一次最新航班动态信息。

(2)航班备降超过2小时,应向旅客提供饮料;航班备降如适值用餐时间,应安排旅客就餐。

(3)航班备降超过4小时,应安排专车送旅客前往指定宾馆。如旅客因航班备降而在宾馆休息至第二天,当日值班人员应陪同旅客在宾馆住宿,并与翌日值班人员交接旅客人数等情况。

二、航班补班时的处理

补班是在当天航班延误或备降至取消后,隔天该航班重新飞行。旅客须重新办理乘机手续。

(一)补班的工作程序

补班的工作程序如下:

(1)承运人应事先了解航班机型、机号、前一天所办理的旅客人数等情况,如航班改换机型,应再次确定载重平衡要求。

(2)如取消航班已办过值机手续,值机员应为旅客重新换登机牌,如已托运的行李取出过夜或有增加,则应重新办理行李托运。

(3)如取消航班未办过值机手续但已有部分旅客的行李已办理托运,则应在与载重平衡室交接时,将这部分行李件数和重量加上;并通知行李搬运队将在仓库过夜的行李与当场交运的行李一起装机。

(二)补班的服务工作

补班的服务工作如下:

(1)旅客运送部门在准备登机牌时,应将补班的登机牌与取消航班的登机牌加以区别,以免未重新办理登机手续的旅客与其他旅客座位重复或混淆上机旅客人数。还应注意,如当日有相同航班号的正班航班,且与补班飞行时间较接近时,应设法在登机牌和行李牌上进行区分。

(2)上客时,承运人应注意将补班旅客和相同航班号的正班旅客区别开。

■ 知识关联

什么是"欧盟 EC261/2004"?

■ 知识链接

延误和补班的区别

航班取消后,如果第二天再次执行,运行系统里的航班号会变成数字加字母的形式,以用于识别,第二天再次执行的航班就叫补班。延误往往指上午的航班推到下午执行,航班号在运行系统中还是原来的航班号。

当该航空器任务性质为国内补班飞行时,最后一个字符应用英文 26 个字母中的一个对应替代,表示如下:0—Z、1—Y、2—X、3—W、4—V、5—U、6—T、7—S、8—R、9—Q。如厦门航空 MF8079 次航班(南宁—杭州—沈阳),因沈阳降雪航班在杭州取消,次日补班航班号就变为 MF807Q。如 CZ310W(CZ3103 的补班)若同一天出现了两个相同航班的补班,如一个是昨天的 CZ3103 的补班,一个是前天的 CZ3103 的补班,则航班号的倒数第二个数字也可用相应的字母替代,可表示为:CZ310W、CZ31ZW。补班航班在航班动态显示表中示例如下图方框所示。

航班号	航空公司	目的地	经停	计划离港	实际离港	状态
3U8912	四川航空	成都		00:40		
3U899R	四川航空	成都		13:00	13:24	起飞
3U8658	四川航空	成都		00:10	15:45	起飞
ZH9527	深圳	成都		01:00		

航班动态显示表

三、航班返航时的处理

飞机起飞后由于机械故障、航路、下一站天气情况等原因,不能继续航行,而返回原始发站的情况我们称为返航。

(一)航班返航时的工作程序

航班返航时的工作程序如下:
(1)在飞机返航后,旅客运送服务部门应及时向生产调度室了解航班返航的原因、返航航班的飞机号、旅客人数和预计起飞时间等信息。

(2) 组织旅客下飞机。

(3) 旅客下飞机以后需广播通知并引导其前往不正常航班旅客休息大厅休息，并耐心做好解释工作。

(二) 航班返航时的服务工作

航班返航时的服务工作如下：

(1) 每隔半小时广播一次最新航班动态信息。

(2) 航班返航，等待起飞时间超过2小时，应向旅客提供饮料(持折扣票的旅客除外)；航班返航如适值用餐时间，应安排旅客就餐(持折扣票的旅客除外)。

(3) 航班返航后等待时间超过4小时，应安排专车送旅客前往指定宾馆。如旅客因航班不能起飞而需在宾馆休息至第二天，当日值班人员应陪同旅客在宾馆住宿，并与翌日值班人员交接旅客人数等情况。

项目训练

1. 简述不正常航班的定义。
2. 航班延误时的服务重点和服务程序是怎样的？
3. 哪些情况下航班不正常时的责任归属为承运人原因？
4. 哪些情况下航班需要返航？
5. 补班航班的服务重点和服务程序是怎样的？

项目八　机场联检服务

项目目标

○ **知识目标**

1. 了解海关的职责范围、主要任务。
2. 熟记出入境旅客通关的基本程序与规定，熟记禁止进出境物品和限制进出境物品，了解部分物品进出境规定。
3. 熟悉护照的类型及相关知识，熟悉签证的类型及相关知识。
4. 熟悉边防检查的内容和程序。
5. 熟悉海关卫生检疫的相关规定。

○ **能力目标**

通过对机场联检知识的学习，了解海关对进出境物品的相关规定，熟悉部分物品进出境规定，掌握海关卫生检疫的检疫程序及处理规定，能协助旅客完成海关通关、边防检查、卫生检疫等常规工作，并能对各种情况进行相应的处理。

○ **素质（思政）**

1. 掌握联检服务的规定及要求。
2. 提高服务技能和职业素养。

知识框架

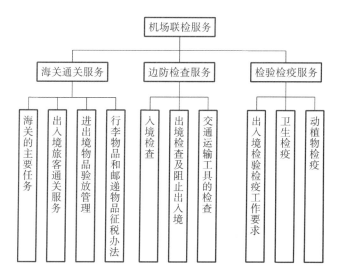

 **项目引入**

旅客涉嫌走私154件物品被查获

2019年10月,天津海关所属机场海关查获一起旅客携带超量化妆品进境案件,现场海关关员在该名旅客行李中查获超量高档化妆品,共计154件,因涉嫌走私,后移交缉私部门处理。

天津滨海国际机场海关旅检现场发现旅客超量携带物品现象较为突出,部分当事人超量携带物品带有商业盈利目的,涉嫌走私。天津滨海国际机场海关关员介绍,根据我国法律规定,进境居民旅客携带超出5000元人民币的个人自用进境物品,经海关审核确属自用的,进境非居民旅客携带拟留在中国境内的个人自用进境物品,超出人民币2000元的,海关仅对超出部分的个人自用进境物品征税,但对不可分割的单件物品,需全额征税。烟草制品、酒精制品以及国家规定应当征税的20种商品等,按国家有关规定处理。

天津滨海国际机场海关提醒广大旅客,出境旅行应提前查询海关的相关规定,严格遵守国家法律、法规。过关时,需配合海关关员的检查,对采取藏匿、伪装、委托他人携带等方式逃避海关监管的行为,将依据相应的法律、法规进行处罚。

○ **问题思考**

1. 旅客出入境没有申报,超量携带物品进出境,会面临什么惩罚呢?
2. 为什么不能取消旅客携带物品限额,实行自由进出境?

任务一　海关通关服务

机场联检服务是机场地勤服务的重要一环,它由海关通关检查、边防检查、海关检验检疫三个部分构成。联检服务是窗口行业,代表国家和城市的形象。

■ **知识链接**

中华人民共和国海关总署

中华人民共和国海关总署是国务院直属机构,为正部级。负责全国海关工作、组织推动口岸"大通关"建设、海关监管工作、进出口关税及其他税费征收管理、出入境卫生检疫和出入境动植物及其产品检验检疫、进出口商品法定检验、海关风险管理、国家进出口货物贸易等海关统计、全国打击走私综合治理工作、制定并组织实施海关科技发展规划以及实验室建设和技术保障规划、海关领域国际合作与交流、垂直管理全国海关、完成党中央国务院交办的其他任务。中央纪委国家监委在海关总署派驻纪检监察组。

一、海关的主要任务

海关是根据国家法律对进出关境的运输工具、货物和物品进行监督管理和征收关税的国家行政机关。海关的主要任务和职责是依照《中华人民共和国海关法》《中华人民共和国进出境动植物检疫法》《中华人民共和国国境卫生检疫法》及其他有关法律法规，监管进出境的运输工具、货物、行李物品、邮递物品和其他物品，征收关税和其他税费，查缉走私，编制海关统计，进行检验检疫和办理其他海关业务。

我国海关主要有五项任务：

1　监管进出境的运输工具、货物、行李物品、邮递物品和其他物品

这是海关的基本任务，其他任务都是由此派生出来的。

1）进出境运输工具的管理

进出境运输工具到达或者驶离设立海关的地点时，运输工具负责人应当向海关如实申报，交验单证，接受海关监督和检查。停留在设立海关的地点的进出境运输工具，未经海关同意，不得擅自驶离。运输工具装卸进出境货物、物品及上下出入境旅客，应当接受海关监管。上下出入境运输工具的人员携带物品的，应当向海关如实申报，接受海关检查。对有走私嫌疑的，海关有权开拆可能藏匿走私货物物品的进出境运输工具的部位。

2）进出境货物的管理

进口货物自进境起到办结海关手续止，出口货物自向海关申报起到出境止，过境、转运和通运货物自进境起到出境止，应当接受海关监督。

3）进出境行李物品的管理

个人携带进出境的行李物品、邮寄进出境的物品，应当以自用合理数量为限，接受海关监督。进出境物品的所有人应当如实向海关申报，并接受海关查验。任何人不得擅自开启或者损毁海关加施的封志。进出境邮袋的卸装、转运和过境应当接受海关监管。

2　关税的征收和减免

准许进出口的货物、进出境的物品，除《中华人民共和国海关法》另有规定的外，由海关依照进出口税则征收关税。进出境物品的纳税义务人，应当在物品放行前缴纳税款。部分规定的进口货物、进出境物品减征或免征关税。

3　查缉走私

走私是伴随着进出境和国家管理上的限制而产生的一种非法行为。查缉走私是当前海关的主要任务之一。

4　出入境检验检疫管理

海关检疫人员对出入境人员实施卫生检疫及口岸卫生监督，做好其健康申报、体温监测、医学巡查、流行病学调查、医学排查、采样以及隔离、留验、就地诊验、转诊等卫生检疫措施；对进出境的商品、动植物（包括动植物产品）以及运载这些商品、动植物和旅客的交通工具、运输设备，分别实施检验、检疫、鉴定、监督管理。

■ 知识链接

出入境检验检疫划入海关

出入境检验检疫管理职责和队伍划入海关系统。2018年4月,海关总署署长倪岳峰在海关机构改革动员部署电视电话会议上指出,机构改革后,海关的职责更宽广,队伍更壮大,海关事业将进入一个崭新的发展阶段,要尽快实现海关原有管理职责和检验检疫管理职责的深度融合、有机融合,达到"1+1>2"的效果;建设新海关,要明确新目标,对标国际最高标准,打造先进的、在国际上最具竞争力的海关监管体制机制。

自2018年4月20日起,出入境检验检疫系统统一以海关名义对外开展工作,一线旅检、查验和窗口岗位要统一上岗、统一着海关制服、统一佩戴官衔。倪岳峰指出,要加快推进关检业务融合和法律法规工作,坚持边改革、边见效,抓紧整合精简办事窗口和手续环节,可以立即完成优化整合的要立即整合,确保4月20日起旅检监管、通关作业申报查验放行"三个一"、运输工具登临检查、辐射探测、邮件监管、快件监管、报关报检企业资质注册以及对外"一个窗口"办理等业务领域完成优化整合,实现"一口对外、一次办理",并完成业务单证及印章的统一替换,尽快释放改革红利,提升群众的获得感。各新开口岸的海关监管现场布局、查验流程等,要按照机构改革要求进行规划设计。要全面梳理相关法律法规和规章制度、规范性文件,及时做好"立改废释"工作,成熟一项推进一项,确保改革于法有据。

5 编制海关统计

海关统计是国家进出口贸易统计,是国民经济统计的组成部分。海关通过对进出中华人民共和国关境的货物以及与之有关的贸易事项进行统计调查和统计分析,不仅科学、准确地反映国家对外贸易运行态势,也对国家经济生活起决策辅助和检测、监督作用。

二、出入境旅客通关服务

出入境旅客通关是指出入境旅客向海关申报,海关依法查验旅客行李物品,办理进出境物品征税或者免税验放手续,或其他监管手续的总称。

1 出入境旅客通关的基本规定

旅客进出中国国境,其携带的行李物品应向海关申报,出入境旅客行李物品必须通过设有海关的地点进境或出境,接受海关监管,按规定向海关办理通关手续。

海关设立申报通道和无申报通道,即"红色通道"和"绿色通道"。出入境旅客应根据海关现场公告规定选择相应通道。不明白海关规定或不知如何选择通道的旅客应走申报通道通关。不论选择何种通道,旅客均不得拒绝海关对其携带的物品进行检查。

1) 申报制度

申报是指出入境旅客对其携运进出境的行李物品实际情况依法向海关所做的书面声

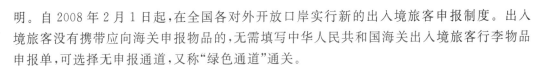

明。自 2008 年 2 月 1 日起,在全国各对外开放口岸实行新的出入境旅客申报制度。出入境旅客没有携带应向海关申报物品的,无需填写中华人民共和国海关出入境旅客行李物品申报单,可选择无申报通道,又称"绿色通道"通关。

除海关免予监管的人员及随同成人旅行的 16 周岁以下的旅客外,出入境旅客携带有应向海关申报物品的,需填写申报单,向海关书面申报,并选择申报通道,即"红色通道"通关。

在部分半开放的空港口岸,海关在托运行李区域和手提行李区域分别设有海关申报台,如旅客托运行李携带有应向海关申报的物品,应在交运行李前前往海关托运行李申报台,办理申报手续。

(1) 进境申报。

进境旅客携带有下列物品的,应在申报单相应栏目内如实填报,并将有关物品交海关验核,办理有关手续:

①动植物及其产品、微生物、生物制品、人体组织、血液制品;

②居民旅客在境外获取的总值超过人民币 5000 元(含 5000 元)的自用物品;

③非居民旅客拟留在中国境内的总值超过 2000 元(含 2000 元)的物品;

④酒精饮料超过 1500 毫升(酒精含量 12%vol 以上),或香烟超过 400 支,或雪茄超过 100 支,或烟丝超过 500 克;

⑤人民币现钞超过 2 万元或外币现钞折合超过 5000 美元;

⑥分离运输行李、货物、货样、广告品;

⑦其他需向海关申报的物品。

(2) 出境申报。

出境旅客携带有下列物品的,应在申报单相应栏目内如实填报,并将有关物品交海关验核,办理有关手续:

①文物,濒危动植物及其制品、生物物种资源、金银等贵重金属;

②居民旅客需复带进境的单价超过 5000 元的手提电脑、照相机、摄像机等旅行自用物品;

③人民币现钞超过 20000 元或外币现钞折合超过 5000 美元;

④货物、货样、广告品;

⑤其他需向海关申报的物品。

违反海关规定,逃避海关监管,携带国家禁止、限制进出境或者依法应当缴纳却未缴纳关税的货物、物品进出境时,海关将依据《中华人民共和国海关法》和《中华人民共和国海关行政处罚实施条例》予以处罚。

2) 查验出入境旅客行李物品的时间和场所由海关指定

海关查验行李物品时,物品所有人应当到场并负责搬移物品、开拆和重封物品的包装。海关认为必要时,可以单独进行查验。海关对进出境行李物品加施的封志,任何人不得擅自开启或者损毁。

3) 进出境旅客行李物品以自用合理数量为限,超出自用合理数量范围的,不准进境或出境

海关按旅客出入境行李物品分类表(以下简称分类表)规定的范围验放。国家禁止进出境的物品,不得携带进出境。

4）旅客携运超出分类表所列最高限值（完税价格人民币 5000 元）的物品，经海关特准可予以征税放行。

5）旅客携带物品超出规定免税或规定征税限量的，经海关审核准予征税放行，但对超过部分的征税数量，不得超过规定准予免税或征税的限量。

任何单位及个人进口电视机、摄像机、录像机、放像机、照相机、音响设备、空调、电冰箱、电冰柜、洗衣机、复印机、程控电话交换机、微型计算机及外设、电话机、无线寻呼系统、传真机、电子计数器、打字机及文字处理机、家具、灯具和餐料等 20 种商品时，海关将严格按照《2014 年中华人民共和国进出口税则》税号进行认定，并征收进口关税和进口环节增值税。

6）经海关登记准予暂时免税进境或出境的物品，应当由本人复带出境或者复带进境，过境人员未经海关批准，不得将其所带物品留在境内。

7）旅客应在旅客行李物品监管时限内办结物品进出境的海关手续。

旅客行李物品监管时限是指非居民本次进境之日始至最近一次出境之日止，或居民本次出境之日始至最近一次进境之日止的时间。

8）旅客以分离运输方式运进行李物品，应当在进境时向海关申报。

经海关核准后，自旅客进境之日起 6 个月内（含 6 个月）运进，分离运输行李与携带进境的物品合并计算验放，旅客以分离运输方式运出的行李物品，物品所有人在出境前向出境地海关申报，经海关核准后办理托运手续。

9）出入境旅客可以自行办理申报纳税手续，也可以委托他人办理申报纳税手续。

接受委托办理申报纳税手续的代理人，应当按照《中华人民共和国海关对进出境旅客行李物品监管办法》，对其委托人办理海关手续，承担相应义务和责任。

10）进出境物品所有人声明放弃的物品，由海关提取并依法变卖处理，所得价款在扣除运输、装卸、储存等费用后上缴国库。

自运输工具申报进境之日起逾期 3 个月（易腐及易失效的物品可提前处理）未办理海关手续的物品，以及在海关监管区内逾期 3 个月无人认领的物品，由海关提取并依法变卖处理，所得价款在扣除运输、装卸、储存等费用和税款后，尚有余款的，自物品依法变卖之日起 1 年内经物品所有人申请，予以发还。逾期无人申请或者不予发还的上缴国库。

11）旅客携运属下列情形的物品，海关不予放行，予以退运或由旅客存入海关指定的仓库。

物品所有人应当在 3 个月内办理退运、结案手续。逾期不办的，由海关依照上一条的规定处理：

（1）不属于自用的；
（2）超出合理数量范围的；
（3）超出海关规定的物品品种、规格、限量、限值的；
（4）未办理海关手续的；
（5）未按章缴税的；
（6）根据规定不能放行的其他物品。

2 出入境旅客通关的基本程序

出入境旅客通关的基本程序为申报、查验、征税、放行。

1）申报

申报是旅客通关的第一个程序，是进出境物品所有人或其代理人在通关时向海关申明规定事项的一种法律行为。出入境旅客如有物品需海关验收，则选择申报通道，填写中华人民共和国海关进出境旅客行李物品申报单向海关申报，同时交验相关证件。非居民旅客如带出原进境时应向海关申报的物品，应出示原进境时填写并经海关签章的中华人民共和国海关进出境旅客行李物品申报单的底联。

申报与否是海关判别是否走私违规的重要依据之一，申报主要包含三重含义：

第一，申报是出入境旅客应尽的义务；

第二，旅客申报的内容为携运进出境的行李物品；

第三，书面申报是唯一有效的申报方式，出入境旅客对其携运的物品以及其他任何方式或在其他任何时间地点所做出的声明，海关均不视为申报。

2）查验

查验是指海关检查旅客携带进出境的物品，核对出入境旅客申报是否属实，有无违禁物品，确定物品征税、免税、扣留、退运或放行。对其中自用物品办理免税手续；对其中限制进出境物品验核旅客提交的国家有关主管部门的进出口许可证件；对违禁品予以没收，并出具海关扣留凭单。

3）征税

征税是指海关按规定对国家规定应予征税或超出免税限量的自用合理数量范围内的物品征收行邮税。旅客携带行李物品应以自用合理数量为限。自用是指旅客本人自用、馈赠亲友，而非为出售或出租。合理数量指根据旅客旅行目的和居留时间所规定的正常自用数量办理相应增税、验放手续，并在进出境旅客行李物品申报单上签章。对涉嫌违反海关监管规定的物品，开具海关代保管物品凭单或海关扣留凭单，对需要纳税的物品，开具旅客行李、个人邮递物品进口税款缴纳证。选走申报通道的旅客，正常情况下海关自收到申报单后，经审核符合有关规定，会办结有关手续。

4）放行

放行是指海关办结申报、查验、征免税等手续后准予出入境旅客将物品提交海关监管现场，在中华人民共和国海关进出境旅客行李物品申报单上批注验放情况并签章。

3 出入境旅客通关的免验及礼遇

根据国际惯例，持有中华人民共和国政府主管部门给予外交礼遇签证的出入境非居民旅客和海关给予免验礼遇的其他旅客（对互免签证的国家，凭其所持外交护照），通关时应主动向海关出示本人护照（或其他有效出入境证件）和身份证件，海关给予免验礼遇。

三、进出境物品验放管理

进出境物品是指个人携带进出境的行李物品、邮寄进出境的物品。海关对进出境物品有严格规定，首先进出境物品应当以自用、合理数量为限，并接受海关监督。海关据此对不同类型的旅客行李物品规定不同的品种范围和原则以及征免税限量或限值。通常按自用合理数量原则掌握验放，不设置具体限量。如短期旅客行李物品应以旅行期间需用的物品为限,长期旅客行李物品应以居留期间需用物品为限。但是属于国家限制进出境的物品,海关将严格按照规定的限量和限值验放。

"自用合理数量"是对进出境物品范围进行限定的具有一定自由裁量权的法律规定,一方面海关总署制定了相关海关规章,对行李物品进行了分类,并规定了不同类型进出境人员携运物品的免税、征税数量;另一方面又不排除海关人员根据个案灵活掌握的"自用合理数量"。海关对邮递物品的监管也遵循这一原则。为了使这一原则在实际监管中具有可操作性,海关在《中华人民共和国海关关于对进出境邮件中个人物品的限值及免税额的公告》中对进出境邮递物品的征税、免税限值做了具体规定。超出"自用合理数量"的,不应再按进出境物品办理海关手续,而应当按照进出口货物办理相关手续。

"自用合理数量"原则适用的例外是禁止和限制进出境物品及所有列入我国禁止进出境物品表和限制进出境物品表的物品,都应按照禁限物品进行管理,不能以自用合理作为放行的标准。进出境物品的所有人应当向海关如实申报,并接受海关查验。海关对进出境物品加施的封志,任何人不得擅自开启或者损毁。

(一)进出境物品的分类

1 按进出境物品的运输方式分类

通常情况,海关根据物品进出境的运输方式,把物品分为行李物品、邮递物品和其他物品三类。

(1)行李物品指的是旅客本人自用行李、旅行消费物品和馈赠亲友的物品。行李物品基本上是以随身携带、托运以及分离运输的方式进境的。

(2)邮递物品是以国际通邮的方式投寄、投递进出境的物品。

(3)其他物品指的是除上述两种物品外的其他以货运方式的进出境的使领馆公私用物品、外商常驻机构公私用物品、免税店物品、捐赠物资等物品。

2 按进出境物品的管理限制程度分类

按照海关对物品的管理限制程度,物品可划分为以下三类。

(1)禁止进出境物品。禁止进出境物品主要指的是依照中华人民共和国有关法律法规确定的中华人民共和国禁止进出境物品表所列的物品,这类物品除某些特殊情况,经国家有关主管部门批准并发给证明准予放行的外,一律禁止进出境。

(2)限制进出境物品。限制进出境物品指的是中华人民共和国限制进出境物品表所列的物品,以及依据海关有关法律法规,需要进出限量限值管理的物品。该类物品的进出必须向海关提交有关证明及单证材料,并向海关办理相应的进出境手续。

(3)非限制物品。除上述所列物品外的其他物品。该类物品在自用合理数量的范围内,可以自由进出。

从海关管理的角度,海关管理的重点是禁止进出境物品和限制进出境物品,对于非限制物品,海关一般不做重点管理,但也不排除在某一特定时期,海关结合国家有关政策,出于某种特定目的,把某种物品确定为监管重点。

（二）禁止进出境物品

禁止进出境物品包括：

（1）各种武器、仿真武器、弹药及爆炸物品；

（2）伪造的货币及伪造的有价证券；

（3）对中国政治、经济、文化等发展有害的印刷品、胶卷、照片、唱片、影片、录音带、录像带、计算机存储介质及其他物品；

（4）各种烈性毒药；

（5）鸦片、吗啡、海洛因、大麻以及其他能使人成瘾的麻醉品、精神药物；

（6）带有危险性病菌、害虫及其他有害生物的动物、植物及其产品；

（7）有碍人畜健康的、来自疫区的以及其他能传播疾病的食品、药品或其他物品；

（8）内容涉及国家秘密的手稿、印刷品、胶卷、照片、唱片、影片、录像带、录音带、计算机存储介质及其他物品；

（9）珍贵文物及其他禁止出境的文物；

（10）濒危的和珍贵的动植物（均含标本）及其种子和繁殖材料。

（三）限制进出境物品

（1）无线电收发信机、通信保密机；

（2）烟、酒；

（3）国家货币；

（4）外币及其有价证券；

（5）金银等贵重金属及其制品；

（6）一般文物；

（7）贵重中药材；

（8）海关限制出境的其他物品。

（四）部分物品进出境规定

1 携运金银及其制品进出境

顾客携带金、银及其制品进出境应以自用合理数量为限，个人允许携带的金银限额为黄金饰品50克，白银饰品50克。其中超过50克的，应填写申报单证，向海关申报，经海关查验符合规定的准予放行，复带出境时海关凭本次进境申报的数量核放。回程时，必须将原物带回。携带金银制品超出上述规定的，必须在出境前持有关证明到当地中国人民银行或其委托机构，验明所带金银及其产品名称、数量后，申领携带金银出境许可证，海关凭此证验行。携带或托运出境在中国境内购买的金、银及其制品（包括镶嵌饰品、器皿等新工艺品），海关验凭中国人民银行制发的特种发票放行。

② 携带外汇和外汇票证出入境

(1) 旅客携带外币、旅行支票、信用证等进境,数量不受限制。居民旅客携带1000美元(非居民旅客5000美元)以上或等值的其他外币现钞入境,须向海关如实申报;复带出境时,海关验凭本次入境申报的数额放行。旅客携带上述情况以外的外汇出境,海关验凭国家外汇管理局制发的外汇携带证查验放行,携带外币1000美元以下或等值其他外币时,海关免予验核签章。

出境携带外币限额等值5000美元的规定,是从1993年开始的。目前海关新规对携带超量外币出入境的,在排除了走私嫌疑后,扣除最高可能课以罚款额度后,会返还剩下的钱给当事人。也就是说,携带超量外币出入境,只要不涉及走私,都将被课以罚款。另一方面,对于携带20000美元以下出境或者50000美元以下入境的,则放松了处罚,只是给予警告或者不予行政处罚的处理决定。

(2) 出国留学人员携带或附带超出规定允许的数量的外汇出境时,海关凭外汇管理局、中国银行等机构的证明或原入境时的申报单查验放行。如携带金额超出规定的数额,需要带身份证件与外币,或外币账户直接去银行办理。

(3) 持有境外的债券、股票、房地契以及处理境外债权、遗产、房地产和其他外汇资产有关的各种证书、契约,须经外汇管理局批准,方可携带出境。

③ 携运和邮运文物出口的规定

根据《中华人民共和国文物保护法》及海关有关规定,携带、托运和个人邮寄文物出境,都必须事先向海关申报,对在境内商店购买的文物,海关凭中国文化行政管理部门加盖的鉴定标志及文物外销发货票查验放行;在境内通过其他途径得到的文物,海关凭中国文化行政管理部门加盖的鉴定标志及开具的许可出口证明查验放行。

携带文物出境不据实向海关申报的,海关将依法处理。携带旧存文物出境,应向海关申报,并经有关文化行政管理部门鉴定,开具许可出口证明。

已故现代著名画家的书画作品属于文物范围,如欲携带出境,应办理同样的鉴定和报关手续。

中华人民共和国成立以来制作的文物仿制品、复制品以及一般现代书画作品不属于文物范围。

④ 旅行自用物品

非居民旅客及持有前往国家或地区再入境签证的居民旅客携带旅行自用物品限照相机、便携式收录音机、小型摄影机、手提式摄录机、手提式文字处理机每种一件。超出范围的,需向海关如实申报,并办理有关手续。经海关放行的旅行自用物品,旅客应在回程时复带出境。

⑤ 人民币

旅客携带人民币出入境,限额为人民币20000元,超出人民币20000元的不准出入境。

6 中药材、中成药

旅客携带中药材、中成药出境，前往国外的，总值限人民币 300 元；前往我国港澳地区的，总值限人民币 150 元。

寄往国外的中药材中成药总值限人民币 200 元；寄往我国港澳地区的，总值限人民币 100 元。

进境旅客出境时携带用外汇购买的数量合理的自用中药材、中药，海关凭有关发货票和外汇兑换水单放行。麝香以及超出上述规定限制的中药材、中成药不准出境。

7 旅游商品

进境旅客出境时携带用外汇在我境内购买的旅游纪念品、工艺品，除国家规定应申领出口许可证或者应征出口税的品种外，海关凭有关发票和外汇兑换水单放行。

四、行李物品和邮递物品征税办法

为了照顾个人进口自用物品的合理需要，简化计税手续，根据《中华人民共和国海关法》和《中华人民共和国进出口关税条例》的有关规定，中国海关对进境旅客物品和个人邮递物品实施专用税则、税率。根据 2016 年最新颁发的《中华人民共和国进境物品归类表》，对食品、烟酒、纺织品、钟表、金银贵重首饰、家具、文化用品等实施不同比例的税率。物品进口税从价计征，完税价格由海关参照该项物品的境外正常零售平均价格确定，进口税税额为完税价格乘以进口税税率。

■ **知识关联**

过海关，携带物品的注意事项有哪些？

■ **行动指南**

如果您出境携带有下列物品，请您如实向中国海关申报

一、文物、生物物种资源、金银等贵重金属

二、人民币现钞超过 20000 元，或外币现钞折合超过 5000 美元

三、货物、货样、广告品

四、微生物、生物制品、人体组织、血液及其制品等特殊物品

五、法律、行政法规规定其他需要向海关申报的物品

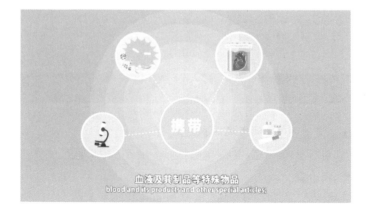

如果您有需要向中国海关申报的物品,请您如实填写中华人民共和国海关进出境旅客行李物品申报单,在海关通关现场选择申报通道,并将申报单交给海关关员核查。

如果您没有需要向中国海关申报的物品,您可以选择无申报通道。

如果您不明海关规定或不知道如何选择通道,您可以选择申报通道,向海关办理申报手续。

有需要的旅客请到海关申报单发放台领取填写。

如果您出国后还将回到中国,请关注中国海关进境通关规定。

中国海关特别提醒您,不要将下列物品携带出境:

1. 武器弹药、爆炸物品、核生化武器
2. 各种烈性毒药、各类毒品、病媒生物
3. 伪造的货币及伪造的有价证券,内容涉及国家秘密的物品
4. 禁止出境的文物

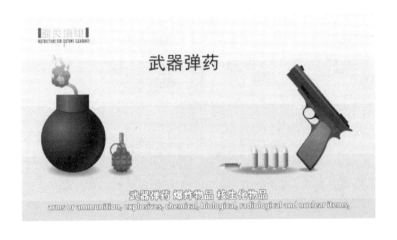

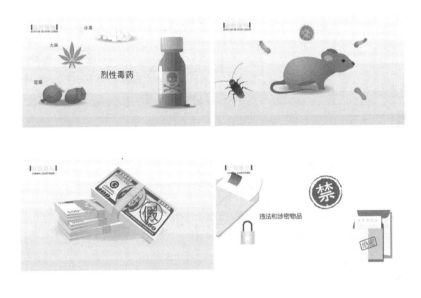

5. 濒危的和珍贵的动植物(均含标本)及其种子和繁殖材料等

不主动申报、不如实申报或将禁止出境的物品携带出境,违反了《中华人民共和国海关法》《中华人民共和国进出境动植物检疫法》《中华人民共和国国境卫生检疫法》及其他有关

法律法规,构成违规或走私行为,将会受到处罚;构成犯罪的,将被依法追究刑事责任。如您需要了解更多的海关规定,可以拨打"12360"海关服务热线,或登录中华人民共和国海关总署网站 www.customs.gov.cn 查询。

(资料来源:天津海关 12360 热线,2020-03-26.)

任务二 边防检查服务

为了维护国家主权、保卫国家安全、维护口岸出入境秩序、防范和打击非法出入境行为,国家通过设在对外开放口岸的出入境边防检察机关及各出入境边防检查站,依法对出入境人员、交通工具及其携带、载运的行李物品、货物等实施检查、监督。这种行政管理活动就是边防检查。

一、进境检查

中国边检依据边防检查条例,代表国家行使出入境管理,对外国人、港澳同胞、台湾同胞、海外侨胞以及中国公民出入境进行严格的证件检查。

外国人来中国,应当向中国的外交代表机关、领事机关或者外交部授权的驻外机关申请办理签证(互免签证的除外)。除签证上注明出入境口岸的以外,所有出入境人员可从全国开放口岸出入境。

外国人到达中国口岸后,要接受边防检查站的检查,填写入境登记表,连同护照一起交给进境检查员检验,经核准后加盖进境验讫章,收缴进境登记卡后即可入境。在进境检查中,主要检查的证件包括护照、签证和其他常见证件。

(一) 护照

1 护照及其内容

护照是一个主权国家的权力机关为本国居民及居住在本国的外籍人士开出的官方证件,是一个国家的公民出入本国国境和到外国旅行或居留时,由本国发给的一种证明该公民国籍和身份的合法证件。护照可用于证明公民身份,是公民进入其他国家的具有法律效力的身份证明。(见图 8-1)

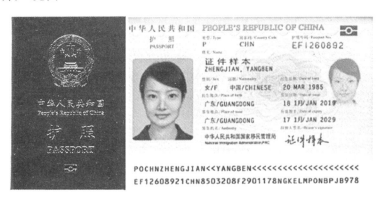

图 8-1　中华人民共和国护照样本

护照包括姓名、国籍、出生日期、性别、出生地点、签发日期、签发机构、期满日、观察报告、持有者签名、持有者照片,观察报告栏可以不填。

进入别的国家还有其他证件可以用于证明身份,如身份证、旅行证明、军官证、海员证、出生证等,这些证件的使用范围小于护照,这些证件仅在特定的国家,以特定目的才有效,而护照是最为普遍的。

2 护照的种类

一般来说,大多数国家颁发的护照有三种:外交护照、公务护照和普通护照。

1) 外交护照

外交护照是一国政府发给驻外国的领事官员、外交代表和出国进行国事活动的国家元首、政府首脑、国会议员、政府代表团成员等使用的护照。护照标有"外交 DIPLOMATIC"字样。该护照,上述人员的配偶和未成年子女也可使用。持有外交护照的人,在国外受到尊重和礼遇,有的享有外交特权与豁免权。外交护照由外交部签发。

2) 公务护照

公务护照(因公护照)也称官员护照,发给出国从事各种公务活动的人员,如政府一般官员、驻外使馆、领馆工作人员以及派往国外执行文化或经济等任务的人员等。护照上标有"公务 SERVICE"或"官员 OFFICAL"。公务护照由外交部、中华人民共和国驻外使馆、领馆或者外交部委托的其他驻外机构、外交部委托的省、自治区、直辖市和设区的市人民政府外事部门签发。

3) 普通护照

普通护照即因私护照,是发给因私事前往外国或旅居外国的本国公民使用的护照。普通护照由公安部出入境管理机构、公安部委托的县级以上地方人民政府公安机关出入境管理机构，以及中华人民共和国驻外使馆、领馆和外交部委托的其他驻外机构签发。

3 使用护照的注意事项

1）护照的有效期

中华人民共和国护照的有效期通常为10年；护照的签发机关有随时收回护照的权力。

2）护照的有效范围

除了特别注明的国家，护照通常在所有国家都有效。

3）更换护照

护照的有效期满或者没有空余处签证时需更换护照。

4）合用护照

有些国家允许合用护照，两个以上的人一起旅行可以持一本合用护照，一般是配偶或他们的子女一起使用一本合用护照。合用护照上的所有人必须一起旅行方有效，如果护照的持有者能提供护照上其他人留在国内的证明，也可以在护照上的其他人没有陪同的情况下单独旅行。

（二）签证

1 签证及其内容

签证是主权国家准许外国公民或者本国公民出入境或者经过国境的许可证明。入境国政府机关应在护照或其他旅行证件上签注盖章或贴上一张标签，表明持有人已被当局允许进入或再进入其国境，是一国公民进入另一个国家的许可证。签证制度是国家主权的象征，是一个国家对于其他国家的公民出进境实施控制和管理的具体表现，以此达到维护国家安全及国内社会秩序的目的。

签证的盖章或标签带有清晰的说明文字，指明持有人进入该国的事由、允许停留时间、通过其领土前往其他国家的许可。签证通常规定停留期限、有效日期及在此期限内允许进入该国的次数。（见图8-2）

图8-2 中华人民共和国签证样本

2 签证的类型

根据旅客出入境情况可分为出境签证、入境签证、出入境签证、入出境签证、再入境签证和过境签证等六种类别。根据出入境事由常规,可分为外交签证、公务签证、移民签证、非移民签证、礼遇签证、旅游观光签证、工作签证、留学签证、商务签证以及家属签证等。根据时间长短可分为长期签证和短期签证。

3 签证的有效期

签证的有效期是指从签证签发之日起的一段时间内,准许持有者入境的时间期限。超过这一期限,该签证就是无效签证。一般国家发给三个月有效的入境签证,也有的国家发一个月有效的入境签证。有的国家对签证有效期的限制很严,如德国只按申请日期发放签证。过境签证的有效期一般都比较短。

4 签证的停留期

签证的停留期是指签证持有人进入该国后准许停留的时间。它与签证的有效期的区别在于签证的有效期是指签证的使用期限,即在规定的时间内持证人可出入或经过该国。如某国的入出境签证有效期为三个月,停留期为十五天,那么这个签证从签发日始三个月内,无论哪一天都可以出入该国国境,但是从入境当日起,到出境当日止,持证人在该国只能停留十五天。有的国家签证必须在三个月之内入境,而入境后的停留期为一个月;有的国家签证入境期限和停留期是一致的,如美国访问签证的有效期和停留期都是三个月,即在三个月内入境方为有效,入境后也只能停留三个月。签证有效期一般为一个月或者三个月,较长的一般为半年或者一年以上,如就业和留学签证;最短的为三天或者七天,如过境签证。

5 签证的有效次数

签证的有效次数一般分为一次有效签证、两次和多次有效签证等。

一次有效签证是指该签证在有效期内使用一次就失效。

两次有效证件指在签证有效期内可以使用两次。

多次有效证件指在签证有效期内,持照人可以多次出入其国境。例如有些国家受雇签证多次入境有效,澳大利亚、印度的旅游签证可以在三个月或者六个月内允许多次出入境。签证机关根据入境申请者的具体情况,决定签发何种签证,有效期限多长,有效次数是多少。

(三) 其他证件

1 中华人民共和国出入境通行证

中华人民共和国出入境通行证是出入中国国境的通行证件,由省、自治区、直辖市公安厅(局)及其授权的公安机关签发。

2 中华人民共和国旅行证

中华人民共和国旅行证，有一年一次有效和两年多次有效两种版本，一般为两年多次出入境有效。我国驻外领事馆规定，父母双方或一方为中国公民，本人出生在外国，具有中国国籍，前往中国时应申办中国旅行证件。父母双方或一方为中国公民，并定居在外国，本人出生时即具有外国国籍的，不具有中国国籍，前往中国时应申办中国签证。

3 大陆居民往来港澳通行证

港澳通行证俗称双程证，是由中华人民共和国公安部出入境管理局签发给中国内地居民因私往来香港或澳门地区旅游、探亲、从事商务、培训、就业、留学等非公务活动的旅行证件，可分为个人旅游、团体旅游、探亲、商务、逗留及其他种类。（见图8-3）

图8-3　大陆居民往来港澳通行证内页样本

4 港澳居民往来内地通行证

港澳居民来往内地通行证俗称回乡证，由中华人民共和国公安部出入境管理局签发，是具有中华人民共和国国籍的香港特别行政区及澳门特别行政区居民来往中国内地所用的证件。凡具有中国籍的香港、澳门居民，不管是否持有外国护照和旅行证件，只要未向国籍管理机关申报为外国人，均可申领通行证。

5 大陆居民往来台湾通行证

大陆居民往来台湾通行证是中国大陆地区居民往来中国台湾地区所持有的证件。申请对象为大陆地区居民、因私事前往台湾地区探亲、定居、访友、接受和处理财产、处理婚丧及其他私人事务;应邀前往台湾进行经济、文化、科技、体育、学术等活动,或者参加会议、进行两岸事务性商谈、采访及执行海峡两岸直航航运任务等。从 2015 年 7 月 1 日起,大陆居民往来台湾通行证的有效期由原来的 5 年改为 10 年,2016 年 12 月 20 日,中华人民共和国公安部发布公告,决定启用电子往来台湾通行证。

6 台湾省居民往来大陆通行证

台湾省居民往来大陆通行证简称台胞证,是台湾省地区居民往来大陆地区所持有的证件。2015 年 9 月 15 日,公安部宣布决定启用 2015 年版台湾省居民来往大陆通行证(简称电子台胞证)。县级以上公安机关出入境管理部门自 2015 年 9 月 21 日起开始受理电子台胞证的申请,同时停止签发现行本式台胞证。作为旅行证件的台胞证,成为台湾省居民在大陆地区唯一的合法身份证及法律证件(除非该台湾省居民持有外国护照)。台胞证已经不再只限于旅行证件,形成类似台湾省居民在大陆的身份证,在大陆的台湾省居民可凭持台胞证就业、就医、开户、融资、置产等,功能已经远远超过旅行证件。

7 因公往来香港澳门特别行政区通行证

因公往来香港澳门特别行政区通行证是中国国务院港澳事务办公室或各主要省市外事办公室签发给内地因公人员来香港或澳门工作或旅游之用。来港澳地区之前,必须取得国务院港澳事务办公室或中央外事办公室签发的有关来港澳的签注。

二、出境检查及阻止出入境

(一) 出境检查

(1) 外国公民入境后应在签证有效期内离开中国,出境时应向出境检察员交验护照证件和出境登记卡;持中国政府签发的居留证者,如出国后不再返回,应交出居留证件,出境检查员核准后加盖出境验讫章,收缴出境登记卡放行。

外国旅客出入境,除免办签证者外,凭有效护照和中国签证(或永久居留、居留许可)办理边检手续。旅客在华非法停留或旅游团入境后因特殊原因需分团的,原则上应到当地公安机关出入境管理部门办理相关手续后再出境。旅客入境后在华丢失护照的,应向驻华使(领)馆申请护照,并到当地公安机关出入境管理部门办理相关手续后再出境。

(2) 中国公民出境必须向主管部门申领护照,除有特殊规定者外,无论因公因私,个人必须办好前往国签证才能放行。外国对中国公民入境、出境、过境有专门规定的,中国政府主管机关将根据情况采取相应措施。

（二）阻止出入境

《中华人民共和国外国人入境出境管理法》《中华人民共和国出境入境管理法》规定了拒绝外国人和中国公民出入境的几种情形：未持有有效护照、证件或签证；持伪造、涂改或他人护照证件的；拒绝接受查验证件的；公安部或国家安全部通知的不准入境出境的。以上情形，边防检查部门有权阻止其入境出境。

1 中国公民有下列情形之一的，不准出境

（1）未持有有效入境出境证件或者拒绝、逃避接受边防检查的。

（2）被判处刑罚尚未执行完毕，或者属于刑事案件被告人、犯罪嫌疑人的。

（3）有未了结的民事案件，人民法院决定不准出境的。

（4）因妨害国境管理受到刑事处罚或因非法出境、非法居留、非法就业，被其他国家或者地区遣返未满不准出境规定年限的。

（5）可能危害国家安全和利益，国务院有关主管部门决定不准出境的。

（6）法律、行政法规规定不准出境的其他情形。

2 外国人有下列情形之一的，不准入境

（1）未持有效出境入境证件或者拒绝、逃避接受边防检查的。

（2）入境后可能从事与签证种类不符的活动的。

（3）法律、行政法规规定不准入境的其他情形。对不准入境的，出入境边防检察机关可以不说明理由。

（4）对未被准许入境的外国人，出入境边防检察机关应当责令其返回。对拒不返回的，强制其返回。外国人等待返回期间，不得离开限定的区域。

3 外国人有下列情形之一的，不准出境

（1）被判处刑罚尚未执行完毕，或者属于刑事案件被告人、犯罪嫌疑人的，但是按照中国与外国签订的有关协议，移管被判刑的除外。

（2）有未了结的民事案件，人民法院决定不准出境的。

（3）拖欠劳动者的劳动报酬，经国务院有关部门或者省、自治区、直辖市人民政府决定不准出境的。

（4）法律、行政法规规定不准出境的其他情形。

三、交通运输工具的检查

设在我国对外开放的国际机场、港口的公安边防检查部门，分别对国际航空器、国际航行船舶等运输工具实施边防检查。其主要内容如下：

办理中外籍交通运输工具的入出境手续；查封、启封外国交通运输工具所携带的枪支弹

药;查验出境入境人员的护照证件;办理出境入境或注销加注手续;签发和收缴有关证件。

■ 知识关联

打开机场过边检的正确方式

任务三　检验检疫服务

检验检疫服务是机场联检服务的重要组成部分。卫生检疫也称口岸卫生检疫,是一国政府为防止严重危害的传染病通过出入国境的人员、行李,以及货物的传入、传出、扩散所采取的防御措施。为了保障人民健康,各国都在口岸设立卫生检疫及动植物检疫机构,我国检验检疫部门已于2018年4月并入海关,由海关统筹管理检验检疫工作。

依照我国检验检疫法律法规规定,海关对出入境人员实施卫生检疫及口岸卫生监督;对进出境的商品(包括动植物产品)、动植物以及运载这些商品、动植物和旅客的交通工具、运输设备,实施检验、检疫、鉴定、监督管理。这些统称出入境检验检疫工作。

一、出入境检验检疫工作要求

(一) 出入境检验检疫工作的主要内容

旅客出入境时,其出入境交通工具和所载人员、运输设备,以及可能传播检疫传染病的行李、货物、邮包等物品都应当接受海关卫生检疫机构检验,经海关许可方准入境或者出境。海关检验检疫工作的主要内容和目的有以下几个方面:

(1) 对进出口商品进行检验、鉴定和监督管理,其目的是保证进出口商品符合质量标准要求,维护对外贸易有关各方的合法权益,促进对外经济贸易的顺利发展。

(2) 对出入境动植物及其产品,包括其运输工具、包装材料进行检疫和监督管理,其目的是防止危害动植物的害虫、杂草、种子、病菌及其他有害生物由国外传入或由国内传出,保护本国农、林、牧、渔业生产和国际生态环境及人类的健康。

(3) 对出入境人员、交通工具、运输设备,以及可能传播检疫传染病的行李、货物、邮包等物品实施国境卫生检疫和口岸卫生监督,其目的是防止传染病由国外传入或者由国内传出,保护人类健康。

（二）检验检疫程序

1　查验国际预防接种证书

根据前往国家和地区的预防接种要求，查验相应的传染病预防接种证书。查验中应注意预防接种的种类应符合要求，证书签发应规范、有效。

2　查验国际旅行健康检查证明书

对经批准出国的劳务、留学定居人员，以及其他出境一年以上的中国公民，要求其出示国际旅行健康检查证明书。根据前往国家和地区的体检要求，着重查验健康检查证明书的检查项目是否齐全。健康检查结果不应感染前往国限制的疾病，证书签发应规范、有效等。

3　查验旅客健康状况

查验旅客健康状况主要查验旅客面容有无潮红、苍白、浮肿或失水，结膜有无充血或黄疸，皮肤有无红肿、出血点或瘀斑，精神状态有无异常或不振，有无呕吐、腹泻、体态、行动、呼吸有无异常等。

发现出境旅客有上述症状时，及时进行相应的医学检查、检验和流行病学调查，以鉴别是否为检疫传染病、监测传染病，以及国家检验检疫主管部门规定的其他传染病的染疫人或染疫嫌疑人。

4　查验旅客携带物

通过询问及抽查了解旅客是否携带特殊物品，以及骸骨等物品。

5　递还证件

未患有检疫传染病、监测传染病等传染病的旅客，单证审查、携带物检查均符合卫生检疫要求的，准予出境。

6　疫情上报

发现检疫传染病、监测传染病、禁止外国人入境的疾病，《中华人民共和国传染病防治法》规定管理的其他传染病，以及新出现和原因不明的传染病，按照《中华人民共和国传染病防治法》《国境口岸传染病疫情信息报告及发布管理规定》《卫生检疫风险预警及快速反应管理实施细则》的规定填写出入境人员传染病报告卡和传染病个案调查记录表，按管辖逐级上报，紧急时也可越级直接上报。

7　统计与归档

海关检验检疫人员应及时将单证查验、健康检查以及处理情况做好登记，按月汇总出入境人员传染病疫情月统计表，并上报。有流行病学意义的原始资料、检测报告、疫情资料等应及时整理，立卷归档，妥善保存。

二、卫生检疫

海关在国境口岸设立了卫生检疫窗口，执行《中华人民共和国国境卫生检疫法》《中华人民共和国食品安全法》及有关法规，防止传染病由国外传入或由国内传出，保护人体健康。对入出境人员、交通工具、运输设备和可能传播检疫传染病的行李、货物、邮包以及进口食品等实施检验检疫、传染病监测、卫生监督、卫生处理和卫生检验，并为出入境人员办理预防接种、健康体检签发证件，提供国际旅行健康咨询、预防和急救药品等。

（一）卫生检疫与处理

出入境交通工具和人员必须在最先到达或最后离开的国境口岸指定的地点接受海关检疫，海关统一负责对出入境的人员、交通工具、集装箱、行李、货物、邮包等实施医学检查和卫生检查。

入境的交通工具和人员必须在最先到达的国境口岸的指定地点接受检疫，除引航员外，未经国境卫生检疫机关许可，任何人不准上下交通工具，不准装卸行李、货物、邮包等物品。出境的交通工具和人员需在最后离开的国境口岸接受检疫。海关对未染有检疫传染病或已实施卫生处理的交通工具和人员，签发入境或者出境检疫证。

来自国外的船舶、航空器因故停泊、降落在中国境内非口岸地点的时候，船舶、航空器的负责人应当立即向就近的海关或者当地卫生行政部门报告。除紧急情况外，未经海关或者当地卫生行政部门许可，任何人不准上下船舶、航空器，不准装卸行李、货物、邮包等物品。在国境口岸发现检疫传染病、疑似检疫传染病，或者有人非因意外伤害而死亡并且死因不明的，国境口岸有关单位和交通工具的负责人，应当立即向海关报告，并申请临时检疫。

（二）传染病监测管理

中国海关根据旅客来自国家或地区决定是否实施检疫，根据联合国制定的国际卫生条例的规定，随着世界疫情变化，把流行性斑疹伤寒、回归热等列为国际监测传染病，2020年以来新冠肺炎也被纳入各国监测检疫范畴。

海关对入境或出境人员实施传染病监测，有权要求出入境人员填写健康声明卡，出示预防接种证书、健康证明书或其他有关证件、证书。对感染鼠疫、霍乱、黄热病、新冠肺炎的出入境人员，应实施隔离留验。检验检疫机构对患有艾滋病、性病、麻风病、精神病、开放性肺结核的外国人应阻止入境。对患有监测传染病的出入境人员，视情况分别采取留验或发给就诊方便卡等措施。根据《中华人民共和国国境卫生检疫法》《中华人民共和国国境卫生检疫法实施细则》和其他有关法规性文件的规定，海关传染病检测的对象主要有：

（1）国境口岸内和交通工具上的饮用水、食品从业人员，以及国境口岸为出入境交通工具提供食品和饮用水单位的从业人员。

（2）出国定居、留学、劳务、探亲、从事商务公务活动等中国籍有关人员。

（3）在国外居住三个月以上的归国人员。

（4）遣返人员，如偷渡人员、难民等。

（5）申请入境居住一年以上的外籍人员，比如留学生、工程技术人员、专家教授、各专业领域和驻华办事机构的工作人员。

（6）华侨、港澳台同胞及经常出入境的有关人员。

（7）中国籍入、出境交通员工（包括在外国交通工具上工作的中国籍员工）及在我国交通工具上工作的外籍交通员工。

海关负责对发现的患有检疫传染病、监测传染病、疑似检疫传染病的入境人员实施隔离、留验和就地诊验等医学措施，对来自疫区、被传染病污染区、发现传染病媒介区域的出入境交通工具、集装箱、货物、行李、邮包等物品进行消毒、除虫、除鼠等卫生处理。

■ **知识链接**

2020年3月22日12:53，由法国巴黎飞往北京的CA934航班降落在天津滨海国际机场，这是天津作为指定第一入境点迎接的第二班赴京国际航班。天津滨海国际机场指挥中心通过大数据平台提前分析旅客是否来自疫情严重地区，同时科学研判旅客目的地。天津市外办为此次航班配备了相应翻译人员。

"CA934航班，旅客229人，机组20人，机上7人有发热症状！"在本次航班落地前，一则消息发回天津滨海国际机场指挥中心。这则消息让所有工作人员心头一紧，天津滨海国际机场海关、天津滨海国际机场出入境边防检查站以及天津滨海国际机场各相关保障单位工作人员提前穿戴好防护服准备接机，4辆120急救车、10辆50座大客车集结待命。

与此同时，检疫人员对发热和有呼吸道感染症状的旅客座位周围的旅客开展流行病学调查，最终判定密切接触者为171名（包含10名机组人员）。得知需要隔离人员信息后，东丽区人民政府迅速接力，配备好安保人员、医护人员的10辆大客车将密切接触者送到指定隔离点进行集中隔离医学观察，并安排好住宿、餐食和医护人员。其他无异常旅客经过体温测量后有序下机，填写流行病学调查表，办完入境手续后，转至出发层等待，全过程都在封闭区域，不与其他航班人员交叉。据了解，天津滨海国际机场出入境边防检查站连夜调整了工作机制，细化流程，只为缩短时间，让旅客尽快通关。"我们将在管控上保障入境口岸安全，同时，进一步提高旅客通关效率，此外，立足防疫安全，我们将守好天津'空路大门'。"天津滨海国际机场出入境边防检查站站长刘清涛告诉记者。

据了解，旅客下飞机的同时，机场方面对腹舱行李进行了安检和消毒，待全部旅客下飞机后，工作人员对机舱进行了全面消毒，并对航站楼及旅客经过的设施、设备进行全面消毒。一切准备就绪，在候机大厅等候的、符合登机条件的旅客，已重新登上CA934航班，飞往首都机场……

（三）食品卫生监督检验

进口食品（包括饮料、酒类、糖类）、食品添加剂、食品容器、食品包装材料、食品加工等专用工具及设备，必须符合我国有关法律法规规定。申请人员必须向海关申报并接受卫生监督检验。海关对进口食品按食品危险性等级分类进行管理，依照国家卫生标准进行监督检验，检验合格的方准进口。

一切出口食品（包括各种供人食用、饮用的成品和原料，以及按照传统习惯加入药物的食品），必须经过检验。未经检验或检验不合格的不准出口。对已到达口岸的进口食品，按我国卫生标准和卫生要求检查，若不符合标准，根据其检验结果的危害程度，实行退货、销毁、改作他用或其他处理。

（四）卫生监督和卫生处理

海关对出入境集装箱检疫管理及进口废旧物品的卫生进行处理，根据国家规定的卫生标准，对国境口岸的卫生状况和停留在国境口岸的入境出境的交通工具的卫生状况实施卫生监督：

（1）监督和指导有关人员对啮齿动物、病媒昆虫的防除。

（2）检查和检验食品、饮用水及其储存、供应、运输设施的卫生状况。

（3）监督从事食品、饮用水供应的从业人员的健康状况，检查其健康证明书。

（4）监督和检查废物、污水、垃圾、粪便、压舱水的处理。

（5）对国境口岸和停留在国境口岸的入境出境交通工具进行卫生监督和卫生宣传。

（6）在消毒、除虫、除鼠等卫生处理方面进行技术指导。

（7）对造成食物中毒、食物污染、传染病传播、啮齿动物和病媒昆虫扩散等事故进行调查，并提出控制措施。

海关卫生监督员在执行任务时，有权对国境口岸和出境入境的交通工具进行卫生监督和技术指导，对卫生状况不良和可能引起传染病传播的因素提出改进意见，协同有关部门采取必要的措施，进行卫生处理。

三、动植物检疫

海关根据《中华人民共和国进出境动植物检疫法》规定，负责检疫进出中华人民共和国国境的动植物及其产品和其他检疫物，同时检疫装载动物、植物产品和其他检疫物的装载容器、包装物，以及来自动物疫区的运输工具。

（一）动植物检疫的范围

根据《中华人民共和国进出境动植物检疫法》，海关依法实施动植物检疫。进出境动植物检疫的范围包括：

（1）进境、出境、过境的动植物、动植物产品和其他检疫物。

（2）装载动植物、动植物产品和其他检疫物的装载容器、包装物和铺垫材料。

（3）来自动植物疫区的运输工具。

(4)进境拆解的废旧船舶。
(5)法律、行政法规、国际条约规定或者贸易合同约定应当实施进出境动植物检疫的其他货物、物品。

(二)国家禁止进境的动植物

海关发现有下列规定的禁止进境物的,做退回或者销毁处理。
(1)动植物病原体(包括菌种、毒种等)、害虫及其他有害生物。
(2)动植物疫情流行的国家和地区的有关动物、动植物产品和其他检疫物。
(3)动物尸体。
(4)土壤。

因科学研究等特殊需要引进动植物病原体(包括菌种、毒种等)、害虫及其他有害生物等禁止进境物的,必须事先提出申请,经海关批准方能进境。

(三)进出境检疫管理

1 报检

对进境动物、动物产品、植物种子、种苗及其他繁殖材料实行进境检疫许可制度,必须事先提出申请,并在对外签订贸易合同或者协议之前办妥检疫审批手续。通过贸易、科技合作、交换、赠送、援助等方式输入动植物、动植物产品和其他检疫物的,应当在合同或者协议中注明中国法定的检疫要求,并注明必须附有输出国家或者地区政府动植物检疫机构出具的检疫证书。货主或者其代理人应当在动植物、动植物产品和其他检疫物进境前或者进境时持输出国家或者地区的检疫证书、贸易合同等,向进境口岸海关报验。货物到达口岸后,货主或代理人应按要求填写报检单,向口岸海关报检。

2 检疫

输入动植物、动植物产品和其他检疫物,应当在进境口岸实施检疫,未经海关检疫人员同意不得卸离运输工具。

检疫包括现场检疫、实验室检疫、隔离检疫。
(1)现场检疫:输入、输出应检物抵达口岸时,海关检疫人员登机或到货物停放场所实施检疫。
(2)实验室检疫:检疫人员按有关规定或要求对输入、输出的检疫物做疫病的实验室检测。
(3)隔离检疫:动物在入境后或出境前,必须在海关指定的隔离场所隔离检疫。

3 检疫结果的判定和出证

根据检疫结果,按照我国与有关国家或地区签订的双边检疫议定书或协议中的规定和国家标准,并参考有关国际标准出证。

4 检疫处理

输入动植物、动植物产品和其他检疫物经检疫合格的,由海关签发检疫放行通知单、检疫证书或在报关单上加盖印章,予以放行。检疫不合格或需进一步检疫监管的货物,依据有关规定做出相应的检疫和监管处理。对经检疫不合格的检疫物,由口岸海关签发检疫处理通知单,通知货主或其代理做除害、退回或销毁等处理。经除害处理合格的出入境检验物,予以放行。

对出境动植物、动植物产品或其他检疫物,海关检疫人员对其生产、加工、存放过程实施检疫监管。出境前,申请人向海关检疫人员报检,经检验合格的,出证放行;检验不合格的,不准出境。

因口岸条件限制等原因,可以由国家动植物检疫人员决定将动植物、动植物产品和其他检疫物运往指定地点检疫,在运输装卸过程中,货主或者其代理人应当采取防疫措施。指定的存放、加工和隔离饲养或者隔离种植的场所,应当符合动植物检疫和防疫的规定。

(四)动植物过境检疫管理

要求运输动物过境的,必须事先征得中国海关动植物检疫机构同意,并按照指定的口岸和路线过境。装载过境动物的运输工具、装载容器、饲料和铺垫材料,必须符合中国动植物检疫的规定。运输动植物、动物产品和其他检疫物过境的,由承运人或者押运人持货运单和输出国家或者地区政府动植物检疫机关出具的检疫证书,在进境时向口岸动植物检疫机关报检,出境口岸不再检疫。

过境的动物经检疫合格的,准予过境。过境动物的饲料受病虫害污染的,做除害、不准过境或者销毁处理。过境的动物的尸体、排泄物、铺垫材料及其他废弃物,必须按照动植物检疫机构的规定处理,不得擅自抛弃。

(五)携带、邮寄动植物检疫

携带、邮寄植物种子、种苗及其他繁殖材料进境的,必须事先提出申请,办理检疫审批手续。运输动植物、动植物产品和其他检疫物过境,应向海关报检;要求运输动物过境的,必须事先申办动物过境许可证,携带、邮寄动植物、动植物产品和其他检疫物进境时,属于《中华人民共和国禁止携带、邮寄进境的动植物及其产品名录》的,做退回或销毁处理;属于名录之外的,由海关实施检疫。

邮寄进境的动植物、动植物产品和其他检疫物,经检疫或者除害处理合格后放行,经检疫不合格又无有效方法作除害处理的,做退回或者销毁处理,并签发检疫处理通知单。

(六)动植物运输工具检疫

《中华人民共和国国境卫生检疫法》规定,来自疫区的船舶、飞机、火车等运输工具到达口岸时,由口岸海关检疫人员实施现场检疫,对装载进境的车辆做防疫消毒处理。装载出境的动植物、动植物产品和其他检疫物的运输工具,应符合中国动植物防疫和检疫的规定。对装运供应香港、澳门地区的动物的回空车辆,实施整车防疫消毒。

- **知识关联**

检验检疫小贴士

- **行动指南**

《进出境旅客通关须知》出境通关篇

目前,新冠肺炎疫情在全球蔓延,为避免疫情传播,保证人民生命健康,不断增强广大进出境旅客对海关通关法律法规的熟悉程度和自觉遵守意识,海关总署组织制作了《进出境旅客通关须知》宣传片,助您了解出国、回国时如何正确过海关。

出境通关篇

根据《中华人民共和国海关法》《中华人民共和国进出境动植物检疫法》《中华人民共和国国境卫生检疫法》及其他相关法律法规,依法主动如实申报是旅客应当履行的义务。为了您和他人的健康,请您用中文或英文如实、完整、准确填写中华人民共和国出/入境健康申明卡。

如出现发热、咳嗽、恶心、呕吐、腹泻、头痛、肌肉痛、关节痛或其他身体不适,曾服用退烧药、感冒药、止咳药等,应向海关主动申报。

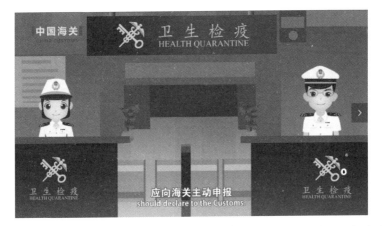

在出境过程中,请您配合海关做好健康申报、体温监测、医学巡查、流行病学调查、医学排查、采样,以及隔离、留验、就地诊验、转诊等卫生检疫措施。

对于隐瞒、虚假申报或拒不配合海关卫生检疫的行为,将依照《中华人民共和国国境卫生检疫法》追究相关责任。

如引起检疫传染病传播或者有严重传播危险的,将按照《中华人民共和国刑法》第三百三十二条,以妨害国境卫生检疫罪追究刑事责任。

（资料来源：天津海关12360热线，2020-03-26。）

项目训练

1. 2017年1月24日，一名中国籍旅客从上海搭乘航班出境，通过无申报通道接受海关检查时，海关关员开箱查验后，发现叠装整齐的日币现金1060万，折合人民币约64万元。一名经深圳文锦渡口岸出境的香港女子，携带了一只行李箱，选择无申报通道过关，未向海关申报任何物品。因形迹可疑，海关对其进行人身检查，结果在其身上发现有绑藏的港币120余万元。此两种情况海关应该如何处理？

2. 旅客张某携带动植物病原体进境，海关应如何处理？

[1] 卢竹,廖金雄,赵静.民航机场地勤服务[M].上海:上海交通大学出版社,2018.
[2] 张晓明,黄建伟.民航旅客运输[M].3版.北京:旅游教育出版社,2013.
[3] 黄建伟,郑巍.民航地勤服务[M].2版.北京:旅游教育出版社,2010.

教学支持说明

普通高等学校"十四五"规划民航服务类系列教材系华中科技大学出版社"十四五"期间重点教材。

为了改善教学效果,提高教材的使用效率,满足高校授课教师的教学需求,本套教材备有与纸质教材配套的教学课件(PPT 电子教案)和拓展资源(案例库、习题库等)。

为保证本教学课件及相关教学资料仅为教材使用者所用,我们将向使用本套教材的高校授课教师赠送教学课件或相关教学资料,烦请授课教师通过电话、邮件或加入旅游专家俱乐部QQ群等方式与我们联系,获取"教学课件资源申请表"文档,准确填写后发给我们,我们的联系方式如下:

地址:湖北省武汉市东湖新技术开发区华工科技园华工园六路

邮编:430223

电话:027-81321911

传真:027-81321917

E-mail:lyzjjlb@163.com

民航专家俱乐部 QQ 群号:799420527

民航专家俱乐部 QQ 群二维码:

扫一扫二维码,加入群聊

教学课件资源申请表

填表时间：_____年___月___日

1. 以下内容请教师按实际情况填写，★为必填项。
2. 学生根据个人情况如实填写，相关内容可以酌情调整提交。

★姓名		★性别	□男 □女	出生年月		★职务	
						★职称	□教授 □副教授 □讲师 □助教

★学校		★院/系	
★教研室		★专业	
★办公电话		家庭电话		★移动电话	
★E-mail（请填写清晰）		★QQ号/微信号	
★联系地址		★邮编	

★现在主授课程情况	学生人数	教材所属出版社	教材满意度
课程一			□满意 □一般 □不满意
课程二			□满意 □一般 □不满意
课程三			□满意 □一般 □不满意
其他			□满意 □一般 □不满意

教材出版信息						
方向一		□准备写	□写作中	□已成稿	□已出版待修订	□有讲义
方向二		□准备写	□写作中	□已成稿	□已出版待修订	□有讲义
方向三		□准备写	□写作中	□已成稿	□已出版待修订	□有讲义

请教师认真填写表格下列内容，提供索取课件配套教材的相关信息，我社将根据每位教师/学生填表信息的完整性、授课情况与索取课件的相关性，以及教材使用的情况赠送教材的配套课件及相关教学资源。

ISBN（书号）	书名	作者	索取课件简要说明	学生人数（如选作教材）
			□教学 □参考	
			□教学 □参考	

★您对与课件配套的纸质教材的意见和建议，希望提供哪些配套教学资源：